四川省哲学社会科学研究"十四五"规划基地重大项目（SC21EZD028）

四川省教育厅2022年省级一流本科课程——国际法（四川警察学院，线上线下混合式课程）

全球治理下

陈　嘉◎著

跨国投资的环境风险法律规制研究

中国出版集团 | 全国百佳图书

中国民主法制出版社 | 出版单位

图书在版编目（CIP）数据

全球治理下跨国投资的环境风险法律规制研究 / 陈嘉著 . —北京：
中国民主法制出版社，2024. 4

ISBN 978-7-5162-3587-4

Ⅰ . ①全… Ⅱ . ①陈… Ⅲ . ①海外投资－涉外经济法－研究－中国

Ⅳ . ① D922.295

中国国家版本馆 CIP 数据核字（2024）第 072114 号

图书出品人：刘海涛
出 版 统 筹：石　松
责 任 编 辑：刘险涛　吴若楠

书　　　名／全球治理下跨国投资的环境风险法律规制研究
作　　　者／陈嘉　著

出版·发行／中国民主法制出版社
地址／北京市丰台区右安门外玉林里 7 号（100069）
电话／（010）63055259（总编室）　63058068　63057714（营销中心）
传真／（010）63055259
http://www.npcpub.com
E-mail: mzfz@npcpub.com
经销／新华书店
开本／16 开　　710 毫米 ×1000 毫米
印张／21.5　　字数／284 千字
版本／2024 年 4 月第 1 版　　2024 年 4 月第 1 次印刷
印刷／三河市龙大印装有限公司

书号／ISBN 978-7-5162-3587-4
定价／99.00 元

前　言

　　跨国公司本可以利用其在资本、技术、管理、全球经营网络等方面的独特优势，帮助发展中国家实现经济增长的同时，对所有海外分支机构实行统一的环境标准从而最大限度地降低环境风险。但其逐利的本性和历史的教训提醒我们，无法奢望在没有任何外力的作用下它们的环境保护行动具有普遍自愿性。它们给发展中东道国造成的严重环境损害仍时有发生。这无疑会减缓甚至破坏国际社会的可持续发展进程。

　　本书立足于全球治理视角，采取"风险防控"的理念，对社会、行政、市场等不同规制机制下的文本和实践加以考察，通过分析跨国公司以何处形态和方式遵守国际机构的环境问责标准，探究国际投资仲裁庭的解释方式和推理依据，审查合同环境条款的范围和稳定条款的效力及探讨其与环境风险规制的冲突解决方法等，期望实现投资与环境价值的融合，从而满足不同层面利益相关者的需求。本书共分七章，以下将简要阐述每章的内容。

　　第一章是绪论。本章简要阐述了跨国公司对全球的环境影响。在对国内外研究现状梳理和总结后，本书拟以全球治理为视角，充分运用不同的规制治理方式，试图将投资与环境这两类不同价值加以融合。

　　第二章关于跨国投资环境规制的认知基础。虽然国家对其自然资源享有永久主权原则、利益相关者理论和公共物品理论可以成为对跨国公司进行环境规制的理论依据，但跨国公司的特殊性依然给环境规制带来不小的挑战。从全球治理的角度，我们应采取"面向未来"的环境风险防控理念，强调行政、社会和市场等多种机制的合作与互动。

第三章是环境风险的国际软法规制：国际机构及其问责标准。与作为结果的责任相比，问责关注的是"回应"和"执行"，强调跨国公司应努力遵守国际标准，推行向利益相关者的信息披露和开放参与机制，以实现环境善治。在此背景下，本章从社会层面重点阐述了联合国和经合组织、人权监督机构，以及国际金融公司等国际机构对跨国公司的环境问责实践。

第四章是环境风险的东道国行政规制：对国际投资仲裁庭解释的分析。本章将东道国政府的行政规制权置于涉环境要素的国际投资仲裁实践中加以审查。

第五章是环境风险的合同规制：以国际上游油气合同为研究对象。本章着眼于从市场层面审查与环境保护密切关联的国际油气开采合同。

第六章是中国企业境外投资环境风险的规制路径。通过对上述规制工具的分析，本章拟提出以下规制建议：首先，重新定位中国对外投资协定；其次，改进国际投资合同相关条款；再次，强化母国法的域外适用；最后，提升银行的监督作用。

第七章是本书的结论。本章对全球治理下跨国投资的环境风险法律规制研究进行概括总结。

缩略语

ASEAN	东南亚国家联盟	IOGP	国际油气生产商协会
ACTA	外国人侵权请求法	IACHR	美洲人权委员会
ACHPR	非洲人权和民族权委员会	IIA, IIAs	国际投资协定
BIT, BITs	双边投资协定	IISD	国际可持续发展研究所
CBD	生物多样性公约	IUCN	国际自然保护联盟
CPTPP	跨太平洋伙伴全面进步协定	MAI	多边投资协定
CETA	欧盟—加拿大全面经济贸易协定	MIGA	多边投资担保机构
COMESA	东部和南部非洲共同市场	NAFTA	北美自由贸易协定
CAO	合规顾问 / 调查官办公室	NCP	国家联络点
ECT	能源宪章条约	OECD	经济合作与发展组织
EPA	经济伙伴关系协议	PSC	产品分成合同
EU	欧盟	SADC	南部非洲发展共同体
ECHR	欧洲人权法院	TTIP	跨大西洋贸易与投资伙伴关系协定
FTC	自由贸易委员会	UN	联合国
FTA, FTAs	自由贸易协定	UNCITRAL	联合国国际贸易法委员会
GATT	关税与贸易总协定	UNCTAD	联合国贸易与发展会议
ICJ	国际法院	USMCA	美国—墨西哥—加拿大协定
ILC	联合国国际法委员会	UNESCO	联合国教科文组织
ICSID	解决投资争端国际中心	UNCTC	联合国跨国公司中心
IFC	国际金融公司	UNCHR	联合国人权委员会
ICC	国际商会	VCLT	维也纳条约法公约
ISDS	投资者—国家争端解决机制	WTO	世界贸易组织
ISO	国际标准化组织	WSSD	可持续发展问题世界首脑会议
ILO	国际劳工组织	WWF	世界自然基金会

目　录

第一章 绪论

第一节 研究背景

有史以来，人类社会的发展都是以人类自身为尺度。到了工业社会，人类对自然表现出彻底而强大的主体性原则。作为国际经济关系的主要参加者，跨国公司在推动经济全球化，提供全球公共产品，促进先进技术和管理经验传播，在解决发展中国家的贫困、就业、交通问题等方面发挥着至关重要的作用，但同时通过排放温室气体、不持续利用生物资源以及生产有毒有害物质和废物对全球环境产生负面影响。例如，早在 20 世纪 90 年代初，就有文献记载，"跨国公司产生的温室气体排放量占全球温室气体排放量的 50% 以上"[①]。而生物多样性成为跨国公司开发与作物、药物和粮食有关的新技术和材料的主要资源。[②] 跨国公司还广泛参与开发可再生和不可再生资源，特别是石油勘探、采矿和林业。此外，跨国公司，尤其在化学和制造行业，负责大部分有毒化学品和危险废物的生产和管理。[③]

[①] UNCTAD. Environmental Management in Transnational Corporations: Report on the Benchmark Corporate Environmental Survey [R] . New York: UN, 1993: 101.

[②] UNCTAD. Environmental Management in Transnational Corporations: Report on the Benchmark Corporate Environmental Survey [R] . New York: UN, 1993: 101, 153.

[③] UNCTAD. Environmental Management in Transnational Corporations: Report on the Benchmark Corporate Environmental Survey [R] . New York: UN, 1993: 97.

与跨国公司外国投资相联系的国际资金流动对环境可持续性具有重大影响：国际资金流动的日益加速超出或阻碍了各国为保护环境而对跨国公司进行管理或控制的能力和所做出的努力。[①] 此外，有关自然资源管理服务（如水务设施）的私有化，使各国政府可能无法对跨国公司进行适当管制，以确保基本服务的价格公平和考虑对环境影响的合理性。总的来说，"跨国公司更多地以短期业绩、竞争和零碎的环境管理方法为指导进行机构运作，为更多国家甚至全球带来环境损害的可能性"[②]。

关于跨国公司产生的环境损害，从它们不规范经营所引发的重大事故足以说明。1983—2002 年，仅采矿部门就发生了 150 起重大环境事故。在很多情况下，公司、应急机构和社区没有对事故给予必要的分析和充分的处理，从而加大了污染程度和公共健康风险。例如，20 世纪 90 年代，德士古公司（Texaco）在厄瓜多尔的石油开采活动导致 4.64 亿桶被碳氢化合物和其他致癌金属污染的废水排入河流。这给厄瓜多尔当地居民的传统土地和国家公园，以及秘鲁的一些河流都造成了严重污染。[③] 又如，澳大利亚一家矿业公司的子公司在 20 世纪 90 年代每年直接排放约 4000 万吨废石和 3000 万吨尾矿，造成巴布亚新几内亚奥克泰迪河的大规模污染。[④] 这一事件不仅破坏了河道沿线居民的传统生计，而且对河流系统的生物多样性和邻近雨林造成不可修复的毁坏。更为人熟知的印度博帕尔惨案，因化学储存设施泄漏，三天内造成

---

① World Resources Institute. World Resources 2002—2004: Decisions for the Earth: Balance, Voice, and Power [R]. Washington DC: World Resources Institute, 2003: 164.

② UNCTAD. *Environment* [M]. Geneva: UNCTAD, 2001: 7.

③ HOLWICK S. Transnational Corporate Behaviour and its Disparate and Unjust Effects on the Indigenous Cultures and the Environment of Developing Nations: Jota v. Texaco, a Case Study [J]. *Colorado Journal of International Environmental Law and Policy*, 2000（11）: 183.

④ PINTZ W. *Environmental Negotiations in the OK Tedi Mine in Papua New Guinea* [M] //PEARSON C. *Multinational Corporations, Environment, and the Third World*. Durham: Duke University Press, 1987: 35.

7000～10000 人死亡，地下水和土壤污染毒素浓度超过限值的 6～600 倍。[1]
直到现在，很多受损害的地区生态环境仍未得到修复。

随着"走出去"战略和"一带一路"倡议的深入推进，中国对外投资得
到迅猛发展。《2022 年度中国对外直接投资统计公报》指出，"自 2003 年发
布年度对外直接投资统计数据以来，中国已连续 11 年位列全球对外直接投
资流量前三，对世界经济的贡献日益凸显。2022 年的流量是 2002 年的 60 倍，
年均增长速度高达 22.8%。党的十八大以来，中国累计对外直接投资达 1.51
万亿美元，相当于存量规模的 54.9%，连续七年占全球份额超过一成，在投
资所在国家（地区）累计缴纳各种税金 4432 亿美元，年均解决超过 200 万
个就业岗位，中国对外投资在全球外国直接投资中的影响力不断扩大。"[2] 中
国对外直接投资流量和存量长期以来稳居全球前三。公报援引联合国贸易与
发展会议（United Nations Conference on Trade and Development, UNCTAD）
《2023 世界投资报告》有关数据计算得出，"2022 年中国对外直接投资分别
占全球当年流量、存量的 10.9% 和 6.9%，流量列全球国家（地区）排名的
第二位，存量列第三位。""2022 年末，中国境内投资者共在全球 190 个国家
（地区）设立对外直接投资企业 4.7 万家，较上年末增加近 1000 家，遍布全
球超过 80% 的国家（地区）。"[3] 这些数字足以表明，作为一个新兴市场经济
国家，中国已成为一个重要的直接投资输出经济体。

从地区分布来看，由于地缘、文化、经济状况等原因，亚洲成为中国企
业海外投资的最重要目的地。从 2022 年中国对外直接投资流量地区来看，流

---

[1]　Amnesty International. *Clouds of Injustice: Bhopal Twenty Years On* ［M］. London: Amnesty International Publications, 2004: 48.

[2]　商务部新闻办公室. 2022 年度中国对外直接投资统计公报［EB/OL］.（2023-09-28）［2023-10-20］. http://images.mofcom.gov.cn/hzs/202310/20231027112320497.pdf.

[3]　商务部新闻办公室. 2022 年度中国对外直接投资统计公报［EB/OL］.（2023-09-28）［2023-10-20］. http://images.mofcom.gov.cn/hzs/202310/20231027112320497.pdf.

向亚洲的投资为 1242.8 亿美元，占当年对外直接投资流量的 76.2%；流向北美洲的投资为 72.7 亿美元，比上年增长 10.5%，占当年对外直接投资流量的 4.5%；流向大洋洲的投资为 30.7 亿美元，比上年增长 44.8%，占当年对外直接投资流量的 1.9%；流向拉丁美洲的投资为 163.5 亿美元，占当年对外直接投资流量的 10%。[①] 从产业分布看，除第三产业外，中国的海外投资主要投向加工制造、基础设施建设、采矿和自然资源开发（见表 1-1）。因为产业分布以及部分企业的国有属性，使得西方一些学者、媒体和非政府组织认为此举会对东道国带来不利后果。

表 1-1　2022 年中国对外直接投资流量部分行业分布情况

行业	流量（亿美元）	比上年增长（%）	比重（%）
制造业	271.5	1.0	16.6
采矿业	151.0	79.5	9.3
电力／热力／燃气及水的生产和供应业	54.5	24.1	3.3

数据来源：2022 年度中国对外直接投资统计公报。

根据解决投资争端国际中心（International Centre for Settlement of Investment Disputes, ICSID）2023 年的统计，其审理的争端中涉及石油、天然气及矿业的纠纷占 2023 年新收案件的 27%；其次是电力及其他能源，占 15%（见图 1-1）。[②] 所以，中国企业对高环境风险行业的境外投资必须谨慎。

---

① 商务部新闻办公室. 2022 年度中国对外直接投资统计公报［EB/OL］.（2023-09-28）［2023-10-20］. http://images.mofcom.gov.cn/hzs/202310/20231027112320497.pdf.

② ICSID. 2023 年 ICSID 年度报告［EB/OL］.（2023-10-13）［2023-10-30］. https://icsid.worldbank.org/sites/default/files/publications/ICSID_AR2023_ENGLISH_web_spread.pdf.

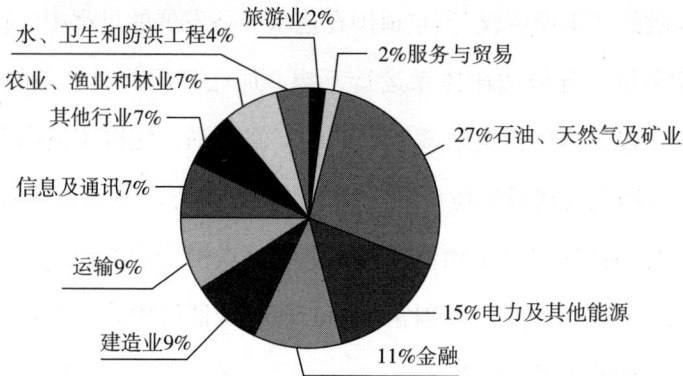

图 1-1　2023 年 ICSID 新收案件分布情况（按行业）

第二节　研究意义

一、丰富全球环境治理体系

关于全球环境治理，早在 1992 年《里约环境与发展宣言》中已出现"全球伙伴关系""公众参与""土著居民"等重要概念。1992 年 5 月通过的《联合国气候变化框架公约》也强调了公众参与。《蒙特利尔议定书》最大的成功之处，就在于不同的利益相关方之间（不只是发达国家和发展中国家，还包括多种行为体）的伙伴关系。联合国发布的《2030 年可持续发展议程》也指出政府部门、国际组织、民间团体和私营企业等应通力合作。因此，全球环境治理架构大体包括国家和非国家行为体两大类，后者包括政府间国际组织、非政府组织、公司等。

作为当代国际体系的关键参与者，国家政府不仅拥有制定和执行国内环境法律政策的权力，还负有执行国际环境条约的义务。然而，跨国公司在国际政治和经济格局中的影响力日益增强，在许多发展中国家已形成了可与国家主权相匹敌的"工业主权"。东道国在追求经济发展的过程中，往往会降低标准来吸引外资，导致法律体系运行不畅。加之跨国公司复杂的治理结构、法律独立性，以及国际投资法赋予它们的广泛权利，使得东道国尤其是发展中国家在监管跨国公司对环境可能产生的负面影响方面显得力不从心。同时，跨国公司的母国往往以不干预他国内政和维护本国公司的竞争优势为由，不愿行使跨境管辖权。因此，以国家为中心的传统监管模式，在控制跨国公司环境风险方面显示出了局限性。

相对于自上而下的"命令—控制"式单一监管政府统治，全球环境治理采用的是多元化和整合性的多中心权力网络。在这个体系中，非政府组织承担着关键角色，包括对特定企业进行环境影响评估等科学活动，透明地公布环境信息；帮助各利益相关方在企业未能履行环境责任时提出诉求；对公众进行环境法律和政策的普及教育；以及定期进行环境研究，引领国内外社会朝环境友好型决策发展。政府间国际组织的目标是为各国政府之间及各国政府与非国家实体之间就全球环境问题的友好对话、协商和合作提供一个平台。跨国公司作为全球资金和技术流动的主要动力，在推动全球可持续发展方面扮演关键角色。因此，本书除了论证传统的政府规制外，还将运用社会规制工具阐述跨国公司环境问责机制的形成、功能、运行及效果，运用市场规制工具分析跨国公司在国际投资合同中的模式选择及其对环境的影响。

二、探究投资与环境两类不同价值的融合

以保护和促进外国投资为主要目标的国际投资法，和随着全球环境恶化、自然资源枯竭而出现的国际环境法分属于不同的法律领域，调整着不同的法律关系。前者要求东道国承担对投资者的直接义务，而后者则由缔约国通过将其转化为国内立法的方式约束着外国投资者。即便一国没有缔结某项国际环境条约，但其为了保护本国环境，也会通过行使规制权来监督外国投资者。

在这个过程中，投资者很有可能利用国际投资协定（双边投资协定最为常见）或国际投资合同（见图 1-2）针对东道国提起国际投资仲裁。[①] 事实上，国家基于不同目的而缔结投资条约与环境条约，意味着希望这两类价值目标都能实现，而不是在发生争议时进行高低优劣之分。国家既希望外资促进国家发展，也不愿意看到它可能严重损害本国的环境，同样，任何国家在承担保护环境的国际义务时，也几乎不可能存有"为了环境应该牺牲一切"的想法。但国际法的碎片化和不成体系给国际争端解决机构做出合理判断带来不小的困扰。

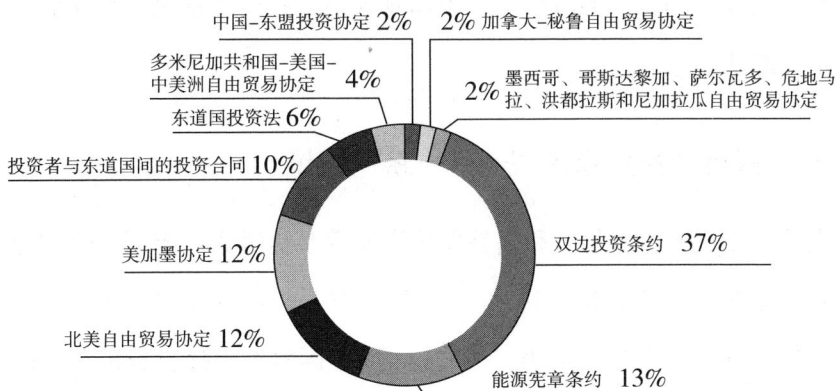

图 1-2　2023 年新收案件中为确立 ICSID 管辖权而援引的同意依据

- 中国-东盟投资协定 2%
- 2% 加拿大-秘鲁自由贸易协定
- 多米尼加共和国-美国-中美洲自由贸易协定 4%
- 2% 墨西哥、哥斯达黎加、萨尔瓦多、危地马拉、洪都拉斯和尼加拉瓜自由贸易协定
- 东道国投资法 6%
- 投资者与东道国间的投资合同 10%
- 美加墨协定 12%
- 双边投资条约 37%
- 北美自由贸易协定 12%
- 能源宪章条约 13%

考虑到跨国公司对东道国环境规制权的侵蚀以及对全球环境带来的潜在和现实威胁，本书拟以全球环境治理体系为指导，以绿色投资为主线，以实现共同发展为目标，通过政府—社会—市场规制治理方式，约束跨国公司的有害环境行为。比如，在政府层面，东道国的环境规制权是否、如何以及为何受到国际投资仲裁庭的限制？承认东道国的规制权是基于仲裁庭的何种解释？仲裁庭如何对待《维也纳条约法公约》（Vienna Convention on the Law of

---

① ICSID. 2023 年 ICSID 年度报告［EB/OL］.（2023-10-13）［2023-10-30］. https://icsid.worldbank. org/sites/default/files/publications/ICSID_AR2023_ENGLISH_web_spread.pdf..

Treaties, VCLT）第 31 条规定的"一般解释规则"？在社会层面，本书拟探寻国际软法的运作机理。对主要国际机构的企业环境问责实践进行梳理，审视当前环境问责标准存在哪些类型？各国际机构又是如何保证其实施？这些国际软法是否潜移默化地影响着包括硬法在内的其他国内外规则的创设或修订？在市场层面，拟就不同国际投资合同模式对东道国和投资者的影响做出成本—效益分析。合同中环境条款的不同表述对东道国环境保护有何影响？如何进一步改进？合同中的稳定条款是否具有法律效力？投资者应如何对待稳定条款？对上述问题的分析，有助于在多中心模式下全面系统地把握投资与环境这两类不同价值的融合，为中国企业境外投资环境风险规制的规范建构奠定实践基础。

三、践行并推广绿色"一带一路"倡议

当前，在"逆全球化"和贸易保护主义等多重因素影响下，全球经济持续走低，全球治理面临诸多挑战。"一带一路"倡议的提出，无疑为"不确定"的世界注入了发展的活力。《2021 年度中国对外直接投资统计公报》显示，2021 年末，中国境内投资者在'一带一路'沿线设立境外企业超过 1.1 万家，当年实现直接投资 241.5 亿美元，比上年增长 7.1%，占中国同期对外直接投资流量的 13.5%。中国对'一带一路'沿线国家的直接投资存量为 2 138.4 亿美元，占中国对外直接投资存量的 7.7%。[①] 其中东道国对基础设施建设需求强烈，它们一方面享受投资带来的发展红利；另一方面也因投资领域的敏感性和脆弱性而担心会对本国的政治、社会、环境和传统文化带来不利后果。事实上，"一带一路"沿线国家广泛存在环境系统脆弱、环境承载力低、环境与生态条件复杂多变的情况，而且一些国家在环境和生态保护的法

---

① 商务部新闻办公室. 2021 年度中国对外直接投资统计公报［EB/OL］.（2022-11-07）［2022-11-10］. http://images.mofcom.gov.cn/fec/202211/20221118091910924.pdf.

律制度层面缺乏强制性、明确的规范。所以投资对环境和生态有较大影响的行业尤其是能源和资源类领域，不仅决定了项目的可行性与经济性，而且因项目造成的环境问题所引发的涟漪效应会超越企业能够掌控的范围，成为影响相关国家国内政治和国际关系事件。

对此，在国家层面，我国政府近些年来在各种国内外公开场合反复强调，并践行"绿水青山就是金山银山"的理念。国家主席习近平曾在第七十届联合国大会、"一带一路"国际合作高峰论坛等多个重要外交场合指出"坚持走绿色、低碳、循环、可持续发展之路"[①]。国家机构发布了《关于推进绿色"一带一路"建设的指导意见》《"一带一路"生态环境保护合作规划》等若干文件，这些承诺和实践反映了对落实关于气候变化的《巴黎协定》和《2030年可持续发展议程》的责任担当，更体现了对以人为本、人与自然和谐相处的真实关切。正如易显河教授所言，领袖型国家意味着不应以牺牲他国包括环境在内的利益而实现本国发展，这是具有"德行"的国家的最基本要求。"更高的要求和期待是，领袖型国家应该讲究诚信，尊重公认的国际价值体系，并担负起对国际体系的重大责任，包括构建国际体系"[②]。

作为落实"一带一路"倡议的支柱性主体，中国海外投资企业的环境义务履行直接影响着包括全球社会、东道国、母国、企业自身等不同层面的利益实现。从全球社会和东道国角度看，中国传统的"儒家义利观"要求企业遵行以利促行、以行固义、以义统利最基本的价值原则。企业需要通过良好的治理体系和严格的自我管理来确保其在市场中获得运行所必需的社会许可，通盘考虑和统筹兼顾其社会影响和利润诉求。从企业自身看，环境风险法律规制不仅能提升其合规审查能力，保障经济效益，还为其塑造全球企业公民

---

① 新华网. 习近平在第七十届联合国大会一般性辩论时的讲话［EB/OL］.（2015-09-29）［2022-03-20］. http://www.xinhuanet.com/world/2015-09/29/c_1116703645.htm.

② 易显河. 国家主权平等与"领袖型国家"的正当性［J］. 西安交通大学学报（社会科学版），2007（5）：54-71.

形象提供新机遇。从母国角度看，这也有利于增加他国及国际社会对中国的信任，提高中国在国际舞台上的声誉和影响力。同时，本书旨在为我国积极适应和准确把握国际规则，开展"可持续投资"谈判提供参考。

第三节　研究思路与研究方法

一、研究思路

作为一种典型的社会型规制，环境规制应从单一的自上而下的政府"命令与控制"模式向以"一体化"和"多元化"为特征的多中心治理模式转变。通过政府—社会—市场等多种机制的合作与互动，共同塑造规制机制的"规制治理"体系。而跨国公司的特殊性以及全球环境不断恶化这一不争的事实，要求本书从全球环境治理的角度，采取"风险防控"理念，探究投资与环境这两种不同价值的融合，从而实现不同层面的利益相关者需求。为此，本书将重点关注以下议题。

（一）跨国投资环境问责的国际软法规制

国际软法虽不具有强制约束力，但它反映了当前分散的、不成体系的国际社会对某类现实迫切问题的一种趋同认知，构成了国际条约和习惯国际法的制定基础，也为国内行动的转化提供了条件。遵守国际软法具有正当性，有利于弥补现有国际法体系的不足，促进良好国际秩序的形成。所以，本书旨在阐述不同国际机构如联合国、经合组织、国际人权监督机构和国际金融公司等对跨国公司环境保护的要求，从中总结出企业环境问责国际标准的类型，并对那些确保私人投资者在实际行动中遵守标准的合规工具加以审视。

（二）涉环境要素的国际投资仲裁实证研究

与国内企业相比，跨国公司在国际投资法的规定下享有诸多实体权利，并且可以针对东道国的行政措施提起国际投资仲裁，所以有必要从仲裁实践的角度探究东道国为维护环境保护等公共利益而行使规制权的效果，对这一问题的阐述有助于利益相关者做好预判和应对方案。基于此，本书拟通过梳理涉环境要素的国际投资仲裁实践，归纳仲裁庭对非歧视待遇、公平公正待遇和间接征收条款的解释方法和论证说理，并给予比较评析。以此为基础，努力寻找仲裁庭对东道国环境规制权如此认定背后的深层次原因，仲裁庭有无越权？为何有些仲裁庭偏向对投资者利益的维护，而有些却关照到东道国的环境措施？仲裁员的身份、仲裁庭的临时性、缺乏上诉机制是否以及影响裁决的公正？影响程度如何？原因不同，因此对策选择应有所差异。

（三）国际投资合同与环境保护

鉴于油气行业与环境保护有着密切的联系，本书拟以国际上游油气合同为研究对象。首先明确其性质，因为这关系到投资者权利的实现和义务的履行，以及东道国国家责任的承担问题。其次从东道国和投资者视角对合同给予成本—效益分析。在此基础上，力图挖掘出部分合同对环境条款的规定，以审查它们能否以及如何支持环境保护。最后，受到投资者持续青睐的稳定条款能否阻却东道国环境规制权的行使，同样值得深入探讨。对此，笔者跳出理论界就稳定条款效力提出的"有效说"和"无效说"这两种截然不同的观点，尝试从法律适用的角度寻找新的依据。并通过对国际投资仲裁实践中典型案例的实证分析，探究仲裁庭对稳定条款效力的认定态度。分析其可能对环境治理带来的潜在影响，以及尝试从解释层面解决两者之间的冲突。

（四）中国企业境外投资环境风险的规制路径

本书拟从国际法和国内法的角度思考中国企业境外投资环境风险的规制路径。首先，针对中国对外投资协定目前呈现出一些问题，笔者将结合上述涉环境要素的国际投资仲裁在投资待遇条款和间接征收条款中的法律解释，并对此类条款的适用做出针对性的限制。同时，对协定中的环境条款，本书试图从东道国监管权和企业社会责任履行两个维度提出建议。其次，在国际投资合同方面，结合上述对稳定条款和环境条款的分析，拟作出排除或限制稳定条款的考虑，并总结出环境保护的最佳实践和进一步完善之处，以使我国企业项目所在国的社会环境，以及具体项目的性质、规模、影响程度等，与东道国达成灵活且适当的合同条款。最后，通过对我国银行境外投资环境风险管理政策进行考察，阐述银行对外信贷能力的提升路径。

二、研究方法

本书综合运用文献分析法、实证分析法、规范分析法、历史与比较分析法、系统分析法。

（一）文献分析法

本书拟将资料查找方向大致分为四类：第一，国际环境法类文献；第二，国际投资法类文献；第三，跨国公司环境责任类文献；第四，风险规制类文献。通过中国商务部、联合国、世界银行、联合国贸易与发展会议、经合组织数据库、Heinonline、Westlaw、Lexis Advance、国家图书馆、北大法宝、中国知网等平台全面搜集与本书主题相关的国际条约和文件、国内立法、政策、合同、研究报告、统计材料和其他规范性文件，以及著作、论文等，并加以分析、整理和归纳，探寻跨国投资与环境风险规制衔接的理论基础和证成逻辑。

（二）实证分析法

为了客观、形象地了解跨国投资环境风险规制的实际运行状态，本书将仔细审查 ICSID、北美自由贸易协定（North American Free Trade Agreement, NAFTA）等国际投资仲裁庭所作出的涉环境要素的仲裁裁决，提炼其在协定投资待遇条款、间接征收条款、合同稳定条款中的解释方法和推理依据，试图探究裁决的思路和可能原因。并且，从国际软法的角度探寻主要国际机构的监督机制如何要求跨国投资者在实际行动中遵守环境问责国际标准。这些都为后续的机制衔接提供了较为坚实的现实基础。

（三）规范分析法

为了使研究内容服务于研究主题，本书拟通过规范分析法明确界定环境风险、跨国公司、全球治理等基本概念。并在此基础上，结合社会、政府和市场三种规制工具，分别针对不同国际机构的环境问责实践、国际投资协定和国际投资合同纳入环境条款的规定等内容进行阐述和价值分析，从规范层面有效促进了中国企业境外投资环境风险的规制路径设计。

（四）历史与比较分析法

本书拟在多个核心章节运用历史与比较分析法。首先，在国际软法方面，对联合国和经合组织文件，国际金融公司绩效标准的形成背景、发展演变加以梳理和比较，从中归纳出企业环境问责国际标准的类型。其次，在国际投资协定方面，比较分析了协定中不同环境条款和同一类型环境条款的不同表述的效能。再次，国际投资合同方面，在特定历史条件下签订的合同因受限于当时当事双方的议价能力和真实需求从而采取不同的合作模式，其中作为投资者的稳定条款也因此反映出不同类型。对其进行比较分析，有助于确定适当的稳定条款。最后，中国企业境外投资环境风险的规制路径选择是在对国际裁决、监督机构实践的实证分析和协定、合同文本的规范分析的比较基础之上建立的。

（五）系统分析法

本书以问题为导向，试图突破部门法藩篱，综合运用国际法和国内法、软法和硬法的不同机制，从整体上系统地深入探讨跨国投资中"政府—社会—市场"三元互动的机理与成效，为优化中国企业境外投资环境风险的规制路径创造有利条件。

第二章　跨国投资环境规制的认知基础

第一节　环境规制的理论依据

一、国家对其自然资源享有永久主权

兴起于 20 世纪 50 年代的自然资源永久主权（permanent sovereignty over natural resources）观念，是发展中国家与发达国家在投资保护上最激烈的争论之一。联合国大会早在 1952 年通过的《关于经济发展与通商协定的决议》便可看出自然资源永久主权在国际社会中已经开始受到重视，本决议指出："……为鼓励落后国家正当运用及开发其天然财富与资源的必要……各国人民自由运用及开发天然财富及资源的权利，为国家主权实践的一部分，不容质疑……。[①]"之后，1955 年联合国大会指出："各民族为了实现自身的目标，有自由处理其境内自然资源的权利，并且不受国际间要求经济合作所需承担义务的限制，不论在任何情况下，此种权利都不应该被剥夺。[②]"接着，联合国大会又于 1962 年通过第 1803 号决议，即通常所称的

---

① 联合国大会第 523（Ⅵ）号决议 . 经济发展与通商协定［EB/OL］.（1952-01-12）［2022-03-10］. https://digitallibrary.un.org/record/210774#record-files-collapse-header.

② SUBEDI S. *International Investment Law*: *Reconciling Policy and Principle*［M］. Oxford : Hart Publishing, 2008: 20.

自然资源永久主权，其中第四点强调一国必须是基于远比纯粹的私人利益重要得多的公用事业、社会安全或国家利益等原因，才可以采取国有化或征收。并且应当根据本国现行法律和国际法规范，对投资者作出适当的赔偿。若就赔偿事项出现争议，应尽可能将其提交至东道国国内法院裁决。但如另有协议，则应通过国际争端机构加以解决。[①]1974年联合国大会通过的《各国经济权利与义务宪章》第2章第2条第3款指出："采取国有化或征收的国家应根据本国法律或本国认为需要考虑的一切情形，做出适当的赔偿。"[②]另外，争议的处理也是以东道国法院优先，在有其他约定的情况下，遵从其约定。这一系列决议有利于发展中国家维护经济主权，虽受到发达国家的反对，但发展中国家认同且在国际间持续推动这些决议内容。因此，有学者认为，此种情形确实显示自然资源永久主权达成了国际间的共识，并且使多数发展中国家支持东道国在国家主权概念的基础上，得以征收跨国公司的财产，但应给予适当的赔偿。[③]

这里不得不提与此相关的另一个概念——东道国的治安权（police power），[④]即国家有权对其境内的外国投资以及投资者的活动进行管理和监督。当前，治安权已被广泛接受为国家固有的一项维护本国公共利益的权力。一国在该权力范围内，基于真实公共目的而采取的非歧视性监管措施，即便造

---

① 联合国大会第1803（XVII）号决议. 自然资源永久主权［EB/OL］.（1962-12-14）［2022-03-10］. https://www.un.org/zh/documents/treaty/A-RES-1803%28XVII%29.

② 联合国大会第3281（XXIX）号决议. 各国经济权利和义务宪章［EB/OL］.（1974-12-12）［2022-03-10］. https://www.un.org/zh/documents/treaty/A-RES-3281%28XXIX%29.

③ SUBEDI S. *International Investment Law: Reconciling Policy and Principle*［M］. Oxford: Hart Publishing, 2008: 23.

④ 在本书中，它也被称为行政规制权，其旨在纠正市场失灵以满足集体或公众的利益。2012年《世界投资报告》指出，规制权是一国主权的表达。规制既包括东道国法律和行政总体框架，也包括特定领域或产业的特别规则。

成了投资者损失也无需赔偿，这已成为国际习惯法上普遍认可的原则。[①]其背后的理论支撑在于，私人财产权的保护是有界限的，即它不能损害到公共健康、环境、安全、秩序等社会利益。[②]所以，治安权是现代法治赋予一国政府维护公共福利的正当权力。

二、利益相关者理论

利益相关者理论最早是由美国管理学家 R. 爱德华·弗里曼（R. Edward Freeman）在《战略管理：利益相关者方法》（*Strategic Management: A Stakeholder Approach*）一书中首次提出。他指出，任何企业要实现健康长远发展，都必须与企业外部的不同利益相关者建立良性互动关系。业务决策者有必要在管理活动和决策制定中考虑并全面平衡所有利益相关者的利益，包括可能受企业活动影响或能够对其产生影响的任何个人或团体。[③]该理论的提出，使得企业管理脱离了股东至上主义的传统模式。

早期企业利益相关者类型主要包括股东、投资者、员工、债权人、供应商、销售商等。随着企业社会责任理论的出现与发展，企业在追求利润最大化的过程中逐步开始正视所产生的一系列相关社会问题，并不断改进问题以满足社会发展，提高全社会的生产力文明水平。企业尤其跨国公司履行社会责任是提高社会生产力的应有之义，也是企业良好效益的助推器，良好的企业形象和广泛的社会认同感都是企业无形的宝贵财产。因此，现代企业利益相关者类型还应当包括政府部门、政府间国际组织和非政府组织（Non-Governmental Organizations, NGOs）、社区、媒体等一般社会相关者。

---

① OECD. "Indirect Expropriation" and the "Right to Regulate" in International Investment Law［R］. Paris: OECD Working Papers on International Investment, 2004: 3.

② 亨金. 宪政与权利［M］. 郑戈，赵晓力，强世功，译. 北京：生活·读书·新知三联书店，1996：162.

③ 弗里曼. 战略管理：利益相关者方法［M］. 王彦华，梁豪，译. 上海：上海译文出版社，2006：57.

就境外投资而言，跨国公司并非只涉及企业股东的利益，而是牵涉从投资国到项目所在国，乃至国际上众多利益相关方的利益。潜在的和已经产生的环境与社会影响与各相关方的利益相互碰撞下会产生一系列的风险（见表 2-1）。

表 2-1　环境与社会影响和利益相关方互动所带来的风险

环境与社会影响			
当地民众	政府	投资方和金融机构	NGOs 与媒体
政治影响风险	所在国政府终止项目风险	融资风险	声誉风险
公司运营风险	投资国政府手续风险	公司运营风险	引起和放大其他风险
项目建设危险	—	—	—
项目运营风险	—	—	—

其中，作为外部不经济性的最直接承受者，当地民众既可能到达项目现场直接阻挠项目的开工或继续建设，也可以通过民间团体和媒体等向当地政府、东道国政府或母国驻东道国使领馆施压，迫使他们了解并回应诉求，若处理不当，会带来一系列连锁反应。因此如何处理好与当地民众的关系，获取他们对项目的支持，将项目对他们的负面影响最小化并扩大项目带来的积极影响，显然是控制项目的环境与社会影响的重要部分。而这需要东道国和母国政府、国际组织、金融机构等不同行为体的共同努力。例如，不遵守项目所在国的环境与投资相关法律法规会导致政府终止投资项目。2012 年，一家中国能源企业开发的项目未能通过津巴布韦环保部的环境影响评估而被叫停。[①] 另外，对南非热电厂的投资，因环境方面的担忧而未能获得美国、英国、荷兰和意大利母国政府的审批。[②] 又如，阿根廷和乌拉圭边界上的一家大型

① VOP Radio. Chinese Company Ordered to Stop Coal Mining [EB/OL].(2012-06-13)[2022-03-20]. http://www.thezimbabwean.co/business/mining/58794/chinese-company-ordered-to-stop.html.

② PATEL K. Eskom's Medupi-sized headache [EB/OL].(2013-02-14)[2022-03-20]. http://www.dailymaverick.co.za/article/2013-02-04-eskoms-medupi-sized-headache/#.UzQ3dfldXqg.

造纸厂遭到当地居民的强烈反对，使作为项目融资方的 荷兰国际集团（ING Group）失去了投资兴趣。再如，一些国际 NGOs 的利益并非和投资项目直接相关，仅仅是为了向受到投资影响的当地民众提供保护和诉求的渠道。媒体为所有的利益相关者提供了获得关注的平台，从而造成很大的声誉风险。20世纪 90 年代一场国际消费者的抵制运动就使斯特克（Scott）纸业放弃了价值6.35 亿美元的印度尼西亚桉树种植园和纸浆厂计划。①

三、公共物品理论

保罗·萨缪尔森（Paul A. Samuelson）和威廉姆·诺德豪斯（William D. Nordhaus）明确区分了公共物品和私人物品，认为公共物品的界定是："它们的利益不可分割地扩散给全体社会成员，无论个人是否想要购买这种公共物品。相反，私人物品是它们能够加以分割然后分别提供给不同的个人，并且不对其他私人产生外在利益或外部成本。"② 从中可知，环境资源具备天然非排他性、不可分割性、非消费竞争性、无产权和价格等特征，因此环境是典型的公共物品。公共物品理论将环境界定为"全体公民的财产"，所有公民都享有享受美好环境的权利，同时应当对环境负责。

环境的公共产权性是加勒特·哈丁（Garrett Hardin）所提出的"公地悲剧"的根源之一，③ "公地悲剧"是对个人在利用公共资源时存有私心的确证。但需要注意，有学者指出了"公地悲剧"论的疏漏之处，即过分简化了公地利用的背景条件，指出公地所处社会背景和公地属性的不同可能影响"公地悲剧"的出现，关键在于良好的制度安排和恰当措施的运用。埃莉诺·奥斯特罗姆（Elinor Ostrom）在《公共事务的治理之道》（*Governing the Commons:*

① STERN A J. How They Won the Battle and Lost the Rain Forest［EB/OL］.（2015-11-04）［2022-03-20］. http://search.proquest.com/docview/409476943?accountid=11752.

② 萨缪尔森，诺德豪斯 . 经济学［M］. 萧琛，译 . 北京：商务印书馆，2011：36.

③ HARDIN G. The Tragedy of the Commons［J］. *Science*, 1986（162）：1243-1248.

the Evolution of Institions for Collective Action）一书中指出，公共事务可以通过"清晰界定边界""占用和供应规则与当地条件保持一致""集体选择的安排""监督""分级制裁""冲突解决机制""对组织的最低限度认可""分权制企业"这八项原则实现长期有效的自主组织、自主治理，能够影响并激励资源使用者自主自愿地遵守操作规则。[①] 因此，赋予每个社会角色以普遍义务并进行良好的制度安排、采取恰当措施，以防止"公地悲剧"现象的发生。

第二节　跨国投资环境规制面临的挑战

一、跨国公司经济一体性与法律独立性的矛盾

跨国公司又称多国公司、多国企业、全球公司等。包括著名学者克利夫·施米托夫（Clive M. Schmitthoff）、经济合作与发展组织（Organization for Economic Cooperation and Development, OECD）和国际法学会等在内的理论界和实务界，从跨国程度、股权拥有、决策和控制、部门与活动、规模、动机等方面给出了各种定义。但目前，最被人们普遍接受的是《跨国公司行动守则（草案）》就"跨国公司"所作的阐述，由分设在两个或两个以上国家的实体组成的企业，而不论这些实体的法律形式和活动范围如何，这种企业的业务是通过一个或多个决策中心，根据一定的决策体制经营的，因而具有一贯的政策和共同的战略，企业各个实体由于所有权或别的因素相关联，其中一个或一个以上的实体能对其他实体的活动施加重要影响，尤其是可以同其

---

① 奥斯特罗姆. 公共事物的治理之道——集体行动制度的演进 [M]. 余逊达，陈旭东，译. 上海：上海三联书店出版社，2000：219-315.

他实体分享知识、资源以及分担责任。[①]

从上述定义可看出，跨国公司具有跨国性、战略的全球性和管理的集中性、公司内部的相互关联性等特征。这体现了经济的一体性，但也正是因为如此，可能会出现母公司为了其所谓的全球发展战略，有意牺牲某个子公司，转移债务责任。

从法学的角度看，就母子公司而言，跨国公司的各个实体根据投资目的国的不同而拥有不同国籍，作为经济学意义上的跨国公司本身不具有任何一国的国籍。"经济上一体化"的跨国公司被人为地基于国界而被划分为法律上受各国国内法约束的成员的联合体。

这就产生了一种悖论：一方面，母公司通过股权、合同或其他手段，控制着子公司的经营活动，参与子公司的管理，为子公司确定政策、决定预算，广泛地参与子公司的决策。对于子公司而言，它不仅要遵守所在国的法律及公司章程，而且还要服从其母公司的商业规划和指令。另一方面，跨国公司子公司是依据东道国的法律设立的具有独立法人资格的实体，能以自己的名义享有权利能力和行为能力，行使权利和义务，独立地进行诉讼并独立地承担不利后果。这意味着一般情况下，利益相关者是无法规制跨国公司母公司的行为，除非利用公司法人人格否认或代理制度。例如环境法领域的经典案例——印度博帕尔惨案。[②]印度政府认为美国联合碳化公司应对惨案的发生承担责任，因为正是由美国联合碳化公司一手设计了印度博帕尔化工厂，但贮气设备和应急预警系统却落后于美国国内的同类工厂。同时，从工厂投入

---

① UNCTC. The United Nations Code of Conduct on Transnational Corporations［EB/OL］.（1987-06-10）［2022-11-16］. https://digitallibrary.un.org/record/156251#record-files-collapse-header.

② 1984年12月2日，印度中央邦博帕尔市北部的一家化工厂发生毒气泄漏事故，毒气直接造成2000多人死亡，20多万人受伤，家畜死亡、庄稼受损、商业中断，环境受到严重污染。博帕尔化工厂是一家生产农药杀虫剂的企业，归联合碳化印度有限公司所有和经营，美国联合碳化公司拥有其50.9%的股份。事故发生后不久，至少有145件针对美国联合碳化公司的诉讼在美国联邦法院被提起，其中包括印度政府作为原告的诉讼。

使用到事故发生从未将这种剧毒气体的危险性对附近公众进行环境信息披露。并且，美国联合碳化公司不顾子公司有关负责人的警告仍决定在博帕尔工厂贮存大量危险化学品。但母公司美国联合碳化公司抗辩称，设在印度的子公司为独立法人，一切责任均由子公司独自承担。该案引发了各国理论界和实务界的广泛讨论。① 退一步说，即便有证据证明子公司的自主性被严重剥夺或者丧失，原告起诉还存在着管辖权如不方便法院原则（the doctrine of Forum Non Conveniens）、法律适用、时间和金钱上的成本等障碍。②

二、跨国公司享有国际投资法上的权利

（一）跨国公司的国际法主体地位之辩

王铁崖认为，国际法人格是指能够独立地参加国际关系，直接享有国际法权利，承担国际法义务，并具有国际求偿能力的主体。③ 换句话说，享有国际法人格是承认一个主体在其独特的法律体系下有能力去实现某些权利及负担某些义务。依照奥基基（Okeke）的见解，在特定法律体系下具有主体地位需要满足以下三项条件：第一，承担义务，同时也须负担违反此义务所产生的责任；第二，可以直接主张享有从法律上权利所赋予的利益，不只具有受益人地位；第三，在某种程度上可以与其他国际法的主体缔结协定或产生法

---

① 比如，1986 年，纽约南部联邦地区法院以不方便法院为由，附条件地驳回了原告的诉讼，即以被告美国母公司同意服从印度法院的管辖为前提。因此，还涉及对不方便法院原则认定问题的讨论。

② 类似的案件还包括：哥斯达黎加等国种植园工人诉陶氏化学、壳牌石油等公司系列案；厄瓜多尔热带雨林土著居民诉德克萨克石油公司系列案；尼日利亚农民诉壳牌石油公司案等。这些案件的共同特点在于均希望追究跨国公司母公司的责任。

③ 王铁崖. 国际法 [M]. 北京：法律出版社，1995：64.

律上的关系。^①然而，在传统的国际法观点下，只有国家才具有国际法主体的地位，奥本海（Oppenheim）认为既然国际法是适用在国家与国家之间，当然只有国家有资格享有国际法主体的地位^②，因此，国家以外其他实体，尤其个人与商业组织，只能间接通过其所属国的政府，方能与国际法产生联系，国内法规范私人间的活动，国际法规范国家间的互动，不同法律体系下的权利义务不应紊乱。^③直至现代，依然存在着支持传统国际法的见解，认为拥有国际法人格的主体，仅包含国家，因为国际法主体应该具有创造法律的能力，而现今能够创设国际法法源，也就是缔结与适用条约、参与国际习惯法形成过程的主体，仍专属于国家。^④

对于传统国际法的见解，学者表示直至 20 世纪初期，国际法确实是国家与国家间依赖的规范准则，但随着时代的转变，国际法的适用对象与保护利益已经产生变化，如同阿克赫斯特（Akehurst）所言，因为新兴国际领域的出现与非国家行为体开始参与国际间的事务，关于国际法定义的争议，将会更趋复杂。^⑤

就跨国公司而言，否定者认为，跨国公司的各个成员分别具有所在国的国籍，行为与所在国联系紧密，因此，其应受限于国内法的规范，不应被视

---

① DURUIGBO E. Corporate Accountability and Liability for International Human Rights Abuses: Recent Changes and Recurring Challenges [J]. *Northwestern University Journal of International Human Rights*, 2008（6）: 233.

② OPPENHEIM L. *International Law*: *A Treatise. Vol.* 1, *Peace* [M]. London: Longmans, Green & Co., 1955: 636.

③ STARKE J G. Monism and Dualism in the Theory of International Law [J]. *British Yearbook of International Law*, 1936（17）: 66, 70.

④ ERIC B D. Human Rights and Transnational Corporations: The Limits of Direct Corporate Responsibility [J]. *Human Rights and International Legal Discourse*, 2010（4）: 10.

⑤ MALANCZUK P. *Akehurst' s Modern Introduction To International Law* [M]. London: Routledge, 1997: 1.

为国际法主体。[1] 布朗利（Brownlie）认为不应只着重强调跨国公司与国际社会的关系，而忽略调整跨国公司基本规范仍为国内法的情况，他表示：原则上，依照国内规范而成立的跨国公司，不具有国际法人格，因此国家与外国企业所签订的协议或契约并不是条约。[2] 马兰祖克（Malanczuk）也表示外国企业与国家所签订的契约，不足以支持外国企业因此拥有国际法主体的地位，不论是完整或部分的国际法人格。[3] 国际法院（International Court of Justice, ICJ）在英伊石油公司案中表示，石油公司并非国际法上的主体，也指出契约不同于国际条约，国际法院无法干涉。[4] 但肯定者认为，国际法人格不是享有国际法权利、承担国际法义务的先决条件，相反，国际法人格应该依照权利与义务的发展做出相对应的改变，甚至体现在现实的国际实践上，例如，国际法的规范已经在跨国公司与东道国政府所签订的合同中加以援用，其中可能包含了双方争议可以提交于依照国际公约成立的国际法庭或是国际组织建立的争端解决机制。

（二）超越地位之辩：跨国公司在国际投资法中的权利

可以预见，上述有关跨国公司国际法主体地位之辩还将长期存在，但跨国公司正越来越多地参与国际事务是一个不争的事实。所以有学者主张应以

---

① DURUIGBO E. Corporate Accountability and Liability for International Human Rights Abuses: Recent Changes and Recurring Challenges [J]. *Northwestern University Journal of International Human Rights*, 2008（6）：240.

② BROWNLIE I. *Principles of Public International Law* [M]. Oxford: Oxford University Press, 2008: 66.

③ MUCHMORE A. Recent Publications: Treaty-Making and Codification [J]. *Yale Journal of International Law*, 2001（26）：547-548.

④ DURUIGBO E. Corporate Accountability and Liability for International Human Rights Abuses: Recent Changes and Recurring Challenges [J]. *Northwestern University Journal of International Human Rights*, 2008（6）：241.

参与的观念来代替既有的跨国公司主客体之争。①从此观念可以推论出，国际社会中不同类型的主体的参与，是由不同国际法领域的性质及内容所决定的，这为跨国公司享有国际法下的权利寻找到依据，而且也和传统国际法系以国家为基础的论点不相违背，因为个人要参与国际社会的活动，也需要经由国家的同意。②

国际投资法赋予跨国公司诸多权利。习惯国际法、双边或区域投资协定以及跨国公司与东道国之间的合同为保护外国直接投资制定了一套规则。习惯国际法要求，一项合法的征收必须符合公共利益，不得随意，不得有基于国籍的歧视，并支付赔偿金。③但发达国家和发展中国家曾长期就"赔偿"问题存在分歧，发达国家强调采用赫尔原则，即要求给予及时、充分和有效的赔偿。

自20世纪50年代末缔结了第一批旨在促进和保护外国直接投资的双边投资协定（Bilateral Investment Treaties, BITs）以来，当前全球大约有3000多项BITs已生效，但仍没有统一的标准。一般来说，一项BIT包含以下条款：对人的管辖、投资的定义、外国投资待遇、征收、货币转移和争端解决。④此外，许多BITs还规定有"保护伞条款"，该条款要求缔约方尊重它们针对另一方国民或公司的投资作出的任何其他承诺，从而将与投资者的合同义务上升为国际法义务。

---

① HIGGINS R. *Problems and Process: International Law and How We Use It* [M]. Oxford: Clarendon Press, 1994: 50.

② MCCORQUODALE R. *The Individual and International Legal System* [M] //EVANS M. *International Law*. Oxford: Oxford University Press, 2003: 307–332.

③ DOLZER R, SCHREUER C. *Principles of International Investment Law* [M]. Oxford: Oxford University, 2012: 99.

④ WOUTERS J, DE MAN P, CHANET L. The Long and Winding Road of International Investment Agreements: Toward a Coherent Framework for Reconciling the Interests of Developed and Developing Countries [J]. *Human Rights & International Legal Discourse*, 2009（3）: 263.

缔约各方承诺遵守有关外国投资者的某些标准，例如公平和公正待遇、充分保护和安全，以及非歧视。后一项要求意味着，除非以关税同盟和自由贸易区形式出现的区域经济安排，或涉及某些敏感经济领域外，外国投资者与东道国国民（国民待遇）和第三国投资者（最惠国待遇）相比，不得受到歧视。

BITs 创造的争端解决条款为投资者直接向东道国提起索赔提供了可能，从而为有效地保护投资构建了强有力的执行机制。通常，投资者可以选择东道国国内法院提起诉讼或根据联合国国际贸易法委员会（United Nations Commission on International Trade Law, UNCITRAL）的仲裁规则向 ICSID 提起仲裁。

一些多边文书也载有类似的投资保护条款，如北美自由贸易协定和 1994 年能源宪章条约（Energy Charter Treaty, ECT）。1995—1998 年期间，OECD 努力起草一项多边投资协定（Multilateral Agreement On Investement, MAI），以取代数量众多的 BITs。非政府组织和发展中国家的强烈反对、商界不予支持以及谈判各方之间的分歧，特别是在行业例外以及社会和环境问题上的分歧，最终导致该计划未能实现。随后在世界贸易组织（World Trade Organization, WTO）主持下提出的一项倡议也宣告失败，原因是发展中国家对其监管自由受到不当约束表示不满。

国际投资协定[①]（International Investment Agreements, IIAs）实体权利和程序机制的设立在很大程度上诱发了投资者滥诉。实践中，投资者经常通过投资仲裁机制，以投资待遇未能满足、财产被征收为由，将东道国拖入投资仲裁程序，挑战东道国立法，寻求赔偿。[②] 从东道国角度看，它们担心败诉而需

---

① 本书的国际投资协定是指双边投资协定和包含投资章节的自由贸易协定。

② 例如，在 Yukos v. Russia 案、Hulley v. Russia 案、Veteran v. Russia 案中，仲裁庭裁定的赔偿总额高达 500 亿美元。在巨额索赔之外，投资者还试图挑战东道国有关公共政策的立法。在 Morris v. Australia 案中，烟草商挑战的就是澳大利亚烟草平装立法的合法性。

承担巨额赔偿，所以可能降低或放弃对投资者的合理规制，这导致环境保护类公共政策无法得到全面有效落实。由此，传统的国际投资法可能造成事实上的内外资主体的不平等，也对东道国规制主权构成极大的威胁。

第三节　跨国投资环境规制的转型：从结果导向到风险防控

一、环境侵权救济制度的不适应性

随着世界范围内污染和破坏环境问题的日益凸显，各国（地区）都非常重视环境侵权救济制度的制定。但是国内救济的缺陷和国际环境损害民事责任制度的"失灵"带来了环境侵权救济制度的不适应性。

（一）国内救济的缺陷

1. 东道国救济

除了本书将在第四章提到的 IIAs 中的投资者保护实体条款和程序条款，以及第五章提到的国际投资合同中的稳定条款给东道国管制带来的障碍外，其他重大缺陷也影响对跨国公司环境行为的有效控制。第一，执行本国环境法的资金和人力资源有限；第二，缺乏关于跨国公司在一国境内活动的技术和风险的信息；第三，即使东道国能够追究跨国公司对环境损害的责任，但当造成环境损害的子公司财政资源有限时，跨国公司的结构本身可能会阻碍东道国对受害者提供充分的赔偿和补救。[①] 这就是所谓的"公司面纱"，即同一跨国集团不同实体之间的独立法人人格，用于保护一个实体免于承担同一跨国企业内其他实体的责任。

---

① SCOVAZZI T. *Industrial Accidents and the Veil of Transnational Corporations*［M］//FRANCIONI F, SCOVAZZI T. *International Responsibility for Environmental Harm*. London: Graham & Trotman, 1991: 395.

　　此外，以下因素意味着，东道国法院在处理外国公司在其领土内造成的环境损害时存在利益冲突。首先，东道国在接受外国投资方面，特别是从给予跨国公司的特许权中获得的收入方面，具有普遍的经济利益。对于大多数发展中国家而言，跨国公司提供的财政资源很可能在一国国内生产总值中占相当大的份额，而且是远大于来自官方发展援助的外部财政。① 例如，波哥大高等法院在裁决中认定，国家和跨国公司均不对石油开采活动造成的森林砍伐、污染、生态系统退化以及邻近保护区的 U'wa 土著部落使用的自然资源的破坏负责。法院指出，如果私营公司暂停石油勘探活动，将损害国家基本经济利益。② 其次，东道国往往成为企业的一部分，从而更直接地参与跨国公司的业务。基于此，东道国可能不是充分保护环境受害者利益的最佳场所。再次，国际环境法和发展基金会的一项研究指出跨国公司造成环境损害时在东道国寻求补救存在其他实际障碍。③ 例如，受害者可能不具备适格当事人资格。或者，若国家不提供支持，受害者可能缺乏提出索赔的资金和法律援助。抑或，当跨国公司通过调整公司结构和调配资产，以限制母公司的责任，并且使子公司没有足够的资金来充分补偿所造成的损害时，东道国法院可能对外国实体缺乏管辖权，或无法对外国实体执行判决。如博帕尔案中，如果没有母国公司所在的原籍国法院的事先决定，印度最高法院作出的母公司赔偿责任就无法实现。④ 最后，在某些国家，判决需要公司承担的损害赔偿金或可

① SANDS P, PEEL J. *Principles of International Environmental Law*［M］. Cambridge: Cambridge University Press, 2003: 1056.

② GIBSON A. The Real Price of Oil: Cultural Survival and the U'wa of Colombia［J］. *Colorado Journal of International Environmental Law and Policy*, 2000（34）: 139.

③ PALMER A. Community Redress and Multinational Enterprises［EB/OL］.（2015-11-04）［2022-03-20］. http://www.field.org.uk/PDF/redress.pdf,pp.8-10.

④ CHOPRA S K. Multinational Corporations in the Aftermath of Bhopal: The Need for a New Comprehensive Global Regime for Transnational Corporate Activity［J］. *Valparaiso University Law Review*, 1994（29）: 235, 250.

对公司处以的罚款数额往往低于防止环境损害发生的管理成本。总之，公司法人独立和跨国公司业务的跨界性质，使得东道国难以有效地控制跨国公司行为。

2. 母国救济

东道国在环境诉讼方面的困境导致受害者，特别是土著居民，向母国法院寻求救济，[①]旨在追究跨国公司决策中心的责任，以弥补跨国公司子公司经济的不足。英国、美国、加拿大、澳大利亚和欧盟（如荷兰、德国、法国和瑞典）等允许外国人在本国法院以国际私法或美国《外国人侵权请求法》（Alien Tort Claims Act, ATCA）为依据对母公司提起涉外民事诉讼。除了实际判决外，诉诸母国法院还产生以下积极作用。首先，有助于将国际社会的注意力集中在指称的事实上，并利用国际压力要求跨国公司采取补救行动。例如，在巴布亚新几内亚 OK Tedi 河的矿山废物污染案中，由于向澳大利亚法院提起诉讼，案件引起了公众的极大关注，因此公司自愿审查和修改了环境管理政策。[②]其次，索赔的准备工作通常会与国际非政府组织和主要专家建立全球关系，他们愿意借此机会回答公众提出的有关公司责任和环境保护的问题。最后，母国诉讼会对跨国公司在环境上不负责任的行为起到威慑作用，特别是考虑到惩罚性赔偿金的判罚。[③]它们也可能在减少跨国公司游说反对东道国提高环境标准的动机方面发挥作用，因为即使是在国外造成的损害，也可以获得母国水平的赔偿。

然而，母国法院审理此类环境索赔存在许多限制。其中最重要的一点，

---

① KHOKHRYAKOVA A. Beanal v. Freeport–Mcmoran, Inc.: Liability of a Private Actor for an International Environmental Tort under the Alien Tort Claims Act［J］. *Colorado Journal of International Environmental Law*, 1998（9）：463.

② PALMER A. Community Redress and Multinational Enterprises［EB/OL］.（2015–11–04）［2022–03–20］. http://www.field.org.uk/PDF/redress.pdf,p.11.

③ RIVERA F. A Response to the Corporate Campaign against the Alien Tort Claims Act［J］. *Indiana International and Comparative Law Review*, 2003（14）：251, 258.

母国法院在裁决涉及海外运营的国内公司案件时，存在利益冲突。其主要体现在对不方便法院原则的运用，即当该场所对被告不适当或不方便时法院有权拒绝审理案件。管辖权问题给外国原告设置了不公平的障碍，从而间接地使跨国公司逃避了在国外造成损害的责任。[①] 鉴于母公司控制这一事实足以确立法院管辖权，也足以确立责任，管辖权和责任问题越来越难以分开。另一个利益冲突表现为母国法院不愿揭开公司法人面纱，这通常取决于母公司对海外子公司是否进行了一定程度的控制。因此，"不方便法院的功能常常类似于独立法人人格的公司面纱：两种学说都被用来使母公司免于承担在国外的责任"，[②] 特别是在环境恶化的案件中。

除了母国法院偏袒其跨国公司并作出相应裁决外，它们还担心，对已进入东道国并运营的跨国公司单方面施加责任，会影响两国之间的外交关系。在东道国政府直接参与企业经营的情况下，主权豁免问题可能仍然存在。此外，跨国诉讼成本高昂且费时。而且，母国法院在索赔的事实依据方面要求的证据较高，而多数重要信息通常掌握在跨国公司或不愿意合作的东道国手中。最后，母国法院作出的清理东道国受污染场地的决定可能难以得到监督或执行。

综上可知，跨国公司案件的跨国性和复杂性往往会导致对案件的审理造成相当大的延误，即便在最终给予赔偿的少数案件中，赔偿日期也会大大延迟。

---

① PRINCE P. Bhopal, Bougainville and OK Tedi: Why Australia's Forum Non Conveniens Approach Is Better [J]. *International and Comparative Law Quarterly*, 1998 (47): 573.

② ROGGE M J. Towards Transnational Corporate Accountability in the Global Economy: Challenging the Doctrine of Forum Non Conveniens in In Re: Union Carbide, Alfaro, Sequihua, and Aguinda [J]. *Texas International Law Journal*, 2001 (36): 299-300.

（二）国际环境损害民事责任制度的"失灵"

国际环境法可以被视为呼吁各国对非国家行为者损害环境的规制工具，但同时它几乎从未明确提到非国家行为者，特别是私营公司。[①] 国际环境条款的执行并没有设想私营公司的特殊作用，而是规定各国颁布必要的立法，以引导和控制在其领土和管辖范围内的这些行为者的行为。ICJ 认为，维护地球的生态平衡是各国保护作为整体的国际社会的根本利益，[②] 因此，一些国际环境法可看作对"一切的义务"或"对世义务"（obligations erga omens）。[③] 至少在某些情况下，各国为保护其管辖范围内的环境不受非国家行为者活动的影响而采取的措施是对国际社会整体的"普遍关切"，这是所有国家在某些类型的生态保护方面的共同利益。

对私营公司，特别是跨国公司造成的环境损害的关注，以及确保受害者得到必要的补救，并不是一项新的国际议程。一方面，联合国在 1970—1990 年（在《跨国公司行动守则草案》的谈判中）首次尝试在国际层面对跨国公司进行监管时，[④] 就已经考虑到该问题；另一方面，OECD 在 20 世纪 70 年代开始处理私营公司造成的环境损害和相关诉诸司法的问题。[⑤] 因此，确保无害环境的公司行为在早期便伴随着国际环境法而发展。

国际环境法体现了若干直接针对私人经营者的环境损害民事责任制度，

[①] ONG D. The Impact of Environmental Law on Corporate Governance: International and Comparative Perspectives ［J］. *European Journal of International Law*, 2001（12）: 685.

[②] ICJ. Gabcikovo–Nagymaros Project（Hungary–Slovakia）, Judgment［EB/OL］.（1997–09–25）［2022–03–20］. https://www.icj–cij.org/files/case–related/92/092–19970925–JUD–01–00–EN.pdf.

[③] KISS A, SHELTON D. *International Environmental Law*［M］. New York: Transnational Publishers, 2004: 76.

[④] UNCTC. Proposed Text of the Draft Code of Conduct on Transnational Corporations（12 June 1990）UN Doc E/1990/94, paras. 40–43.

[⑤] OECD. Recommendation of the Council for the Implementation of a Regime of Equal Right of Access and Non–Discrimination in Relation to Transfrontier Pollution（17 May 1977）, C（77）28.

在石油污染、陆地和海洋危险货物运输、危险废物越境转移、核能等领域形成了一个"相关责任制度网"。[①]条约起草者认为，阻止有害行为和补救环境损害的公认解决办法是将问题从国家层面转移到私人层面，从公法转移到国际私法，而不是诉诸有关国家责任的国际法。

从国际环境民事责任制度中，我们可以看出，在不影响国家责任作为一种剩余选择的情况下，[②]国际社会倾向于经营者在特定环境保护领域承担有限的严格责任，[③]因此，将责任转嫁给污染者（经营者或所有人），而不论其过错如何，体现了对事故发生时能最有效控制风险的一方应负主要责任这一原则。有限的严格责任通常与其他资金来源相结合，包括国家预算公共资金，或由同一类型危险活动的经营者或为其直接利益而进行危险活动的实体捐款建立的共同资金池等，以满足损害赔偿要求。[④]

现有的国际环境责任制度是基于特定领域而制定的，因此涵盖的范围狭窄。例如，《关于环境保护的南极条约议定书》附件六的"环境紧急状况下的责任"，只涵盖了在环境紧急状况下缺乏迅速行动而造成的损害。[⑤]还应指出的是，它们不能充分激励经营者采取严格的预防措施，或满足无辜受害者对

---

① ANTYPAS A, STEC S. Towards a Liability Regime for Damages to Transboundary Waters: A New Protocol in the UNECE Region [J]. *Journal of Water Law*, 2003（14）: 185.

② ILC. First Report on the Legal Regime for Allocation of Loss in case of Transboundary Harm arising out of Hazardous Activities（2003）[EB/OL].（2003-03-21）[2022-11-17]. https://digitallibrary.un.org/record/494252?ln=en.

③ 例如，《1969 年国际油污损害民事责任公约》《2001 年国际燃油污染损害民事责任公约》《关于核损害民事责任的维也纳公约》《关于工业事故越境影响对越境水体造成损害的民事责任和赔偿的议定书》。《危险废物越境转移及其处置所造成损害的责任和赔偿问题议定书》同时规定了有限的严格责任和过错责任。

④ International Convention on the Establishment of an International Fund for Compensation for Oil Pollution Damage, 18 December 1971.

⑤ Annex VI to the Protocol to the Antarctic Treaty on Environmental Protection, 14 June 2005.

于赔偿的所有合法要求。① 没有一项方案全面执行了污染者付费原则。环境责任的协调仅限于从事极度危险活动的国际机制，从而在现有国际文书未涵盖的活动和区域上留下了尚未填补的空白。②

最重要的是，若干民事责任条约的批准率和生效率很低，这是由于责任机制对公共预算和私营实体（包括保险部门）具有重要的财政影响。唯一一项关于环境民事责任的综合性条约，即 1994 年欧洲委员会针对危害环境的活动所造成的损害民事责任公约（卢加诺公约），③ 经过多年的谈判，仍没有得到批准。同样，1996 年通过的《海上运输有害有毒物质损害责任和赔偿的国际公约》④ 和 1999 年通过的《危险废物及其他废物越境转移及处置所造成损害的责任及赔偿巴塞尔议定书》⑤ 迄今仍未生效。另外，1977 年通过的《勘探、开发海底矿产资源油污损害民事责任公约》⑥ 也未生效，因为在谈判时，石油公司之间平行地订立了一项《近海污染赔偿责任协议》。综上可知，虽然各国已经制定了大量的环境法规，但它们不愿意就责任和赔偿的有关国际规则达成一致。

尽管《里约环境与发展宣言》（以下简称《里约宣言》）原则 13 呼吁

① ILC. First Report on the Legal Regime for Allocation of Loss in case of Transboundary Harm arising out of Hazardous Activities（2003）［EB/OL］.（2003–03–21）［2022–11–17］. https://digitallibrary.un.org/record/494252?ln=en.

② SANDS P, PEEL J. *Principles of International Environmental Law*［M］. Cambridge: Cambridge University Press, 2003: 938.

③ Convention on Civil Liability for Damage resulting from Activities Dangerous to the Environment, 21 June 1993.

④ Convention on Liability and Compensation for Damage in Connection with the Carriage of Hazardous and Noxious Substances by Sea, 3 May 1996.

⑤ Protocol on Liability and Compensation for Damage Resulting from the Transboundary Movement of Hazardous Wastes and their Disposal, 10 December 1999.

⑥ Convention on Civil Liability for Oil Pollution Damage resulting from Exploration for and Exploitation of Seabed Mineral Resources, 1 May 1977.

各国制定关于对污染受害者以及其他环境损害负责和赔偿的国际法，但制定和实施环境责任在很大程度上仍然十分困难。这再次反映了各国不愿对私营部门诉诸责任，正如波尼（Birnie）和波义尔（Boyle）所言，国际环境法必要且不可避免的发展是减少赔偿责任作为对环境有害活动的主要回应，这就解释了越来越多地运用制度监督而非诉诸司法机构作为解决环境纠纷的主要形式。①

二、面向环境风险防控的全球治理

（一）全球环境风险

风险是社会学家认识与环境有关的社会问题研究的起点。在对风险的认知上，英国社会学家安东尼·吉登斯（Anthony Giddens）把风险分为外部风险和人为制造的风险。外部风险指的是来自外部的、传统或自然的恒定性所带来的风险体验，比如，火山、地震、台风等。传统的观点认为，对于这种外部风险人类是无力应对的，只能是被动接受，但是某些极端天气的出现是人类活动影响环境进而改变自然力作用的结果。人为制造的风险指的是由于人类自身知识的增长而对整个世界带来的剧烈影响所创造的风险。环境法所关注的主要是由人类活动而引起的环境问题，可以归为人为制造的风险。

通过环境风险这个概念，对环境问题的分析可以进一步深入。人类向环境中不适当地排放物质和能量而导致环境的物理、化学或生物性能发生改变即为环境污染，而不适当地从环境中攫取资源，即为环境破坏。环境污染和环境破坏都是改变环境的生态平衡而对人类产生不利影响的结果。风险这个概念所强调的是一种可能性，是产生环境污染或破坏的损害性结果的可能性。

---

① BIRNIE P, BOYLE A. *International Law and the Environment* ［M］. Oxford: Oxford University Press, 2002: 286.

所以，从发生的阶段性来说，环境风险①是对环境产生损害性后果之前的一种状态，体现了利益相关者主动规避环境损害发生前的一种努力。

随着一国生态系统破坏的频率和严重程度的增加，当地的环境污染事件产生了区域乃至全球影响，以及促使国际社会逐渐意识到环境为"人类的共同遗产"，引导全球环境思想和行动主义开始发生根本性的变化。世界各地的环境运动是最早的具有"全球"特征的社会运动之一。一些环保人士甚至建议成立一个能够协调国际环境政策的"世界环境组织"。全球化促进了国际贸易的增长和资金流动的加速，以及国家间更大的合作和科技创新，为解决全球层面的环境问题提供了可能。但全球化是在西方发达国家的社会政治和经济模式的绝对主导下形成的具有明显不平等的全球社会，其进程本身伴随着环境危机。工业化生产在增加产量以满足人类日益增长的物质文化需要的同时，也向空气、水和土壤排放有毒有害气体，消耗原材料和过度累积自然不能分解的各类废物，而造成环境污染、动植物生态系统破坏和人类健康的恶化。例如，能源生产，它除了占用和改变土地用途如农业用地或土著居民的传统土地外，废水、烟气、粉煤灰、炉渣等主要污染物还影响地下水的水质和流向，污染大气。从长远看，会导致全球气候变暖，冰层和冰川融化，海平面上升，进而对生物多样性和大气系统产生强烈的负面影响。在农业生产方面，现代农业造成大量农用化学品、有机物、沉积物和盐水排入水体。联合国粮农组织称，"自 1970 年以来，全球牲畜数量增加了两倍以上，畜牧业生产的集约化导致了一种新的污染物类别的出现——抗生素、疫苗和荷尔蒙

---

① 实践中，风险（Precaution）与危害（Prevention）往往相互交织，并没有一个明确的界定标准。无论是危害防止，还是风险预防，二者最终目的均在于使环境质量维持或达到最适于环境与健康保障的状态，也均需要由不同的规制主体对企业活动做出限制，具有目的和手段的相似性，因而并无必要也无法进行严格区分。

生长促进剂，它们从农场通过水源进入生态系统和饮用水。"① 此外，使用化学物质消灭杂草和其他有毒植物扰乱了生态系统的平衡。而且，喷洒过农药和化肥的产品也被认为对人体健康有害。

作为国际经济关系的主体，遍布全球的跨国公司本可以利用其在资本、技术、管理、全球经营网络等方面的独特优势，帮助发展中国家在实现经济增长的同时，通过对所有海外分支机构实行统一的环境标准来最大限度地降低环境风险。但其逐利的本性和历史的教训② 提醒我们，无法奢望它们的环境保护行动在没有任何外力的作用下具有普遍自愿性。大多数"经济人"并不关心那些与公司利益无关的纯公益行为，它们给发展中东道国，特别是那些最不发达国家造成的严重环境损害仍时有发生。这无疑会减缓，甚至阻碍国际社会的可持续发展进程。

（二）全球治理

全球化时代打破了威斯特法利亚体系所确立的"以主权和国家"为中心的世界秩序，国家不再是全球唯一的行为主体。正如罗伯特·考克斯（Robert W. Cox）所言："全球化从国家内部改变了国家权力的基础，并产生了多层次的后威斯特法利亚的世界秩序，国家在该秩序中仍然十分重要，但只是多层次权力中的一种。"③ 所以全球治理，简单地说，是一个以全球为范畴的治理形态。它并非完全取代传统国际关系的架构，而只是改变过去以国家为主体的国际体系，通过加强公共部门与私营部门、国内与国际形成的治理网络，处

---

① 联合国粮食及农业组织. 农业污染严重威胁着全球水源［EB/OL］.（2018-06-20）［2022-03-28］. http://www.fao.org/news/story/zh/item/1141892/icode/.

② 例如，1984 年美国联合碳化公司在印度博帕尔造成的农药厂泄漏事故，迄今已导致超过 2 万人死亡，同时造成严重的环境破坏和重大的财产损失；荷兰皇家壳牌石油公司在尼日利亚的石油生产以及必和必拓公司在几内亚的铜矿开采引发严重的环境危害；更有甚者，跨国公司为牟利不惜卷入战争。

③ COX R W. *Globalization, Multilateralism and Social Choice*［M］. New York: United Nations University, 1990: 2.

理着全球性事务。例如，上述提到的全球环境问题，其并不是由一个或几个国家或组织能够完成的，需要不同行为体依据诸多跨国及政府间安排和制度通力合作。只有重视国家与非国家行为体的角色与贡献（见表2-2），将这些行为体加以整合才能有效规制环境问题。

表 2-2　主权国家与其他行为体功能比较

	主权国家	其他行为体
履行治理的能力	强	弱
治理的合法性	高	低
治理范围	小	大
创造议题的功能	弱	强

作为当今国际制度的主要行为体，国家政府除了有权决定国内事务，如国内环境法律政策的制定和执行，不同地区、行业、领域之间的利益分配等，还承担着履行国际环境条约的义务。但鉴于跨国公司对国际政治权力结构与经济秩序变革的影响，它们在不少发展中国家形成了可以与"国家主权"抗衡的"工业主权"。东道国为发展本国经济而采取的逐底竞争、自身法律运行不畅、跨国公司复杂的治理结构和法律的独立性，以及享有诸多国际投资法上的权利等因素的存在，意味着东道国，特别是发展中国家对跨国公司的有害环境行为监管力有限。母国也以不干涉他国内政和保持跨国公司竞争优势为由不愿行使域外管辖。所以，传统的国家中心规制模式无法有效地防控跨国公司带来的环境风险。

与自上而下运用"命令—控制"进行单向监管的政府统治不同，全球环境治理面向的是"多元化"和"一体化"的多中心权力网络（见表2-3）。其中，非政府组织主要具有以下功能：针对特定企业进行环境影响评价等科学活动，公开环境信息；在企业不履行环境义务时，通过各种方式帮助不同利益相关者获得诉求；向公众开展环境法律和政策宣传；经常性地开展环境研究，引导国际和国内社会做出环境友好型决策。政府间国际组织旨在为各国政府间以及政府和非国家行为体间就全球环境问题进行友好沟通、协商和合作搭建平台。跨国公司作为国际资金流动和技术扩散的主要载体，在推进全球可持续发展中也起到重要作用。

表 2-3　治理与统治的区别

	治理	统治
权威的来源	虽然需要权威，但权威并非一定来自政府机构	必定来自政府机构
权威的性质	以自愿为主	以强制为主
权力结构	多元的，相互的	单一的，集中的
法理基础	源于公众的认同与共识	源于政府的法规命令
主体（行为者）	国家和非国家行为体	政府
客体／范围（对象／受治者）	既可以是民族国家，也可以是民族国家以外的领域	以领土为界的民族国家
决策权力运作过程	自上而下和自下而上互动的管理过程，主要通过合作、协商、伙伴关系、确立认同和共同目标等方式实施对公共事务的管理	自上而下，运用政府的政治权威，通过法规和政策，对公共事务实行单一向度的管理

综上可知，我们应采取"面向未来"的环境风险防控理念，重构环境规制范式。而跨国公司的特殊性以及全球环境不断恶化这一不争的事实，要求我们从全球环境治理的角度，通过政府、社会和市场等多种机制的合作与互动，共同塑造规制机制的"规制治理"体系。

本章小结

国家对其自然资源的永久主权、利益相关者理论和公共物品理论等可以成为环境规制的理论依据。但跨国公司的特殊性会给境外投资环境规制带来挑战。

第一，经济一体性和法律独立性的矛盾。战略的全球性、管理的集中性、公司内部的相互关联性等特征使得母公司可以以"全球布局"为由，有意牺牲某个子公司，转移债务责任，抑或通过大肆破坏东道国环境和攫取当地资源为其他内部实体提供补给，并从中获取高额利润。而从法学的角度看，就母子公司而言，跨国公司的各个实体根据投资目的国的不同而拥有不同国籍，作为经济学意义上的跨国公司本身不具有任何一国的国籍。因此，一般情况下，利益相关者是无法规制跨国公司母公司的行为，除非利用公司法人人格否认或代理制度。

第二，跨国公司享有国际投资法上的权利。虽然有关跨国公司国际法主体地位之辩还将长期存在，跨国公司正越来越多地参与国际事务。而且，国际投资法确实赋予了跨国公司诸多权利。以 IIAs 为例，大多数协定都对国民待遇、最惠国待遇、公平公正待遇、征收、履行要求和争端解决等进行了明确规定。有些甚至含有"保护伞条款"。实体权利和程序机制的设立在很大程度上诱发了投资者滥诉。从东道国角度看，它们担心败诉而需承担巨额赔偿，以及为了营造良好的营商环境以吸引更多外资，所以可能降低或放弃对跨国公司的合理规制，这导致环境保护类公共政策无法得到有效落实。

虽然部分国际环境民事责任公约对参与国际法不加禁止的某些重大危险活动，例如，为以和平目的运输石油和危险物质或核能的个体运营者（公共或私人）施加严格责任。不幸的是，基于公约调整范围和缔约国数量的有限性，以及真正生效的稀缺性，这种统一实体方法规制跨国公司环境行为的效果并不理想。

基于此，受害人只能从国内法角度追究跨国公司的环境侵权责任。从东道国角度看，它有义务监督和控制其领土和管辖范围内的公司，并应提供救济机制以补偿受公司侵害的受害者。但发展中国家的法律薄弱、国际投资协定有关投资者权利的实体条款和争端解决机制条款的"压力"、执行本国环境法的资金和人力资源有限、缺乏对跨国子公司技术和风险信息的了解、对跨国公司的严重依赖甚至政府的直接参与、司法透明度和独立性缺乏等因素，迫使其自身不愿或不能有效监管跨国公司，这使得受害人往往无法奢望在东道国获得公正的补偿，更何况在东道国法院起诉甚至威胁到受害者和其他投诉者的人身安全。

所以，受害者越来越期望获得跨国公司母国的帮助。虽然英国、美国、加拿大、澳大利亚和欧盟（如荷兰、德国、法国、瑞典）等允许外国人在这些国家法院以国际私法或美国《外国人侵权请求法》为依据对母公司提起涉外民事诉讼，但实践中存在严重障碍。首先，由具有独立法人人格和承担有限责任的不同法人实体组成的具有复杂治理结构的跨国公司，在很大程度上使得母公司免于承担其海外子公司所造成的损害赔偿责任。其次，被告跨国公司经常利用不方便法院原则使得案件被驳回。再次，即便第三国法院具有管辖权，但仍可能会适用对其不利的侵权行为地法或损害结果发生地法，即东道国法律。最后，处于弱势地位的受害人难以承受由旷日持久的跨国诉讼所带来的高昂成本，也无法担负收集证据、聘请法律和技术专家的费用。

除了上述缺陷外，环境侵权救济制度本身的"向后看、结果导向"也意味着更多的是对已然事实的总结，并未对环境损害发生前的风险加以关照。对此，我们应采取"向前看、面向未来"的环境风险防控理念，重构环境规制范式。而跨国公司的特殊性以及全球环境不断恶化这一不争的事实，要求我们从全球治理的角度，运用行政、社会和市场等不同规制工具，共同塑造规制机制的"规制治理"体系，实现环境规制由"统治"向"治理"的转型。

第三章　环境风险的国际软法规制：国际机构及其问责标准

自 20 世纪 70 年代起，有关在国际层面约束跨国公司行为的主题讨论越来越多，不同国际机构也在努力阐明保护环境的国际法除由各国履行主要责任外，也包括如何和何时被认为适用于私营公司或为私营公司转化。同时，无论是否存在具体的法律义务，国际环境原则和规范正逐渐影响公司治理。考虑到国际机构越来越多的实践，即使目前国际环境法很少直接对私营公司施加具有法律约束力的义务，而且国内法或公司自身也缺乏这样的承诺，但可以期待私营公司尊重的最低环境问责国际标准正在出现。

与作为结果的责任相比，问责关注的是"回应"和"执行"，强调跨国公司应尽可能地采取国际标准，向利益相关者披露信息和与公众磋商，以实现环境善治。本章根据国际机构的实践，确定在国际环境保护的特定领域出现的若干问责标准。事实上，某些情况下，私营企业和各国对一些国际标准表示了一定程度的接受。而且受影响社区日益增多的投诉与非政府组织和学术界的呼吁推动了国内和国际层面不少判例法的形成。

第一节　国际机构的规制实践

一、联合国与经合组织文件

联合国和经合组织为确保跨国公司和一般商事企业对环境保护的负责任行为而做出了持续努力。联合国《跨国公司行动守则草案》《全球契约》《跨国公司和其他工商企业在人权方面的责任准则草案》(以下简称《责任准则草案》)和"联合国秘书长特别代表关于人权与跨国公司及其他商业企业问题的报告"等集中于联合国框架内的相关文件表明,联合国内部对企业问责存在不同的方法:国际规制、与企业合作和基于人权的方法。紧接着比较这些发展形态与经合组织跨国公司指南的历史和内容,并且分析这些文件中的环境文本发现,根据国际环境原则和规则所确定的无害环境的商业行为标准存在一定的趋同性。

(一)联合国与经合组织规制概述

1.《跨国公司行动守则草案》

20 世纪 70 年代初,77 国集团和中国基于对跨国公司完整信息的不可获取性、国际流动性、规模和资源的担忧,在联合国大会上发起了关于公司责任的辩论。[1] 它们引导联合国经济及社会理事会承认缺乏对跨国公司的国际政

---

[1]　MUCHLINSKI P. *Attempts to Extend the Accountability of Transnational Corporations: The Role of UNCTAD* [M] //KAMMINGA M T, ZIAZARIFI S. *Liability of Multinational Corporations under International Law*. The Hague: Kluwer Law International, 2000: 97, 99; KLINE J M. *Business Codes of Conduct in a Global Political Economy* [M] //WILLIAMS O F. *Global Codes of Conduct: An Idea Whose Time Has Come*. Notre Dame, Ind: University of Notre Dame Press, 2000: 39, 43.

策或监管机制，需要观察、分析和讨论与跨国公司有关的问题，并为此目的，设立一个知名人士小组来对此审查。这一决定已明确联合国承担在国际层面处理跨国公司相关问题的责任。[①]1974 年，知名人士小组的报告[②]认为联合国可拟订一套关于跨国公司的行动守则（以下简称行动守则草案）。联合国经济及社会理事会同意了该建议，并设立了常设机构——联合国跨国公司委员会，以监督跨国公司的活动并报告国际投资的进展情况，向发展中国家提供与跨国公司沟通的专业知识和建议，以及管理跨国公司活动规范框架的提议草案。在此基础上，1977 年负责起草行动守则草案的工作组开始运行，并于 1982 年提出了第一份草案，最新草案文本可追溯到 1990 年。

　　行动守则草案因其范围的全球性和主题的广泛性的特点代表了在跨国公司方面制定一项普遍而完整的文书的首次尝试。起初该草案只处理涉及对跨国公司活动的监管。[③]但在 1980 年，各国达成了一项折衷方案，使草案同时包括跨国公司的活动（及其监管）和它们的待遇，即跨国公司保护两个部分。不难看出，其目标是双重的，既要最大限度地减少跨国公司的负面影响，促使它们对东道国发展做贡献；也要确保加强国际投资的稳定、可预测和透明的框架。前者涵摄的内容包括但不限于尊重国家主权、遵守东道国的经济和发展规划、尊重人权、不干涉东道国内政、避免腐败行为、增加就业机会和消费者界定以及环境保护。第二个目标重点关注国有化赔偿、管辖权界定和争端解决。但由于上述两个部分作为一揽子交易进行讨论，在外国投资保护方面存在根本性分歧，所以即使含有环境保护规定的监管章节达成了实质性

---

① 　WALDMANN R J. *Regulating International Business through Codes of Conduct*［M］. Washington DC: American Enterprise Institute for Public Policy Research, 1980: 70.

② 　ECOSOC. Effects of Transnational Corporations on Development and International Relations（1974）UN Doc E/5500/Rev.1/ST/ESA/6, p.55.

③ 　FRANCIONI F. International Codes of Conduct for Multinational Enterprises: An Alternative Approach ［J］. *The Italian Yearbook of International Law*, 1977（3）: 143, 161.

协议，但最终也无法通过。

回顾草案夭折的历史和意识形态背景也许可发现端倪。20 世纪 70 年代关于跨国公司的争论两极分化：要么保护外国投资者不受东道国政府的不当限制；要么面对跨国公司的影响，东道国需要保护本国利益和行动的自由。[①]后一种态度在国内层面反映在发展中国家建立监管框架的广泛实践中，如国内对跨国公司的市场份额、进口和利润回流、技术转让以及投资项目参与的规定。[②]

在此背景下，联合国关于跨国公司的辩论与重构全球经济体系、建立国际经济新秩序（New International Economic Order, NIEO）进一步联系起来。在 NIEO 框架内，新独立国家将跨国公司的不断扩大解释为殖民活动在经济上的延续，进而可能威胁到它们的政治独立和发展进程。因此，监管跨国公司的问题、国家对自然资源的主权，以及备受争议的征收问题相纠缠，[③] 这最终导致了草案的谈判沦为一场"争吵"。[④]

到 20 世纪 80 年代末，草案起草的背景变得更加复杂。由于发展中国家的外国直接投资不足和严重的债务危机，使辩论已从控制跨国公司的潜在不利影响转向如何确保资本流入使发展中国家重新融入世界经济的问题。这反映了联合国内部对跨国公司严格监管方式的转变，并在逐步取代的过程中，制定了更接近资本输出国偏好的文本。此外，草案过于雄心勃勃的普遍性目

---

① FATOUROS A A. *Transnational Corporations: The International Legal Framework*［M］. London: Routledge, 1994: 96–103.

② HANSEN M. *Environmental Regulation of Transnational Corporations*［M］//UTTING P. *The Greening of Business in Developing Countries*. London: Zed Books in association with UNRISD, 2002: 161.

③ RUBIN S J. Reflections Concerning the United Nations Commission on Transnational Corporations［J］. *American Journal of International Law*, 1976（70）: 73, 79.

④ RUBIN. Transnational Corporations and International Codes of Conduct: A Study of the Relationship between International Legal Cooperation and Economic Development［J］. *American University Journal of International Law and Policy*, 1995（10）: 1276.

标，① 使其法律地位产生分歧，② 以及跨国公司自身对可能具有约束力标准的反对和非国家行为体特别是商界在起草过程中的有限参与③ 等其他因素，导致了谈判于 1992 年中止。④

由于草案谈判破裂，联合国跨国公司委员会最终在 1993 年变更为 UNCTAD 下的辅助机构，并更名为联合国国际投资和跨国公司委员会。由 UNCTAD 继续开展跨国公司的工作，特别是关注企业社会责任议程，例如，如何确保跨国公司在东道国创造更多就业机会、与当地供应商的联系以及向当地企业转让技术提供咨询意见。⑤ 而且，UNCTAD 继续发挥联合国跨国公司委员会在企业环境问责辩论中的具体作用，对各行业根据《21 世纪议程》的相关规定而制定的自律文书进行评估。

草案用语的模糊性，无法阻挡国际社会致力于制定首套关于发挥跨国公司适当作用的国际通用标准的决心。草案的失败表明，谈判国缺乏达成一项监管外国直接投资和跨国公司责任的国际文书的政治意愿，特别是当谈判的政治和经济背景发生了变化。然而，人们不应低估联合国跨国公司委员会的卓越成就，即"跨国公司活动"部分对国际良好企业公民概念较为全面的阐

---

① FRANCIONI F. International Codes of Conduct for Multinational Enterprises: An Alternative Approach [J]. *The Italian Yearbook of International Law*, 1977（3）: 160.

② CALDER F, CULVERWELL M. *Following up the WSSD Commitments on Corporate Responsibility & Accountability* [M]. London: Royal Institute of International Affairs, 2004: 15.

③ SETI S P. *Gaps in Research, Formulation, Implementation and Effectiveness, Measurement of International Codes of Conduct* [M] //WILLIAMS O F. *Global Codes of Conduct: An Idea Whose Time Has Come*. Notre Dame, Ind: University of Notre Dame Press, 2000: 117, 120.

④ MUCHLINSKI P. *Attempts to Extend the Accountability of Transnational Corporations:The Role of UNCTAD* [M] //KAMMINGA M T, ZIZZARIFI S. *Liability of Multinational Corporations under International Law*. Hague: Kluwer Law International, 2000: 115.

⑤ ODENTHAL L. Corporate Social Responsibility and Development: Towards a New Agenda: Summaries of Presentations [EB/OL].（2003-11-17）[2022-03-28]. http://213.219.61.110/80256B3C005BCCF9%2F（httpAuxPages）%2F5FE3FFAE56E19A50C1256F1100518FC5%2F%24file%2Fconfsum.pdf.

述。特别是在环境保护一节达成协议的事实，表明这一问题得到了广泛的认同，从而有理由支持采用行业方法进行企业问责的想法。

尽管准则草案的谈判已经结束，但联合国跨国公司委员会还在企业环境问责领域进一步开展监管活动。在筹备 1992 年联合国环境与发展会议（United Nations Conference on Environment and Development, UNCED）时，该委员会针对大型工业企业和可持续发展提出了一系列建议。[1] 由此产生的旨在鼓励企业管理层在投资决策中，通过保持经济增长，同时减少环境风险和资源过度开发，为可持续发展做出积极贡献的可持续发展管理标准文件，涉及全球企业环境管理，风险和危害最小化，消费模式，环境核算以及环境公约、标准和指南五个方面的企业环境问责。[2] 它们为私营部门的行为提供了最低和最高标准。即使里约会议没有采纳这些标准，[3] 但《21 世纪议程》也包括关于企业，尤其是跨国公司在实现可持续发展方面的作用的各种建议。[4]

2. 合作伙伴关系方法

20 世纪 90 年代，一系列因素极大地改变了国际社会对跨国公司和一般商事企业的态度。首先，许多国家不再把外国投资国有化和国家对自然资源利用的直接控制视为经济发展的主要道路，随着发展中国家国有化时代结束，

---

① UNCTAD. Self Regulation of Environmental Management: Guidelines set by World Industry Associations for their Members' Firms (1996) UN Doc UNCTAD/DTCI/29; UNCTAD. Self Regulation of Environmental Management—Guidelines set by World Industry Associations for their Members' Firms: An Update 1996—2003 (2003) UN Doc UNCTAD/DITE/IPC/2003/3.

② UNCTC. Criteria for Sustainable Development Management (1991) [R] //UNCTC. Transnational Corporations and Sustainable Development: Recommendations of the Executive Director, 16 December 1991, UN Doc E/CN.10/1992/2, para. 53.

③ UTTING P. UN–Business Partnerships: Whose Agenda Counts? Paper presented at seminar "Partnerships for Development or Privatization of the Multilateral System", Oslo, Norway, 8 December 2000, pp.2–3.

④ "Agenda 21", (13 June 1992) UN Doc A/CONF.151/6/Rev.1, Ch 30, Ch 2.

关于跨国公司讨论的背景从征收向全球化转变。[①]其次，由于发展援助危机、债务危机和对发展中国家投资不足，它们对外商直接投资收益进行了重新评估，签订越来越多的 BITs，以及通过世界银行和 WTO 采取新的投资者保护结构的国际行动。[②]再次，一个不断变化的国际治理体系越来越多地涉及非国家行为体，包括私营部门和非政府组织团体，对制定和实施国际法产生影响。考虑到所有这些新情势，并逐渐认识到私营部门在全球可持续发展努力中的基本作用，促进商业合作伙伴关系的建立发展成为联合国工作的"不可分割的一部分"，[③]并且逐渐与环境领域相关。最后，整个私营部门，而非仅为跨国公司，涉及企业问责。与此同时，采用多利益相关方参与的方法，旨在将国际民间社会的其他成员如非政府组织，纳入企业环境问责国际标准的定义和实施策略中。

联合国社会发展研究所（United Nations Research Institute For Social Development, UNRISD）的一项研究强调了联合国合作伙伴关系倡议的两个主要目的。一方面，它们代表着联合国试图通过欢迎非国家行为体参与国际协商论坛和项目实施，重新获得政治相关性。这是基于对传统的权力关系在日益复杂的治理体系中不断变化的反思。[④]另一方面，考虑到当时的金融危机，合作伙伴关系为联合国提供了一种调动资源，利用商界技术、能力、创造力

---

① RUBIN. Transnational Corporations and International Codes of Conduct: A Study of the Relationship between International Legal Cooperation and Economic Development ［J］. *American University Journal of International Law and Policy*, 1995（10）: 1277.

② MUCHLINSKI P. *Attempts to Extend the Accountability of Transnational Corporations:The Role of UNCTAD* ［M］//KAMMINGA M T, ZIAZARIFI S. *Liability of Multinational Corporations under International Law*. The Hague: Kluwer Law International, 2000: 104.

③ UNGA. Report of the Secretary-General: Enhanced Cooperation between the United Nations and all Relevant Partners, in particular the Private Sector（2003）UN Doc. A/58/227.

④ UTTING P, UN-Business Partnerships: Whose Agenda Counts? Paper presented at seminar "Partnerships for Development or Privatization of the Multilateral System", Oslo, Norway, 8 December 2000, p.4.

和全球影响力的手段，以便将其用于发展目标。^①但问题在于联合国在系统筛选与其建立伙伴关系的公司方面的政治和物质限制。对此，有人强调，参与伙伴关系的不同行为体的不同议程将使其难以为联合国的目标实现提供重大贡献。也许公司愿意加强与联合国的联系，制定一个低限度的企业问责议程，是为了提高其声誉和形象，从而增强竞争力。^②所以，有论者认为，伙伴关系甚至可能导致将商业议程"输出"到联合国。^③但也有人认为，伙伴关系是深化国际合作必不可少的一步，有助于完成先前仅由政府独自承担的工作任务。^④由此可以预见，随着联合国各机构越来越致力于以系统的方式让私营部门参与其活动，它与私营部门的伙伴关系可能会日益紧密。

以联合国全球契约为例，为了应对缺乏国际框架来支持企业发展和促进全球价值管理，联合国采用与商界的"合作"取代"对抗"这一创新方法，在联合国全球契约中融入国际公认的良好企业公民原则（人权、劳工标准、环境可持续性和反腐败），与私营部门建立合作伙伴关系。^⑤

联合国全球契约于1999年1月由前联合国秘书长科菲·安南在达沃斯世界经济论坛上首次提出。^⑥当时，安南要求全球商界领袖在共同价值观的基础

---

① UTTING P, UN–Business Partnerships: Whose Agenda Counts? Paper presented at seminar "Partnerships for Development or Privatization of the Multilateral System", Oslo, Norway, 8 December 2000, p.3.

② UTTING P, UN–Business Partnerships: Whose Agenda Counts? Paper presented at seminar "Partnerships for Development or Privatization of the Multilateral System", Oslo, Norway, 8 December 2000, p.5.

③ BRUNO K, KARLINER J. The UN's Global Compact, Corporate Accountability and the Johannesburg Earth Summit [J]. *Development*, 2002(45): 33–34.

④ KING B. The UN Global Compact: Responsibility for Human Rights, Labour Relations, and the Environment in Developing Nations [J]. *Cornell International Law Journal*, 2001(34): 481, 483.

⑤ BRUNO K, KARLINER J. The UN's Global Compact, Corporate Accountability and the Johannesburg Earth Summit [J]. *Development*, 2002(45): 34.

⑥ UN Press Release. Secretary–General Proposes Global Compact on Human Rights, Labour, Environment in Address to World Economic Forum in Davos [EB/OL]. (1999–02–01) [2022–04–10]. https://press.un.org/en/1999/19990201.sgsm6881.html.

上，帮助建立新的全球经济所需的社会和环境支柱。^①具体来说，联合国全球契约以从联合国现有框架性文件中提取的十项原则为基础，确保适应不同商业文化的灵活性。^②2000 年 1 月，联合国商业和人权全球契约网站建成。该倡议随后于 2000 年 7 月在联合国经济及社会理事会内正式启动。

联合国全球契约鼓励私营部门支持这十项原则，从而期望各公司将其纳入其核心业务运营，并推动实施有关这些原则的活动，以及其他与联合国有关的目标，如千年发展目标。接受原则的公司至少每年在全球契约网站上发布一篇关于所采取的具体措施的报告，以及经验教训。相反，作为企业遵守的最佳激励措施，它们可以借此自由地宣传。^③此外，私营部门的参与还应承诺以透明和负责任的方式开展工作，特别是需要对非政府组织在网站上的观察和评论作出回应。

关于全球契约的模式，联合国将其定性为非监管性质的"企业公民自愿倡议"。^④公司可以以意向书的方式自由地遵守其中任何一项。除在网站上发布报告外，没有进一步的正式要求。^⑤因此，该倡议是一个旨在通过透明度、与利益相关者对话和传播最佳做法来促进机构学习的平台。它明确表示既不取代各国政府的有效行动，也不取代其他自愿倡议，而且还规定，不偏向支

---

① UN Global Compact Office. United Nations Guide to the Global Compact: A Practical Understanding of the Vision and the Nine Principles [EB/OL]. (2000-07-26) [2022-04-10]. http://www.unglobal compact.org/irj/servlet/prt/portal/prtroot/com.sapportals.km.docs/ungc_html_content/Public_ Documents/gcguide.pdf (hereinafter, United Nations Guide to the Global Compact).

② CALDER F, CULVERWELL M. *Following up the WSSD Commitments on Corporate Responsibility & Accountability* [M]. London: Royal Institute of International Affairs, 2004: 37.

③ SHELTON D. *The Utility and Limits of Codes of Conduct for the Protection of the Environment* [M] //KISS A, SHELTON D, ISHIBASHI K. *Economic Globalization and Compliance with International Environmental Agreements*. The Hague: Kluwer Law International, 2003: 216.

④ United Nations Guide to the Global Compact, p.4.

⑤ United Nations Guide to the Global Compact, p.7.

持接受该倡议的企业。[①]

尽管最初全球契约没有监督或评估履行的机制，但在 2005 年 8 月引入"诚信措施"以来，对公司遵守报告要求的情况进行了监督。因此，如果全球契约成员错过了一个报告截止日期，则被列为"欠缺沟通"；连续错过两个截止日期，则被列为"不活跃"；连续错过了两个以上的截止日期后，该成员将被永久删除。然而，报告的质量或准确性仍不属于评估范围，所以对报告的批评集中在联合国缺乏对倡议有效性的评估，以及缺乏对遵守企业的实际执行情况进行独立监督。

环境活动家将全球契约描述为一种理想的"自我绿化"工具，认为在可持续发展问题世界首脑会议（World Summit on Sustainable Development, WSSD）的筹备过程中，一些公司为了改善其公众形象表达了他们对环境原则的承诺，但并没有进行任何重大的改变。[②]

与行动守则草案不同，全球契约是秘书长发起的一项自愿倡议，并且不专门指向跨国公司，而是平等地对所有商业实体开放。笔者认为，全球契约创新的"选择加入，自我规制"方法，及其由联合国秘书处推动进程的策略，是对政府间谈判的草案失败的制度反应。[③]特别是对于私营部门未参与其中的谈判，全球契约提供了一种将跨国公司纳为制定和维护企业问责国际框架的参与者的方法。

与行动守则草案一样，这十项原则也是以现有的、国际公认的联合国文件为基础，包括世界人权宣言、国际劳工组织（International Labour Organization, ILO）关于工作的基本原则和权利宣言、里约宣言、联合国反腐

---

① United Nations Guide to the Global Compact, p.4.

② HOEDEMAN O. Rio+10 and the Greenwash of Corporate Globalization［J］. *Development*, 2002（45）：39–40.

③ COLEMAN D. The United Nations and Transnational Corporations: From an Inter–Nation to a "Beyond–State" Model of Engagement［J］. *Global Society*, 2003（17）：339, 350.

败公约。因此，全球契约有关国际环境法的相关性体现在国际环境法原则特别是预防原则，可以直接适用于跨国公司这样一个基本假设。① 然而，这些原则模糊不清，被认为是妨碍有效执行全球契约各项建议的一个障碍。② 另外，企业"挑选和选择"十项原则的实际自由也降低了其实效。③

3. 基于人权的方法

几乎在制定全球契约的同时，由 53 个成员国代表组成的，作为负责审查、监督和公开报告特定国家或地区的人权状况或世界范围内侵犯人权现象的联合国机构，人权委员会（United Nations Commission on Human Rights, UNCHR）开始着手于企业的问责特别是跨国公司。它通过其附属机构——联合国促进和保护人权小组委员会（由 26 名独立的人权专家组成，以个人身份作为委员会的"智囊团"），研究了企业责任和问责问题并提出了建议。这些活动最终促使小组委员会起草了关于跨国公司和其他工商企业在人权方面的责任准则。④ 之后，联合国秘书长的一名特别代表继续从人权的角度调查企业责任和问责问题。

虽然该小组委员会的规制方法似乎更接近联合国行动守则草案，但特别代表对需要联合国采取行动的方面显得更加谨慎。这两项举措基于人权

---

① UTTING P. The Global Compact: Why All the Fuss? ［EB/OL］.（2003–01–01）［2022–04–10］. https://digitalcommons.ilr.cornell.edu/cgi/viewcontent.cgi?referer=https://www.google.com/&httpsredir=1&article=1443&context=globaldocs.

② MOWERY L A. Earth Rights, Human Rights: Can International Environmental Human Rights Affect Corporate Accountability? ［J］. *Fordham Environmental Law Journal*, 2002（13）: 343, 363.

③ UTTING P. The Global Compact: Why All the Fuss? ［EB/OL］.（2003–01–01）［2022–04–10］. https://digitalcommons.ilr.cornell.edu/cgi/viewcontent.cgi?referer=https://www.google.com/&httpsredir=1&article=1443&context=globaldocs.

④ UNCHR Sub–Commission on the Promotion and Protection of Human Rights, Norms on the Responsibilities of Transnational Corporations and Other Business Enterprises with regard to Human Rights（26 August 2003）UN Doc E/CN.4/Sub.2/2003/12/Rev.2（hereinafter, UN Norms）.

的方法对有关企业问责（包括环境问责）的国际辩论产生了重大影响。①

（1）联合国责任准则草案

1998 年，UNCHR 小组委员会成立工作组，②对跨国公司的工作方法和活动进行为期三年的审查（随后在 2001 年又延长了三年）。2003 年 8 月，题为《跨国公司和其他企业在人权方面的责任准则》的文件得到了小组委员会的批准。如同全球契约，小组委员会和工作组针对这一问题与利益攸关方进行了广泛的磋商。③ 然而，UNCHR 并没有审议通过责任准则草案，只是"注意到"它们，并对小组委员会的工作"表示赞赏"。因此，责任准则草案仍然只是代表专家意见的文件，缺乏各国的政治认同。UNCHR 进一步强调，草案"作为一项提案，不具备法律地位，而且小组委员会不应在这方面履行任何监督职能"。④

就责任准则草案意图而言，它们拟为全面的"适用于商业的国际法律原则重申"，⑤ 涵盖人权法、劳动法、人道主义法、环境和消费者保护法以及反腐败法，旨在反映、解释和阐述绝大多数国家和国际组织通过的具有法律约束力的条约和不具约束力的指南。

---

① 有学者将《跨国公司行动守则草案》和《跨国公司和其他工商企业在人权方面的责任准则草案》总结为国际法律体系的"私体公法化"；而将《全球契约》、联合国秘书长特别代表 2008 年提出的《"保护、尊重和补救"框架》，以及在此基础上细化并被 2011 年人权理事会通过的《工商企业与人权：实施联合国"保护、尊重和补救"框架指导原则》，总结为国际法律体系的"公法私体化"，以对"监管"和"治理"作出区分。

② UNCHR Sub-Commission's Res 1998/8（20 August 1998）. 该工作组的任务包括：识别问题并审查跨国公司对人权影响的信息，审查投资协议与人权协定的兼容性，以及就这些问题提出建议。

③ GARSTEN C, The UN-Soft and Hard: Regulating Social Accountability for Global Business, paper for the conference "Organizing the World: Rules and Rule-Setting among Organizations", 13-15 October 2005, Stockholm, p.10.

④ UNCHR Decision 2004/116（20 April 2004）, para. C.

⑤ WEISSBRODT D, KRUGER M. Norms on the Responsibilities of Transnational Corporations and Other Business Enterprises with regard to Human Rights［J］. *American Journal of International Law*, 2003（97）: 327.

　　责任准则草案也考虑了企业问责方面的最佳实践，特别关注了商业团体和非政府组织的准则和指南，^①希望推动国际法直接适用于非国家行为体的企业的进程。此外，它们不试图通过借鉴过去的起草工作和目前的做法来冻结标准，而是鼓励进一步发展。^②与行动守则草案一样，责任准则草案的价值在于其普遍性，即主题的广泛性，以及适用于公司在各地经营的国际原则的一般性。^③

　　同其他人权文件类似，责任准则草案也附有评注，并在序言中阐明了评注作为"有用的解释和阐述工具"的地位，^④因此有论者认为，这种清晰、直接适用和可测量的方式表明，起草者试图将这一倡议与联合国全球契约的自愿做法相区分。^⑤然而，正如上文所述，UNCHR 于 2004 年的决定强调了这些准则缺乏法律约束力。

　　关于责任准则草案的内容，早期便有学者指出，保护人权的主要责任在于国家，因此公司不应被要求在这一任务中取代政府。^⑥然而，责任准则草案的目的并不是为各国政府创造新的人权义务，而是计划在政府和企业之间进

---

① UNCHR Sub-Commission, Proposed Draft Human Rights Code of Conduct for Companies with source materials（25 May 2000）UN Doc E/CN.4/Sub.2/2000/WC.2/WAT1/Add.1.

② WEISSBRODT D, KRUGER M. Norms on the Responsibilities of Transnational Corporations and Other Business Enterprises with regard to Human Rights［J］. *American Journal of International Law*, 2003（97）: 912.

③ Amnesty International. *The UN Human Rights Norms for Business: Towards Legal Accountability*［M］. London: Amnesty International Publications, 2004: 13, 15.

④ WEISSBRODT D, KRUGER M. Norms on the Responsibilities of Transnational Corporations and Other Business Enterprises with regard to Human Rights［J］. *American Journal of International Law*, 2003（97）: 906.

⑤ HILLEMANNS C F. UN Norms on the Responsibility of Transnational Corporations and Other Business Enterprises with regard to Human Rights［J］. *German Law Journal*, 2003（4）: 1080.

⑥ WEISSBRODT D, KRUGER M. Norms on the Responsibilities of Transnational Corporations and Other Business Enterprises with regard to Human Rights［J］. *American Journal of International Law*, 2003（97）: 911.

行责任分配。① 对此，它要求企业禁止开展直接或间接侵犯人权或从此获利的活动，并使用尽职调查避免损害。②

责任准则草案适用于所有企业，但与全球契约不同的是，它们特别关注跨国公司和其他虽不具有跨国性质，但与跨国公司有关系，并产生非本地化影响或涉及侵犯安全权利的活动的其他商事企业。③ 换言之，虽然这些准则草案反映了联合国内不区分跨国公司和其他公司的趋势，而是试图让整个私营部门参与进来，但仍然强调对跨国公司在保护人权和环境方面提出重大关切。

责任准则草案所采取的新颖的、基于人权的方法可能会推动有关企业问责的国际议程。首先，适用国际法于非国家行为体的概念在人权领域得到了发展，通过对《世界人权宣言》序言的解释，政府和其他社会机构都应承担起维护个人基本权利的责任。④ 其次，引入了"索赔和责任"机制，公民能够直接就违反国际法的行为提出申诉。最后，这种方法有助于提高企业问责制的可信度和积聚政治动力，从人权倡导者那里吸纳新的盟友。⑤ 企业的人权侵犯行为，可能会立即引起社会的谴责，引起国际社会对这类行为的高度关

---

① WEISSBRODT D, KRUGER M. Norms on the Responsibilities of Transnational Corporations and Other Business Enterprises with regard to Human Rights [J]. *American Journal of International Law*, 2003 (97) : 915.

② Amnesty International. *The UN Human Rights Norms for Business: Towards Legal Accountability* [M]. London: Amnesty International Publications, 2004: 8.

③ HILLEMANNS C F. UN Norms on the Responsibility of Transnational Corporations and Other Business Enterprises with regard to Human Rights [J]. *German Law Journal*, 2003 (4) : 1069.

④ UNCHR Sub-Commission, Principles related to the Human Rights Conduct of Companies, working paper prepared by D. Weissbrodt (2000) UN Doc E/CN.4/Sub.2/2000/WG.2/WP.1, para. 12.

⑤ GERON D. Human Rights and Transnational Corporations: Beyond UN Norms? Summary of Discussions at the International Law Programme Discussion Group of the Chatham House [EB/OL]. (2004-10-21) [2022-04-10]. https://www.chathamhouse.org.uk/pdf/research/il/ILP211004.pdf.

注。^①但从特定的环境方面来看，这种做法似乎不会产生实质性解决方案。正如下文将讨论的，本文件确定的标准与其他国际机构趋同。

与行动守则草案不同，责任准则草案为执行留出了相当大的活动空间，区分了不同行为体的作用。对企业而言，首先，希望各商事主体按照准则制定、传播和实施自己的内部运营规则，鼓励将其适用于与分包商的关系中。其次，他们每年都要报告有关这些准则纳入其所有商业交易的情况。最后，建议企业应向因其未能遵守规范而受到不利影响的所有人、实体和社区提供"充分、有效和迅速的赔偿"。关于联合国层面的行动，准则设想由一个现有或新的联合国机构以透明和包容的方式定期监测其执行情况，以及接受利益相关方对特定公司违反准则的投诉。换言之，这些准则试图将传统的国际人权监督和执行机制扩展到非国家实体中。其解决办法与行动守则草案所提议的让联合国跨国公司中心（United Nations Centre on Transnational Corporations, UNCTC）成为国际执行机构的办法非常相似。然而，人权委员会 2004 年的决定明确表明小组委员会不应履行任何监督职能。对各国而言，建议它们在通过关于企业问责的一般性意见和立法时考虑这些准则，^②尽管没有专门规定将这些准则纳入国家法律制度的既定程序。^③

小组委员会通过的这些准则草案，引起了强烈反响。在民间社会中，国际商会（International Chamber of Commerce, ICC）立即强调了它们的不可接

---

① ANDERSON M. *Public Interest Perspectives on the Bhopal Case*: *Tort, Crime or Violation of Human Rights?*［M］//ROBINSON D, DUNKLEY J. *Public Interest Perspectives in Environmental Law*. London: Wiley Chancery, 1995: 154.

② HILLEMANNS C F. UN Norms on the Responsibility of Transnational Corporations and Other Business Enterprises with regard to Human Rights［J］. *German Law Journal*, 2003（4）: 1070.

③ CALDER F, CULVERWELL M. *Following up the WSSD Commitments on Corporate Responsibility & Accountability*［M］. London: Royal Institute of International Affairs, 2004: 41.

受性，认为将打破全球契约所确定的联合国与企业间的新的合作战略精神。^①但也有组织认为，责任准则草案为建立一个更强有力的企业问责国际框架提供了指导和引领。甚至主张，全球契约应承认责任准则草案是其原则的权威指南，并要求 OECD 表明，责任准则草案将作为理解 OECD 跨国公司指南范围的参考。此外，UNCHR 有关非法转移和倾倒有毒和危险产品和废物对人权不利影响问题的特别报告也对"强化"准则草案表示支持。^②

大多数国家以偏离自愿做法、重复举措以及对企业法律义务的承认与现有国际法不符为由，不赞成通过责任准则草案。即使没有得到进一步的认可，责任准则草案仍然可以为企业提供一个可以以此来衡量自己准则和实践的标准。同时加强了社会期待，这可能会给企业遵守相关规定施加压力。^③

（2）关于企业责任的联合国特别代表

在 2005 年 4 月举行的联合国人权委员会（United Nations Commission on Human Rights, UNCHR）第 61 届会议上，各国代表收到了联合国人权事务高级专员的报告，其中包括关于人权委员会需要迅速采取行动，以界定和阐明企业人权责任，并进一步讨论建立适用于企业的联合国普遍人权标准声明的可能性。^④

关于责任准则草案未来的讨论是本届会议具有争议的议题之一，它请求

---

① UTTING P. The Global Compact: Why All the Fuss? ［EB/OL］. (2003–01–01)［2022–04–10］. https://digitalcommons.ilr.cornell.edu/cgi/viewcontent.cgi?referer=https://www.google.com/&httpsredir=1&article=1443&context=globaldocs.

② UNCHR, Report of the Special Rapporteur on the Adverse Effects of the Illicit Movement and Dumping of Toxic and Dangerous Products and Wastes on the Enjoyment of Human Rights (19 December 2003) UN Doc E/CN.4/2004/46/ Add. 2, para. 118.

③ HILLEMANNS C F. UN Norms on the Responsibility of Transnational Corporations and Other Business Enterprises with regard to Human Rights ［J］. *German Law Journal*, 2003 (4): 1080.

④ UNCHR, Report of the United Nations High Commissioner on Human Rights on the Responsibility of Transnational Corporations and Related Business Enterprises with regard to Human Rights (15 February 2005) UN Doc E/CN.4/2005/91, para. 52.

联合国秘书长任命一名特别代表，来确定和阐明跨国公司和其他企业的责任和问责标准；阐述各国在有效规范监管和裁决跨国公司角色方面的作用，包括通过国际合作；采取对跨国公司和其他工商企业活动的人权影响评估方法；并编制一份国家、跨国公司和其他工商企业最佳实践的概要。该决定作为一项跨区域倡议提出，目的是在联合国人权委员会内就工商业和人权问题取得进展，并收集广泛的共识。

这意味着，尽管许多国家不愿意在政治上支持责任准则草案，但大多数国家还是希望联合国议程涉及企业问责。虽然 2005 年的决定没有明确提及责任准则草案，但它仍授权特别代表澄清责任准则草案文本中最具争议的两个概念的含义——"共谋"和"影响范围"。此外，UNCHR 呼吁特别代表与公司的高级行政人员和特定行业的专家举行年度会议，审议人权问题。

2006 年，特别代表的第一份临时报告标志着对企业问责的讨论继续进行，但也指出责任准则草案是造成僵局的根源。[1] 具体来说，特别代表反对现有的基于国家的人权文书包含一些对公司有约束力的义务，以及在国家和企业之间分配人权责任的观点。其认为公司在人权方面具有专门的作用，"影响范围"的概念并没有提供界定这种作用的基础。[2] 虽然特别代表坚决反对国际法对公司产生直接法律义务，但似乎赞同国际标准正处于"社会建构中"，国际法律原则对公司行为的适用性存在"易变性"。[3]

---

[1]　UNCHR, Interim Report of the Special Representative of the Secretary–General on the issue of Human Rights and Transnational Corporations and other Business Enterprises'（2006）UN Doc E/CN.4/2006/97（2006 Special Representative Report），para. 55.

[2]　UNCHR, Interim Report of the Special Representative of the Secretary–General on the issue of Human Rights and Transnational Corporations and other Business Enterprises'（2006）UN Doc E/CN.4/2006/97（2006 Special Representative Report），paras. 59–69.

[3]　UNCHR, Interim Report of the Special Representative of the Secretary–General on the issue of Human Rights and Transnational Corporations and other Business Enterprises'（2006）UN Doc E/CN.4/2006/97（2006 Special Representative Report），para. 64.

2007 年，特别代表的报告聚焦管理企业"责任"的"标准"——对企业施加的法律、社会或道德义务，和企业"问责"——使企业履行其义务的机制。[1] 报告承认，企业正受到国际人权机制日益严格的审查，并已成为国际组织根据"国家和其他行动者的社会期望"建立的标准和问责机制的对象。[2]

2008 年产生了由特别代表提出的"保护、尊重和补救"框架（以下简称"框架"）：国家有义务通过政策、监管和裁定为其提供保护措施，防止第三方包括工商企业侵犯人权；企业有责任尊重人权；以及需要更多地获得有效司法或非司法的补救措施。其中，第二个支柱——公司"不造成伤害"是普遍的社会期望。为此，私营公司需要根据"问责"进行尽职调查，即基于合理的预期，"企业确保遵守国家法律和管理人权损害风险以避免其发生的过程"。[3]然而，特别代表并未进一步详细说明该过程的步骤或具体构成。

所有支柱都是相互联系的，第三个支柱与企业责任方面相关度高。特别代表认识到国际非司法机制以及私营公司自身制定的那些申诉机制的重要作用。[4] 为确保现有和新的非司法机制有效，特别代表确定了一系列标准：合法

---

[1] HRC, Report of the Special Representative of the Secretary-General on the Issue of Human Rights and Transnational Corporations and Other Business Enterprises: Mapping International Standards of Responsibility and Accountability for Corporate Acts（2007）UN Doc A/HRC/4/35（Special Representative's 2007 Report）, para. 6.

[2] HRC, Report of the Special Representative of the Secretary-General on the Issue of Human Rights and Transnational Corporations and Other Business Enterprises: Mapping International Standards of Responsibility and Accountability for Corporate Acts（2007）UN Doc A/HRC/4/35（Special Representative's 2007 Report）, paras. 44-46.

[3] HRC, Report of the Special Representative of the Secretary-General on the issue of Human Rights and Transnational Corporations and Other Business Enterprises: Protect, Respect and Remedy: A Framework for Business and Human Rights（2008）UN Doc A /HRC/8/35（2008 Special Representative Report）, para. 25.

[4] HRC, Report of the Special Representative of the Secretary-General on the issue of Human Rights and Transnational Corporations and Other Business Enterprises: Protect, Respect and Remedy: A Framework for Business and Human Rights（2008）UN Doc A /HRC/8/35（2008 Special Representative Report）, paras. 93-95.

（明确和独立的治理）、可获取、可预测（固定程序和时间表）、公平、权利兼容和透明。随后得出的结论是，所有相关社会行为体都需要进一步阐述和讨论拟议的"共同概念和政策框架"。① 尽管各国对企业责任和问责方面的国际法律文书的需求存在分歧，但它们于 2008 年商定，同意延长对特别代表的授权，以便进一步阐述企业责任的范围和内容，向企业和其他利益攸关方提供这方面的具体指导，探索各种选择，并为更好地获得有效的补救措施提出建议，以及针对实施政策框架的方式和方法与多利益攸关方进行磋商。

2011 年 3 月，特别代表提交了《工商业与人权：实施联合国"保护、尊重和补救"框架指导原则》（以下简称《指导原则》），供人权理事会审议。2011 年 6 月，人权理事会在第 17/4 号决议中一致核准了《指导原则》。② 其中详细说明了工商企业可采取的步骤，以履行尊重人权的责任。③ 这标志着在工商业与人权分歧问题上首次出现了一项由联合国政府间机构通过的规范性文件，企业也由此拥有将人权作为合规工作和公司责任的明确路线图。

虽然在框架基础上衍生出来的指导原则不具有强制性，但毕竟表明了它们是各国意志的集中表达。其除了落实国际人权规范外，还在于通过强化在工商企业与人权方面的各种标准和做法，以实现针对受影响的个人和群体的"具体成果"，从而推进"社会意义上可持续的全球化"。④ 但与责任准则草案

---

① HRC, Report of the Special Representative of the Secretary-General on the issue of Human Rights and Transnational Corporations and Other Business Enterprises: Protect, Respect and Remedy: A Framework for Business and Human Rights（2008）UN Doc A /HRC/8/35（2008 Special Representative Report）, para. 107.

② Resolution Adopted by the United Nations Human Rights Council, Human Rights and Transnational Corporations and Other Business Enterprises, 6 July 2011, UN doc. A/HRC/RES/17/4.

③ 工商业"尊重的责任"并非框架或《指导原则》的首创，它实际上是对已有实践的总结和重述，是"被几乎所有自愿倡议和软法倡议所认可的预期行为标准"。

④ 联合国人权事务高级专员办公室. 工商业与人权：实施联合国"保护、尊重和补救"框架指导原则［EB/OL］.（2012-01-01）［2022-04-23］. https://www.ohchr.org/Documents/Publications/Guiding PrinciplesBusinessHR_CH.pdf.

不同的是，指导原则并未对"环境保护"作出专门规定，与大气污染、气候变化、自然资源养护等没有直接联系，所以只有在环境恶化危害人类到赖以生存的环境时，指导原则才具有一定的相关性。

4. 经合组织跨国公司指南

为了改善国际投资环境，加强企业与当地社会之间的相互信任，OECD于 1976 年批准了跨国公司指南。20 世纪 80 年代末，各国为吸引外国直接投资展开的竞争不断加剧，对跨国公司的态度发生了变化，指南开始从公众的意识中消失。印度博帕尔惨案发生后，尽管商业代表反对，但 1991 年指南仍增加了一章有关环境保护的内容。

该指南的另一个重要历史转折点是在 2000 年 OECD 内的 MAI 谈判破裂后的审查。[①]MAI 被提议作为一项全面的、具有法律约束力的协议，涵盖投资保护的各个方面，以及独立的争端解决机制。与联合国行动守则草案一样，各国不能就外国直接投资保护的国际标准达成一致。同时，国际非政府组织关注到拟议中的 MAI 缺乏有关劳工和环境的规定，这些导致了谈判于 1998年底宣告破裂。[②] 因此，指南无法包含在 MAI 中，而是成为一个单独的文件，并在 2000 年做了重大修订，其中明确表示跨国公司及其所有实体在加入国的适用性，或者适用于采用该指南的国家境内营业或来自其境内的企业。[③] 并且强调，所有的企业实体，不仅是跨国公司，都需受良好企业行为期望的制约。此外，指南的环境规定得到了显著加强，以反映《关于环境与发展的里约宣言》和《21 世纪议程》，并回应改善内部环境管理系统和更大程度地披露环境

① MURRAY J. A New Phase in the Regulation of Multinational Enterprises: The Role of the OECD [J]. *International Law Journal*, 2001（30）: 255.

② HUNER J. *The Multilateral Agreement on Investment and the Review of the OECD Guidelines for Multinational Enterprises* [M] //KAMMINGA M T, ZIAZARIFI S. *Liability of Multinational Corporations under International Law*. The Hague: Kluwer Law International, 2000: 203.

③ TULLY S. The 2000 Review of the OECD Guidelines for Multinational Enterprises [J]. *International and Comparative Law Quarterly*, 2001（50）: 394.

信息的呼吁。同时还引入了可持续发展的目标。最新版的 OECD 指南①充分体现了联合国人权理事会通过的《指导原则》的精神，主要在人权保护和对于整个供应链各个环节的环境规制上做了增加。

事实上，在使跨国公司承担责任的现有国际文书中，OECD 指南的比较优势在于它们是由国家代表团谈判和批准，得到政府的明确承诺。相反，全球契约是在联合国秘书长的单独倡议下启动的，责任准则草案是在作为专家文件的联合国人权小组委员会的倡议下发起的。②

就内容看，OECD 指南可以被视为企业问责的主要软法工具，或者体现"发达国家关于国际商业监管一般原则的最新共识"，③涵盖就业和劳资关系、人权、环境保护、信息披露、反贿赂、消费者利益、科技、竞争和税收等事项。这些代表了世界上绝大多数外国直接投资来源地，和世界上大多数大型跨国公司的总部所在地的加入国，有利于确保其措施得到实施。

作为一份具有政府间共识但缺乏法律约束力的文件，OECD 指南受到一些学者的积极评价，认为它有助于提供"一个共同的参照框架，帮助跨国公司确保其经营符合东道国的期望"，④以及使非国家行为体对不负责任的公司实施的社会制裁合法化，例如，一般的宣传和抵制运动。指南也可成为解释其他国际文书和国内法含义和指导适用的工具。然而，也有论者认为指南含糊

---

① OECD. OECD Guidelines for Multinational Enterprises［EB/OL］.（2011-9-29）［2022-04-23］. https://www.oecd.org/daf/inv/mne/48004323.pdf.

② Office of the High Commissioner for Human Rights and Global Compact Office. Consultation on Business and Human Rights—Summary of Discussions［EB/OL］.（2004-10-22）［2022-04-23］. http://www.unglobalcompact.org/Issues/human_rights/business_human_rights_summary_report.pdf.

③ OECD, OECD Guidelines for Multinational Enterprises: Review 2000—Report by the Secretary-General, 27 June 2000, OECD Doc C（2000）96/REV.1, para. 3.

④ KARL J. *The OECD Guidelines for Multinational Enterprises*［M］//ADDO M K. *Human Rights Standards and the Responsibility of Transnational Corporations*. The Hague: Kluwer Law International, 1999: 90.

不清，无法为这一主题可能达成的国际协定提供任何直接依据。[①]

（二）环境标准的趋同

联合国行动守则草案专门用三段文字阐述环境保护，规定跨国公司应按照国家法律、法规、行政惯例和政策开展活动，并"适当考虑相关国际标准"。各公司应采取措施保护环境，并在环境遭到破坏时使其恢复。首先，行动守则草案试图调和不干涉东道国内政和公司在东道国未要求时也要遵守国际标准之间的内在问题。[②] 其第 42 段进一步要求跨国公司向东道国主管当局提供有关产品、工艺和服务的所有相关信息。所需信息的详细清单被认为是草案对企业环境问责定义的主要贡献之一。最后，草案希望跨国公司不仅与国家政府合作，而且与国际组织合作，以保护环境。为此，环境条款以足够灵活的方式起草，从而允许采用不同的国内措施。

联合国全球契约也载有阐明企业环境问责标准的重要指标，并被解释为暗示国际环境原则直接适用于私营企业。[③] 然而，与其人权原则不同，联合国全球契约仅隐晦地提及环境保护国际框架（这与联合国行动守则草案、联合国责任准则草案和 OECD 跨国公司指南不同）。其最突出的特点是将预防原则应用于公司，[④] 对此，其指导手册谨慎地指出，该原则在欧盟得到认可，并构成"国际环境法的一部分"。[⑤] 其进一步强调，这一原则要求企业应采取最具

---

① FRANCIONI F. International Codes of Conduct for Multinational Enterprises: An Alternative Approach [J]. *The Italian Yearbook of International Law*, 1977 (3): 157.

② SHELTON D. *The Utility and Limits of Codes of Conduct for the Protection of the Environment* [M] //KISS A, SHELTON D, ISHIBASHI K. *Economic Globalization and Compliance with International Environmental Agreements*. The Hague: Kluwer Law International, 2003: 213.

③ UTTING P. The Global Compact: Why All the Fuss? [EB/OL]. (2003-01-01) [2022-04-23]. https://digitalcommons.ilr.cornell.edu/cgi/viewcontent.cgi?referer=https://www.google.com/&httpsredir=1&article=1443&context=globaldocs.

④ The Global Compact, Principle 7.

⑤ UN Guide to the Global Compact, p.52.

成本效益的早期行动，防止不可逆的环境损害的发生。为此，公司应对其环境影响和环境风险进行评估，投资于可持续生产方法和研究，开发环境友好型产品。[①] 此外，联合国全球契约鼓励企业采取措施，促进更大的环境责任。[②] 该指导手册详细地阐述了无害环境的商业实践，包括资源生产率、清洁生产、公司治理和多利益相关者对话。[③] 最后，通过在指导手册中明确提及《21 世纪议程》，全球契约期望参与公司开发和推广，诸如，允许有限污染、保护环境、可持续利用自然资源以及减少或再利用废物的环保技术。[④]

小组委员会责任准则草案对企业环境问责做出了最为详细的规定。序言强调了跨国公司和其他商事企业有义务遵守"联合国条约和其他国际文书所载的普遍公认的规范"。其中甚至在早期的草案中，提到了《油污损害民事责任公约》和《对环境有危险的活动造成损害的民事责任公约》。[⑤]2003 年版本的文件还提及了《生物多样性公约》(*Convention on Biological Diversity*, CBD)《里约宣言》《WSSD 执行计划》和《千年宣言》。责任准则草案中关于环境保护的运营部分（G 节，第 14 段）以强制性条款制定，要求"符合跨国公司经营所在国的法律、法规、行政惯例和政策"。最重要的是，该节还要求"遵守有关环境、人权、公共健康、安全、生物伦理和预防原则的国际协定、原则、目标、责任和标准"。而且，跨国公司的活动应以"有助于实现可持续发展的更广泛目标"的方式开展。

责任准则草案评注对 G 节进行了详细展开。首先，呼吁尊重获得清洁和

---

① UN Guide to the Global Compact, p.54.

② The Global Compact, Principle 8.

③ UN Guide to the Global Compact, p.58.

④ The Global Compact, Principle 9.

⑤ UNCHR Sub-Commission, Draft Universal Human Rights Guidelines for Companies (2001) UN Doc E/CN.4/Sub.2/2001/WG.2/WP.1/Add.1; UNCHR Sub-Commission, Human Rights, Principles and Responsibilities for Transnational Corporations and Other Business Enterprises with Commentary on the Principles (2002) UN Doc E/CN.4/Sub.2/2002/XX/Add.2.

健康环境的权利，尊重对代际公平的关注，尊重有关空气和水污染、土地使用、生物多样性和危险废物的"国际公认标准"。[①] 其次，期望公司对其所有活动，包括引入商业的产品和服务，如包装、运输和制造工序的副产品等所造成的环境和人类健康影响负责。再次，为了确保消极环境后果的负担不会落在易受伤害的种族、族裔和社会经济群体上，企业应定期（最好每年或每两年）评估其活动对环境和人类健康的影响，包括选址决定、自然资源开采活动、产品或服务的生产与销售以及有害和有毒物质的生成、储存、运输和处理等造成的影响。并且评估报告必须及时、便捷地分发给联合国环境规划署、ILO 和其他国际机构、东道国和母国的国家政府以及其他相关受影响团体，以及应向公众开放。[②] 从次，要求公司尊重危害防止原则和风险预防原则，采取适当措施，通过采用最佳管理实践和技术，通过分享技术、知识和援助，以及通过环境管理系统、持续报告制度和报告预料或实际的有害或有毒物质排放情况来使所属各个组成实体实现这些环境目标，降低事故和环境损害风险。[③] 最后，评注指出有义务采取有效收集产品或残余物的方法，以便回收、再利用或其他对环境负责的方式处理产品。[④]

　　OECD 跨国公司指南包含了一项有关环境的具体规定，而且也包括与无害环境的商业行为直接相关的其他几个章节。其中序言列出了"加强跨国企业对可持续发展的贡献"的目标，[⑤] 并强调加入国应鼓励跨国公司为经济、环境和社会进步作出积极贡献，同时尽量减少因其各种经营行动可能产生的困难。[⑥] 企业应充分考虑其经营所在国的既定政策，考虑其他利益相关方的意

---

① UN Norms, Section G, Commentary, at（a）.

② UN Norms, Section G, Commentary, at（b）and（c）.

③ UN Norms, Section G, Commentary, at（e）and（g）.

④ UN Norms, Section G, Commentary, at（f）.

⑤ OECD, Guidelines for Multinational Corporations, OECD Doc DAFFE/IME/WPG（2000）15/FINAL（hereinafter OECD Guidelines）. 31 October 2001, Preface, paras. 1, 6.

⑥ OECD Guidelines, Preface, para. 10.

见，并为经济、社会和环境进步做出贡献，以实现可持续发展。[1] 跨国公司还应避免寻求或接受与环境激励或其他问题有关的法律或监管框架中未考虑的豁免。[2] 在"披露"一节中，规定跨国公司应就其活动、结构、财务状况和绩效进行披露。[3] 此外，还鼓励企业对非财务信息（包括存在的环境和社会报告）采用高标准。编制和发布财务和非财务信息所依据的标准或政策应予以报告。[4] 鼓励跨国公司交流其他信息，如旨在公开披露其环境政策的商业行为声明。[5]

　　指南的环境章节（第五节）涉及环境保护的一般标准和一系列企业环境问责的具体工具。根据指南评注，第五节旨在广泛反映《里约宣言》和《21世纪议程》所载的原则和目标，同时还考虑到有关环境问题的信息获取、公众参与决策和诉诸司法的奥胡斯公约。[6] 然而，由于 2000 年 OECD 部长级会议的决定，该评注并未正式附于指南之后。因此，对《里约宣言》和其他国际条约的提及不能被正式解释指南。第五节的起首部分除了提到跨国公司必须遵守东道国国家法律这一显而易见的事实外，还以软性用语，建议对国际文书和目标进行一般性考虑。此外，本款要求"适当考虑"环境保护、公共健康和安全以及可持续发展目标。[7] 因此，其大部分提到了保护环境的超国家标准。采用务实的方法，以下条款详细列出了一系列用于企业环境问责的工具：环境管理系统、沟通和利益相关者参与、生命周期评估和环境影响评估、风险预防和缓解、企业环境绩效的持续改进、员工的教育和培训，以

---

① OECD Guidelines, Ch II, para. 1.

② OECD Guidelines, Ch II, para. 5.

③ OECD Guidelines, Ch III, para. 1.

④ OECD Guidelines, Ch III, para. 2.

⑤ OECD Guidelines, Ch III, para. 5（a）.

⑥ OECD Guidelines, Ch III, para. 30; Convention on Access to Information, Public Participation in Decision-Making and Access to Justice in Environmental Matters, 25 June 1998.

⑦ OECD Guidelines, Ch V, para. 28.

及对公共政策的贡献。^①

作为首个工具，环境管理系统应提供必要的内部框架，以控制公司的环境影响，并将环境因素纳入业务运营。^②根据准则评注，它应被广义地解释为"旨在长期控制企业活动的直接和间接环境影响，并涉及污染控制和资源管理要素。"^③环境管理系统可以通过外部认证、基于绩效或特定行业领域的生态管理来实施。因此，环境管理系统背后的理念是，在不设定绝对绩效标准的情况下，鼓励企业通过收集和评估信息、监督可测量的环境目标和指标，持续改进其环境绩效。^④此类影响评估与只有在拟议活动可能产生重大环境影响时才建议进行适当的环境影响评估有所不同。所谓"生命周期评估"，是一种在产品或服务生命周期的所有阶段（提取、制造、运输、使用、回收和处置原材料时）对其环境方面进行系统评估的工具，以"评估和解决"跨国公司的环境影响。^⑤在风险预防和缓解方面，各公司应制定预防、减轻和控制其经营活动（包括事故和紧急情况）造成的严重环境和健康损害的应急计划，以及立即向主管当局报告的机制。^⑥同样，这一规定背后的理念是应急管理周期，在该周期中，跨国公司应通过应急规划、土地利用规划和风险沟通来评估事故发生的可能性，并在事故发生时降低其对健康、环境和财产的不利影响。关于此，OECD 通过将处理化学品和危险物质装置安全的主要责任分配给所有权人和经营者的《化学事故、预防、准备和响应的指导原则》进一步阐述

---

① OECD Guidelines, Ch V, paras. 1–8.

② OECD Guidelines, Ch V, para. 31.

③ OECD Guidelines, Ch V, para. 33.

④ OECD, Roundtable on Corporate Responsibility: Encouraging the Positive Contribution of Business to Environment through the OECD Guidelines for Multinational Enterprises: Summary of the Roundtable Discussion, 16 June 2004.

⑤ OECD Guidelines, Ch V, para. 3.

⑥ OECD Guidelines, Ch V, para. 5.

了这一工具。① 除上述措施外，指南还提到了有关公司外部关系而非公司内部职能的其他工具。其中一个工具是通过环境报告和生态标签，并与直接受影响的社区协商，向公众传播有关环境影响的信息。② 指南中的环境条款隐含预防方法，即跨国公司不应在缺乏充分科学确定性的情况下，推迟采取行动，以防止或尽量减少严重的环境损害，只要这种行动需要采取具有成本效益的措施。③ 指南评注对此强调，尽管加入国采用的一些文书已经阐明了预防措施，包括里约宣言之原则 15，但这些文书中没有一个明确针对企业。④ 因此，指南无意"重新解释政府方面任何现有的文书，或创设新承诺或先例，它们的目的只是建议如何在企业层面实施预防方法"。⑤ 各公司应尽快采取行动，避免其活动造成严重或不可逆的环境损害。考虑到该方法实施的特定背景及其适用的灵活性，评注还强调由各国政府"确定该领域的基本框架，并有责任定期就最适当的方式与利益相关方协商"。

在 2004 年经合组织会议上，与会者认为，由于缺乏对预防措施的统一、国际公认的解释，各国制定和执行适当的法律，规定科学方法和公民的风险承受能力，以指导跨国公司的经营是"必要的"。由于大多数法律和监管制度都规定了尽可能降低危害人类健康或环境风险的义务，那么当监管不充分或不明确时，企业就会面临具体的挑战，如化学品、危险废物、空气污染、臭氧损耗、全球变暖、生物多样性、生物技术和植物害虫等涉环境风险的很多特定行业的风险管理标准仍在制定中，并且缺乏明确性。

综上所述，联合国的三份文件承认，有必要遵守保护环境的国际标准并

---

① OECD. Guiding Principles for Chemical Accident Prevention, Preparedness and Response［EB/OL］.（2023–06–16）［2023–08–23］. https://www.oecd.org/chemicalsafety/oecd–guiding–principles–for–chemical–accident–prevention–preparedness–and–response–third–edition–162756bf–en.htm.

② OECD Guidelines, Ch V, para. 2.

③ OECD Guidelines, Ch V, para. 4.

④ OECD Guidelines, Ch V, para. 37.

⑤ OECD Guidelines, Ch V, paras. 37, 39.

且将其直接适用于企业。联合国行动守则草案和责任准则草案都非常重视企业环境影响信息方面的规定，联合国全球契约将多方利益相关者协商作为鼓励采取促进更大环境责任举措的一部分。

全球契约和责任准则草案都打算将预防方法应用于企业。尽管预防的含义存在不确定性，但这一发展似乎特别重要，尤其是考虑到数千家参与全球契约的公司的承诺。①

同样值得注意的是，联合国责任准则草案中的环境条款与 OECD 指南的环境保护起首部分存在相似之处。这两项文书都以类似的方式提到了国家和国际标准以及更广泛的可持续发展目标。不过前者采用了一种更强有力的法律语言——"应当（shall）"而不是"应该（should）"，和"符合（in accordance with）国际法"而不是"考虑"。②

联合国相关文件和 OECD 指南的其他相似之处还表现在环境影响评估、环境信息披露、防止和预防等方面。首先，作为将环境问题纳入商业运营的前提条件，这两类文书都强调了私营部门开展某种环境影响评估的重要性。特别是，联合国责任准则草案关注潜在的负面环境评估可能对人权产生的影响，并强调这种评估应持续进行。而 OECD 指南详细阐述了环境管理系统和应急计划作为环境融合和预防的工具。其次，环境信息披露也被列为存在不同表述的私营公司的标准。联合国全球契约仅指"多方利益相关者对话"，而 OECD 指南指的是信息披露和与潜在受影响社区的协商，以及在紧急情况下与国家当局的即时沟通。联合国责任准则草案要求及时向有关政府和可能受影响的群体，以及国际组织和广大公众报告环境影响评估。最后，预防措施也是这些国际倡议的共同特点。联合国行动守则草案提到跨国公司保护环境

---

① Amnesty International. *The UN Human Rights Norms for Business: Towards Legal Accountability* [M]. London: Amnesty International Publications, 2004: 11.

② UN Norms, para. 14; OECD Guidelines, Ch V, at 28.

的必要性。联合国全球契约鼓励企业开发环保技术，以减少污染和浪费。联合国责任准则草案指的是减少事故风险和环境破坏的最佳管理实践和技术，以及收集、回收、再利用或处置废物的有效手段。被认为需要"预防、减轻和控制"负面环境影响的防止标准，也支持了 OECD 指南所述的环境管理体系和应急计划。

尽管有关人权和跨国公司及其他企业问题的秘书长特别代表没有从基于人权的方法中具体阐述环境标准，但 2008 年的报告中指出了似乎涵盖当前企业环境问责标准的三个关键的"政策领域"，即影响评估、一体化和监督。

二、人权监督机构的贡献

尽管国内法院在处理私营公司尤其是跨国公司的环境有害行为方面取得的成果有限，但是国际和区域人权机构越来越多地以间接方式，处理土著居民的生命、健康、财产和文化保护与防止自然资源遭受跨国公司不可持续开发和环境退化之间的重要联系。[①] 例如，欧洲人权法院（European Court of Human Rights, ECHR）审议了涉及对私人和家庭生活造成负面影响的企业环境污染案件，并认为国家对不通过法规和检查以阻止企业不当行为负有责任。[②] 以下将着重讨论与生命健康权、财产权和文化权有关的人权案件。在一些特殊情况下，人权监督机构为了了解事实直接指出私营公司的行为，而不仅仅针对国家。

---

① ANAYA S J, WILLIAMS R A. The Protection of Indigenous Peoples' Rights over the Lands and Natural Resources under the Inter-American Human Rights System [J] . *Harvard Human Rights Journal*, 2001（14）: 33.

② WEISSBRODT D, KRUGER M. *Human Rights Responsibilities of Business as Non-State Actors* [M] //ALSTON P. *Non-State Actors and Human Rights*. Oxford: Oxford University Press, 2005: 315, 347.

（一）生命权和健康权

1994 年，美洲人权委员会（Inter-American Commission of Human Rights, IACHR）在调查厄瓜多尔石油开采的影响时，审议了企业不可持续开发自然资源、环境退化和侵犯人权的问题。[①] 调查组发现，严重的环境污染、森林砍伐、自然资源过度开采、侵蚀和石油开采污染是由于跨国石油公司使用不合格技术所致。国家和从事石油勘探活动的公司都应对这些异常现象负责，并作出纠正。委员会 1997 年的最终报告（厄瓜多尔报告）强化了这一结论。[②] 首先，委员会指出，在适用于厄瓜多尔情势的法律框架内，国际环境法，特别是《斯德哥尔摩宣言》《里约宣言》《世界自然宪章》《生物多样性公约》发挥了突出作用。[③] 其次，它强调了生命权和人身安全与完整，同自然环境保护之间的联系，以及发展权与环境保护之间的联系。[④] 委员会明确指出，国家利用其对自然资源的自由使用给予特许权和接受国际投资，但若现行规范缺乏监管或不适当监管，可能对环境造成严重影响，进而可能转化为侵犯人权。在其结论中，报告建议：采取防止和补救行动措施；对与其他开发活动有关的风险采取行动；促进公众参与决策；获得司法和相关信息。最后，委员会还制定了关于土著居民的具体建议，特别是土著居民有效参与可能影响他们及其文化生存的开发决策过程，以及提供充分信息的条款支撑。

非洲人权和民族权委员会（African Commission on Human and Peoples' Rights, ACHPR）也处理了一起在尼日利亚奥戈尼地区（Ogoniland）的公司石

---

① 这些事实同样构成了 ATCA 下 Aguinda 诉 Texaco 案的主题。参见 FABRA A. *Indigenous People, Environmental Degradation and Human Rights: A Case Study* [M] //BOYLE A, ANDERSON M. *Human Rights Approaches to Environmental Protection*. Oxford: Clarendon Press, 1996: 245.

② Inter-American Commission of Human Rights, Report on the Situation of Human Rights in Ecuador, OEA/ser. L/V/II.96, doc 10 rev 1（Ecuador Report）, 24 April 1997.

③ Ecuador Report, Ch VIII.

④ Ecuador Report, Ch VIII.

油开发及其对环境有害影响的事件。根据《非洲人权与民族权宪章》第 16 条和第 24 条，两个非政府组织向 ACHPR 提出申诉，声称其侵犯了健康权和清洁环境权。[①] 他们特别指出，尼日利亚政府未能履行被援引权利所要求的最低义务，原因是直接参与空气、水和土壤的污染，从而损害奥戈尼民众的健康；未能保护奥戈尼民众免受壳牌公司造成的伤害，而是利用其安全部队来促进损害，以及未能提供或允许对石油作业造成的潜在或实际环境和健康风险进行研究。[②] 由于缺乏以国家为名对石油开采活动的环境影响研究、监督或监管，委员会宣布其违反了"所有人民均有权享有一个有利于其发展的普遍令人满意的环境"的规定。委员会在结论中特别提到了在批准主要工业开发前的环境影响评价、科学监督开发项目、获取环境信息和决策的缺乏。[③] 此外，委员会还指出，尼日利亚侵犯了自然资源权、人身不可侵犯权和食物权，其本应防止私营方造成"人类无法接受的污染和环境退化"。[④] 通过仅关注国家的不当行为，其认为："如果国家和有关人员时刻注意到个人和社区的公共利益和神圣权利，对跨国公司的干预可能是发展的潜在积极力量。"[⑤] 最后，它建议对石油作业破坏的土地和河流进行全面清理。

[①]　African Charter on Human and Peoples' Rights, 27 June 1981.

[②]　African Commission on Human and Peoples' Rights, The Social and Economic Rights Action Centre and the Centre for Economic and Social Rights/Nigeria（2001）Communication 155/96, Case No. ACHPR/COMM/A044/1, para. 50.

[③]　African Commission on Human and Peoples' Rights, The Social and Economic Rights Action Centre and the Centre for Economic and Social Rights/Nigeria（2001）Communication 155/96, Case No. ACHPR/COMM/A044/1, para. 53.

[④]　African Commission on Human and Peoples' Rights, The Social and Economic Rights Action Centre and the Centre for Economic and Social Rights/Nigeria（2001）Communication 155/96, Case No. ACHPR/COMM/A044/1, paras. 58, 65, 67.

[⑤]　African Commission on Human and Peoples' Rights, The Social and Economic Rights Action Centre and the Centre for Economic and Social Rights/Nigeria（2001）Communication 155/96, Case No. ACHPR/COMM/A044/1, para. 69.

（二）财产权

美洲人权监督机构在以下两起案件中保护了土著居民传统土地财产权，间接防止了跨国公司在环境上不负责任的行为。

2001 年，美洲人权法院裁定了一起尼加拉瓜伐木特许权的 Awas Tingni 案。索赔人声称土著居民对其传统土地、资源和环境的集体权利是"其文化、精神生活、完整性和经济生存的根基"。[①] 由于社区缺乏对土地的正式所有权，而且土地没有被正式划定，所以政府将其定为国家土地。[②] 对此，法院认定，未承认土著居民的土地所有权，违反了《美洲人权公约》第 21 条财产权。法院认为，Awas Tingni 社区的成员"有权要求在定界、划界和确定所有权之前，国家代理人或跨国公司不得采取任何活动来影响社区成员生活和所在区域财产的存在、价值、使用或享有。"[③] 值得一提的是，法院还提到了代际公平，指出土著人民与其环境之间的精神联系有助于保护他们的文化遗产并将其传给后代。[④] 这一决定肯定了土著人民对其传统土地、资源和环境的集体权利。[⑤] 最终，政府因在美洲人权法院的诉讼带来的政治压力而撤销了跨国公司的伐

---

① Inter-American Court of Human Rights. Mayagna（Sumo）Indigenous Community of Awas Tingni v. Nicaragua, case 11.555（ser. C）n 79, judgment［EB/OL］.（2001–08–31）［2022–04–23］. http://www.corteidh.or.cr/docs/casos/articulos/seriec_79_ing.pdf,para.149.

② AMIOTT J A. Environment, Equality, and Indigenous Peoples' Land Rights in the Inter-American Human Rights System: Mayagna（Sumo）Indigenous Community of Awas Tingni v. Nicaragua［J］. *Environmental Law*, 2002（32）：873, 892.

③ Inter-American Court of Human Rights. Mayagna（Sumo）Indigenous Community of Awas Tingni v. Nicaragua, case 11.555（ser. C）n 79, judgment［EB/OL］.（2001–08–31）［2022–04–23］. http://www.corteidh.or.cr/docs/casos/articulos/seriec_79_ing.pdf,para.153.

④ Inter-American Court of Human Rights. Mayagna（Sumo）Indigenous Community of Awas Tingni v. Nicaragua, case 11.555（ser. C）n 79, judgment［EB/OL］.（2001–08–31）［2022–04–23］. http://www.corteidh.or.cr/docs/casos/articulos/seriec_79_ing.pdf, para.149.

⑤ AMIOTT J A. Environment, Equality, and Indigenous Peoples' Land Rights in the Inter-American Human Rights System: Mayagna（Sumo）Indigenous Community of Awas Tingni v. Nicaragua［J］. *Environmental Law*, 2002（32）：877.

木特许权。①

　　美洲人权委员会针对位于伯利兹托莱多地区的玛雅土著社区的类似情况发布了另一份报告。②玛雅社区依赖里约宣言的原则1，即各国有责任保护土著人民赖以生存的自然环境，指控伯利兹政府向跨国公司授予与伐木和石油特许权有关的一系列侵犯人权的行为对其传统土地和自然资源造成了实质、潜在的、长期和不可逆的环境损害后果。③社区还指出该国无力或不愿充分监督伐木活动并执行环境标准。④委员会通过对阿瓦斯廷尼案件的先例确认，裁定土著居民的财产权受到侵犯，因为这些特许权是在未与玛雅社区协商的情况下授予的。⑤此外，委员会还明确表示，由于东道国未能建立适当的保障机制来监督和监测跨国公司的经营，跨国公司造成的环境损害进一步加剧了这种违反行为。⑥委员会指出，"开发活动必须附有适当和有效的措施，以确保这些活动不会损害可能受到特别和不利影响的人群的基本权利，包括土著社

---

①　Inter-American Court of Human Rights. Mayagna（Sumo）Indigenous Community of Awas Tingni v. Nicaragua, case 11.555（ser. C）n 79, judgment［EB/OL］.（2001-08-31）［2022-04-23］. http://www. corteidh.or.cr/docs/casos/articulos/seriec_79_ing.pdf,para.899.

②　Inter-American Court of Human Rights. Maya Indigenous Communities of the Toledo District v. Belize, Report 96/03, Case 12.053, judgment［EB/OL］.（2003-10-24）［2022-04-23］. https://law.arizona. edu/sites/default/files/Case%20of%20Maya%20Indigenous%20Communities%20of%20Belize%2C%20 Inter-Am.%20C.H.R.%2C%20Report%20No.%2096-03%2C%20October%2024%2C%202003%20 %28Preliminary%20Report%29.pdf（hereinafter, Belize case）.

③　Inter-American Court of Human Rights. Mayagna（Sumo）Indigenous Community of Awas Tingni v. Nicaragua, case 11.555（ser. C）n 79, judgment［EB/OL］.（2001-08-31）［2022-04-23］. http://www. corteidh.or.cr/docs/casos/articulos/seriec_79_ing.pdf,paras.18,52.

④　Belize case, para. 34.

⑤　Inter-American Court of Human Rights. Mayagna（Sumo）Indigenous Community of Awas Tingni v. Nicaragua, case 11.555（ser. C）n 79, judgment［EB/OL］.（2001-08-31）［2022-04-23］. http://www. corteidh.or.cr/docs/casos/articulos/seriec_79_ing.pdf,paras.139-140,143.

⑥　Inter-American Court of Human Rights. Mayagna（Sumo）Indigenous Community of Awas Tingni v. Nicaragua, case 11.555（ser. C）n 79, judgment［EB/OL］.（2001-08-31）［2022-04-23］. http://www. corteidh.or.cr/docs/casos/articulos/seriec_79_ing.pdf,paras.146-147.

区和他们赖以生存的物质、文化和精神环境"。① 最后，建议东道国对玛雅人土地造成的环境损害进行赔偿。

（三）文化权

联合国人权委员会在 1990 年通过了一项具有里程碑意义的决定，该决定涉及在加拿大经营的跨国公司导致卢比肯湖部落（Lubicon Lake Band）的自然资源退化。② 该部落指控其违反了《公民权利和政治权利国际公约》第1 条，③ 认为一家私人外国公司在其传统土地上进行的石油和天然气勘探侵犯了其作为土著居民的权利。具体而言，它们通过破坏环境和经济基础侵犯了以下权利：自由确定其政治地位，追求其经济、社会和文化发展；处置其自然资源；享有自决权。④ 联合国人权委员会驳回了根据第 1 条提出的所有这些诉求，将 Lubicon Lake Band 的申诉仅限于少数人权利而非土著居民权利。⑤ 通过这样做，委员会实际上最大限度地减少了该部落与其（建立在自决权基础上的）自然资源的基本联系。有人指出："拒绝处理土著居民的自决严重限制了投诉的潜在效果，因为投诉涉及公司对土著土地开发而产生的滥用行为，……资源剥削型公司剥夺了自主控制权，对该部落人民的人权造

---

①　Inter-American Court of Human Rights. Mayagna（Sumo）Indigenous Community of Awas Tingni v. Nicaragua, case 11.555（ser. C）n 79, judgment［EB/OL］.（2001-08-31）［2022-04-23］. http://www. corteidh.or.cr/docs/casos/articulos/seriec_79_ing.pdf,para.149.

②　ANAYA S J, GROSSMAN C. The Case of Awas Tingni v. Nicaragua: A New Step in the International Law of Indigenous People［J］. *Arizona Journal of International and Comparative Law*, 2002（19）: 1.

③　International Covenant on Civil and Political Rights, UNGA Res 2200（XXI）, 16 December 1966.

④　Human Rights Committee, Lubicon Lake Band v. Canada, Communication No.167/1984（26 March 1990）UN Doc Supp No 40（A/45/40）（Lubicon Lake Band Report）, para. 2.3.

⑤　Human Rights Committee, Lubicon Lake Band v. Canada, Communication No.167/1984（26 March 1990）UN Doc Supp No 40（A/45/40）（Lubicon Lake Band Report）, para. 32.1.

成了毁灭性的影响。"[①]

但委员会根据《公民权利和政治权利国际公约》第 27 条，[②]认为环境退化危及一个群体继续其传统生活方式的能力，包括作为社会和经济活动的传统狩猎和诱捕。[③]这一发现通过将少数人控制其自然资源的能力与其基本的文化权利联系起来，被认为是肯定了《公民权利和政治权利国际公约》对少数人环境文化的保护。[④]在安藤（Ando）看来，"人权委员会意见的通过是对开发自然资源的警告，因为它们可能会对子孙后代赖以生存的地球环境造成无法弥补的损害。"[⑤]遗憾的是，拟议的补救措施没有对部落被征收土地的自然资源给予补偿。[⑥]

总体而言，当东道国的国内法律制度失灵时，人权机构为个人和团体在超国家层面为寻求环境救济提供了另一种途径，尽管是间接方式。[⑦]在关注东道国违反人权法的同时，人权机构也在某些情况下，至少在道义上谴责侵犯生命、健康、财产和文化人权的跨国公司的广泛环境退化行为。

---

① HUFF A I. Resource Development and Human Rights: A Look at the Case of the Lubicon Cree Indian Nation of Canada [J]. *Colorado Journal of International Environmental Law and Policy*, 1999（10）: 188.

② Lubicon Lake Band Report, para. 32.2.

③ DOMMEN C. Claiming Environmental Rights: Some Possibilities Offered by the United Nations' Human Rights Mechanisms [J]. *Georgetown International Environmental Law Review*, 1998（11）: 1.

④ WAGNER M. The International Legal Rights of Indigenous Peoples Affected by Natural Resource Exploitation: A Brief Case Study [J]. *Hastings International and Comparative Law Review*, 2001（24）: 491, 500.

⑤ Individual opinion submitted by Mr. Nisuke Ando pursuant to rule 94, para. 3, of the Committee's rules of procedure, concerning the Committee's views on communication No. 167/1984, Annex I to the Lubicon Lake Band Report.

⑥ HUFF A I. Resource Development and Human Rights: A Look at the Case of the Lubicon Cree Indian Nation of Canada [J]. *Colorado Journal of International Environmental Law and Policy*, 1999（10）: 186.

⑦ DE BOLIVAR M M. A Comparison of Protecting the Environmental Interests of Latin-American Indigenous Communities from Transnational Corporations under International Human Rights and Environmental Law [J]. *Journal of Transnational Law and Policy*, 1998（8）: 105, 148.

人权机构并没有表达国际准则直接适用于公司本身，或公司本身直接违反了这些准则。但也有例外，例如，在厄瓜多尔报告中，美洲人权委员会强调，从属于国家的私营公司对可能侵犯生命和健康人权的环境损害承担直接责任。在伯利兹报告中，美洲人权委员会明确指出，造成损害的直接原因是跨国公司的活动，并含蓄地指出它与国家一起承担部分责任。[①] 非洲委员会也强调了尼日利亚私营企业的"破坏性和自利性"。总之，人权监督机构只向东道国提出建议。这些机构的任务和人权条约的范围所固有的这种限制，与大多数投资接受国的现实相冲突，这些国家可能没有实际的人力和财力来充分监督跨国公司，对它们实施环境规制（特别是当重要信息由跨国公司拥有时），和负责清理受污染场地或对受害者进行补救。此外，东道国在不追究跨国公司环境损害责任方面的经济利益可能比保护本国自然资源更大，因此，这些裁定的实际影响可能会受到质疑。

对人权监督机构报告和建议的分析表明，这些机构尚未对确定企业问责国际标准作出贡献。不过，有证据证明，在一些令人震惊的案件中，人权监督机构确实提到了除国家责任之外私营公司的事实责任。这些情形虽为例外，但仍然非常重要。本章第三节将进一步阐述其作用。

三、国际金融公司绩效标准

虽然国际金融公司（International Finance Corporation, IFC）成立于 20 世纪 50 年代末，但直到 1990 年，它才首次解决其项目带来的环境影响，使受其资助的项目接受环境审查程序，以确保它们符合"世界银行相关指导方针和政策的精神和意图"。[②] 但模糊的表述和世界银行准则是以政府而非私营公

---

① Belize case, para. 146.

② IFC, Procedure for Environmental Review of IFC Projects, Purpose of Review, para. 1, in effect from March 1990 to December 1992.

司为资助对象的起草事实，给解释留下了重要的空间，并对提高 IFC 资助项目的环境绩效影响有限。

20 世纪 90 年代末，随着公众越来越关注 IFC 资助项目的环境绩效，IFC 承诺更加重视将环境要求纳入其法律文件，区分其程序和要求，并加强公众磋商和披露。① 因此，1998 年，IFC 采纳了世界银行十项政策中的九项作为自己的保障政策，并发布了污染防治手册，试图将可持续发展、更清洁的生产过程和污染防止原则应用于私营部门，但它们仍然未能全面确保 IFC 资助项目对环境是无害的。② 2003 年对其环境政策和指南的审查认定，显示该制度缺乏具体的目标和有效的监测系统，而且很难被纳入到 IFC 的核心业务。③

2006 年 4 月，IFC 正式发布了《社会和环境可持续性绩效标准》。相比过去零散、单一的环境与社会保障政策，此绩效标准在体系上更加完整、规范和合理，在内容上更加周延，对项目的环境和社会可持续性要求更为严格。为进一步提高所资助项目运营的可持续性，充分发挥资助资金的开发效用，以推动世界经济尽快走出危机的阴影，2009 年 9 月 8 日，IFC 启动了对 2006 年绩效标准的修订和更新工作。在与各会员国经过多轮反复磋商后，IFC 于 2012 年 1 月 1 日公布了新版的绩效标准。较之 2006 年的版本，2012 年的绩效标准除了在某些具体标准内容上进行了少些的增补和细化，使之更能体现

---

① LEE C. *International Finance Corporation: Financing Environmentally and Socially Sustainable Private Investment*［M］//SHIHATA I. *International Finance and Development Law*. The Hague: Kluwer Law International, 2001: 479–481.

② BOWLES I, ROSENFELS A, KORMOS C, et al. The Environmental Impact of the International Finance Corporation Lending and Proposals for Reform: A Case Study of Conservation and Oil Development in the Guatemalan Petén［J］. *Environmental Law*, 1999（29）: 103.

③ The Compliance Advisor Ombudsman（CAO）of the IFC. A Review of IFC's Safeguard Policies［EB/OL］.（2003–01–01）［2022–05–02］. https://www.cao–ombudsman.org/html–english/documents/ReviewofIFCSPsfinalreportenglish04–03–03.pdf（hereinafter, IFC CAO 2003 Review）,p.7.

可持续发展要求外，在体系上和主要内容上并未作实质性的修订。[①]

　　IFC 绩效标准清楚地概述了私营部门在管理项目时的角色和责任，以及得到和保持 IFC 资金支持的环境要求。其中与环境相关的绩效标准如下：有关环境和社会风险与影响的评估和管理系统的一般要求（绩效标准 1），以及一系列更具体的环境标准，即资源效率和污染防治、生物多样性保护和自然资源的可持续管理，以及文化遗产（绩效标准 3、6 和 8）。所有这些标准均适用于 IFC 投资的整个项目周期。

（一）一般要求

　　IFC 绩效标准体系依靠环境和社会风险与影响的评估和管理系统作为规范其他绩效标准的总体政策，即作为具体标准实施背景的核心规划工具。[②] 这也解释了为何先前 IFC 资助项目中的不利环境影响评估（或在项目开始后编制，或范围不够广泛，或由缺乏足够能力的客户执行）会破坏所有绩效标准的效果和影响。[③] 绩效标准 1 希望私营部门建立一个环境自我评估和管理系统，以识别项目开发早期阶段的环境风险、影响和项目机会；通过披露与项目有关的信息，促进有效的社区参与和协商；支持客户在整个项目生命周期内管理其环境绩效，并持续应对预期的负面环境影响。有论者认为，环境评估和管理系统意味着私营公司应采取积极主动的方式，不断寻找机会，为投资增加环境价值。[④]

---

① 比如，2012 年《绩效标准》强烈意识到气候变化是当前全球共同面临的一个严峻挑战，故而特别要求客户应减少与项目有关的温室气体排放，并将应对气候变化的项目列为 IFC 优先支持的战略对象。

② IFC CAO 2003 Review, pp.7–9.

③ IFC CAO 2003 Review, p.30.

④ WARNER M. The New International Benchmark Standards for Environmental and Social Performance of the Private Sector in Developing Countries: Will it Raise or Lower the Bar?［EB/OL］.（2006–07–01）［2022–05–02］. https://cdn.odi.org/media/documents/750.pdf,p.2.

值得注意的是，IFC 似乎并未像其他有关企业环境问责的国际文件，提及预防方法，对此，如世界自然基金会（World Wildlife Fund, WWF）强调了这一不足：金融机构应使用预防而非基于缓解的方法，避免为可能造成不成比例和不可逆转影响的项目提供资金。①

1. 环境影响评估

绩效标准 1 引入了项目"影响区域"这一重要概念。这意味着不仅包括主要项目现场、客户控制或开发的相关设施和配套设施，还包括可能受到与项目相关的进一步规划开发累积影响的区域，甚至包括项目在不同地点发生所导致的计划外但可预见的受开发影响的区域。② 客户还应以其对第三方的控制和影响相称的方式处理来自第三方的风险和影响。③ 这至少部分地回应了WWF 的建议，即客户要在其影响范围内发挥领导作用，供应商需进行环境管理，并进行尽职调查，以确保从第三方购买或收到的产品和服务不会违反其自身的环境政策。IFC 进一步要求其客户评估高风险情况下（如项目使用的资源在生态上是敏感的）与供应链相关的影响。

针对有可能对社会环境造成多样性的、不可逆的和前所未有的重大不利影响的经营活动（A 类项目），④ 绩效标准要求客户进行"全面"的环境评估，其中还应包括所采取的技术和经济上可行的替代方案和选择特定行动方案的理由。对于此类项目，IFC 还希望私营企业聘请有资格且经验丰富的外部专家来验证自身对其环境绩效的监督。⑤ 虽然绩效标准指出在"特殊情况"下需

---

① 　WWF. Guidelines for Investment in Operations that Impact Forests［EB/OL］.（2003-09-22）［2022-05-02］. https://www.forestandtradeasia.org/files/WWF%20FOrest%20Investment%20Guideline.pdf,p.3.

② 　IFC. Performance Standards on Social and Environmental Sustainability［EB/OL］.（2006-04-30）［2022-05-02］. https://www.ifc.org/sustainability（hereinafter, IFC Performance Standards）: Performance Standard 1, para. 5.

③ 　IFC Performance Standard 1, para. 6.

④ 　IFC Performance Standard 1, para. 9.

⑤ 　IFC Performance Standard 1, para. 24.

要进行区域、行业或战略影响评估，但对于何为"特殊情况"，并没有进一步详细说明。例如，避免跨界环境损害是国际法的一项基本规则，且其他国际金融机构，如欧洲复兴开发银行也对此给予特别关注，但 IFC 环境标准并未对预期可能产生跨界环境影响的项目作出任何具体规定。最后，与世界银行和美洲开发银行的相关标准不同，IFC 不要求在可能的替代方案中考虑"无项目"方案。

有可能对社会环境造成有限的不利影响的经营活动（影响的数量少，一般局限于项目所在地，大部分可逆，且有望通过减缓措施得以解决）（B 类项目）需要范围较窄的环境影响评估。可能产生少量，甚至不会产生不良的社会环境风险和影响的经营活动（C 类项目）不接受超出其识别范围的进一步评估。

最后，根据新的环境影响评估标准，IFC 要求在相关和可行的情况下，在项目环境分析中考虑多边环境条约，以尽量减少对全球环境质量可能产生的不利影响。

2. 环境管理系统

在环境影响评估后，私营公司应制定一项环境管理计划，旨在解决与已识别的风险和影响相关的缓解和改进绩效问题，确定可衡量的结果和资源估算，负责项目实施，以及对项目环境变化做出响应。[1] 该计划包括：详细说明纠正或缓解措施的一项行动计划和关于客户实施情况外部报告的机制；[2] 以及与潜在受影响社区在不受外部操纵、干扰或恐吓的前提下，并且在及时、相关、可理解和可获取的信息的基础上进行持续磋商。[3]

关于环境管理系统，IFC 标准还规定私营部门应在"评估过程的早期，和

---

[1]　IFC Performance Standard 1, paras. 13–15.

[2]　IFC Performance Standard 1, para. 16.

[3]　IFC Performance Standard 1, para. 19.

项目施工开始之前的任何情况下，"公开披露其环境评估；并向社区提供获取有关项目目的、性质、规模、期限、风险和潜在影响，以及相关减缓措施的信息。① 然而，有人指出，IFC 没有制定信息披露的时间表。

绩效标准 1 还回应社区的关切，要求客户建立可理解、透明、文化上适当、易于获得和免费的投诉机制，以接收和促进解决社区对其环境绩效的投诉。并且与 1998 年的保障政策不同，新标准并非只提及土著居民，而是包括土著社区在内的所有受影响社区。

尽管如此，IFC 的绩效标准 1 未能与基于环境目的的社区参与的国际标准保持一致。事实上，绩效标准 1 要求私营公司以"自由、事先知情磋商和促进他们知情参与"的方式，实施对当地社区有重大不利影响的项目。② 选择提及"磋商和参与"，而不是需要事先获得这些社区的知情同意，特别是当他们包括土著居民时，似乎并未反映《生物多样性公约》的相关规定，③ 也与其他国际金融机构，如美洲开发银行将事先知情同意纳入其程序不同。

（二）污染防治与气候变化

关于污染防治的绩效标准 3，要求企业在整个项目周期内应用"最适合避免或在无法避免时的情况下，最大限度地减少对人类健康和环境不利影响"的污染防治技术和实践，并针对项目排放相关的危害和风险进行调整，使其符合"良好国际行业惯例"。④

该标准的目标之一在于以适合项目运营和影响性质和规模的方式减少温室气体排放，这促使缓解气候变化成为与私营企业直接相关的目标。⑤ 此

---

① IFC Performance Standard 1, para. 20.

② IFC Performance Standard 1, para. 22.

③ Convention on Biological Diversity, 5 June 1992.

④ IFC Performance Standard 3, para. 3.

⑤ IFC Performance Standard 3, Objectives and paras. 10–11.

外，该标准要求客户根据国际公认的方法，如国际气候变化委员会提供的方法，每年对直接和间接排放量进行量化和监测。与 IFC 以前从未提及气候变化的环境标准相比，这是一项创新，也对 IFC 合规顾问 / 调查官办公室（The Office of the Compliance Advisor/Ombudsman, CAO）和国际环境非政府组织提出的建议作出了回应。

几项国际环境协定为 IFC 客户提供了国际标准。例如，依据《远距离越境空气污染公约》，在常规、非常规或意外情况下，避免或尽量减少污染物排放和控制其排放强度或负荷而可能产生的局部、区域和跨界影响。依据《控制危险废物越境转移的巴塞尔公约》（以下简称《巴塞尔公约》），[①] 对于废物，绩效标准 3 要求：尽可能避免或尽量减少废物产生，回收和再利用废物；或以无害环境的方式处理、销毁和处置废物。并且考虑到危险废物越境转移的局限性，客户应探索商业上合理的危险废物无害环境处置替代方案。此外，客户还应使用由相关监管机构许可的信誉良好的合法企业承包商。[②] 对于其他有害物质，绩效标准 3 不仅期望客户避免或尽最大努力控制用于项目活动的危险品的生产、运输、搬运、储存和释放，它还支持根据《斯德哥尔摩持久性有机污染物公约》[③] 和《关于消耗臭氧层物质的蒙特利尔议定书》[④] 以及世界卫生组织的农药分类，[⑤] 避免制造和使用受到国际禁令或逐步淘汰的化学品。此外，绩效标准 3 要求客户按照粮农组织《农药分配和使用国际行为准则》的规定，在综合害虫管理方面采取对环境负责的行为。[⑥]

最后，除了绩效标准 1 中详述的披露要求外，IFC 并未将一些利益相关者

---

① Convention on the Control of Transboundary Movements of Hazardous Wastes and their Disposal, 22 March 1989.

② IFC Performance Standard 3, para. 5.

③ Stockholm Convention on Persistent Organic Pollutants, 22 May 2002.

④ Montreal Protocol on Substances that Deplete the Ozone Layer, 16 September 1987.

⑤ IFC Performance Standard 3, para. 6.

⑥ IFC Performance Standard 3, paras. 12–15.

关切的污染物释放和转移登记册等工具作为对私营部门的一项合理要求，因为它们需要与私人公司无法控制的多方合作，而且可能会损害客户的竞争力。

（三）生物多样性保护和自然资源管理

有关生物多样性保护的绩效标准 6 是以《生物多样性公约》的目标以及基于可持续发展原则的可持续自然资源管理为基础。[①] 其中，根据私营部门对栖息地的影响，该标准区分了被改变的栖息地、自然栖息地、重要栖息地、受法律保护和国际认可的区域。

关于"被改变的栖息地"，其是指可能包含很大比例的非本地原生植物和 / 或动物物种的地区，以及人类活动已大幅改变了当地主要生态功能和物种构成的地区。其可包括农业区、人工林、人工填造的沿海区域以及人工开垦的湿地。IFC 客户不仅要"谨慎行事"，尽量减少被改变的栖息地的转变或退化，而且还要在其运营过程中确定提高栖息地和保护生物多样性的机会（尽管这取决于项目的性质和规模）。[②] 这表明 IFC 绩效标准不仅旨在避免或控制环境损害，而且鼓励私营部门积极参与环境保护。

关于自然栖息地，其是指大部分生存的植物和 / 或动物物种均为本地原生的地区，或者人类活动未从实质上改变当地主要生态功能和物种构成的地区。标准要求客户不得显著转变自然栖息地或使其退化，除非能够提供以下证明：缺乏技术和财政上可行的替代方案；通过磋商已明确了利益相关者（包括受影响社区）关于转变和退化程度的观点；以及适当的缓解措施，包括采取措施尽可能减少栖息地破碎化，如建立生物走廊带；在项目运营期间和 / 或运营之后的栖息地恢复；生物多样性补偿。[③]

关于重要栖息地，其是指那些具有极高生物多样性价值的栖息地，包括

---

① IFC Performance Standard 6, para. 1.

② IFC Performance Standard 6, para. 6.

③ IFC Performance Standard 6, para. 7.

濒危物种生存所需的栖息地，如国际自然保护联盟（International Union for Conservation of Nature, IUCN）濒危物种红色名录中所列的栖息地，对地方性或有限范围内活动的物种具有重要意义的栖息地，对全球重要的集中迁徙物种与集中聚居物种的生存至关重要的栖息地，以及为向当地社区提供关键生态系统服务或具有重要社会、经济或文化意义的区域。[①] 目前尚不清楚，绩效标准为何没有提及除《国际自然保护联盟红色名录》之外的其他列出濒危物种的多边环境协定，特别是《迁徙物种公约》及其附属协定，它们可以支持私营部门根据公约附件确定对移栖物种和极度濒危物种的生存有重要作用的区域。此外，WWF 建议将可能导致《濒危物种国际贸易公约》附录一所列濒危贸易物种的融资项目排除在外。除非该栖息地支持其物种种群的能力没有受到不利影响；任何公认的极度或濒危物种的种群在全球和 / 或国家 / 区域层面上没有减少；以及客户制订了强有力的、合理的长期生物多样性监督和评估计划，使得任何较小的影响都会得到缓解，否则客户不应在此区域实施任何项目活动。只有在重要栖息地而非自然栖息地，才有可能造成不可逆转的破坏或不可替代的生物多样性丧失的风险。

关于受法律保护和国际认可的区域，绩效标准 6 仅涉及位于此类场地内的拟议项目，未规定项目位于相邻区域的情况。曾经有过在保护区附近进行的 IFC 资助的项目对保护区产生严重的环境影响方面的案例，对此，IFC 阐明，环境影响评估应特别注意属于保护场地的潜在受影响区域，对邻近保护区的负面溢出效应应作为项目影响区域的一部分进行评估，从而将环境影响评估绩效标准与生物多样性标准相互交替参照可能更为有效。

与 WWF 倡导的对国际公认保护区如世界遗产地和拉姆萨尔场地采取更

---

① IFC Performance Standard 6, para. 9.

强有力的保护措施①不同，IFC 倾向于根据具体的指南和标准对生物多样性和可持续自然资源管理进行全面评估，通过个案根据项目的实施做出决定。

最后，鉴于生物多样性保护的目标，IFC 标准要求私营部门防止引入导致生物多样性丧失的外来入侵物种，除非符合国家或区域现有的监管框架。并且强调，任何外来物种的引入都需要进行风险评估（作为客户的环境和社会风险及影响识别过程的一部分），以确定该物种是否具有潜在的侵略性。客户应采取措施来避免偶然或无意引入外来物种的可能性，比如，避免运输可能带有外来物种的培养基和生物媒介（如土壤、压舱物及植物材料）。②

IFC 将绩效标准 6 第二部分的可持续资源管理和利用定义为，以使民众和社区能够为其目前的社会、经济和文化福祉提供保障的方式或速度使用、开发和保护资源，同时保持这些资源的潜力，以满足未来几代人合理预见的需求，并保护空气、水和土壤生态系统的生命支持能力。这一定义显然是来自一个普遍的基于人类需求的观点。然而，综合阅读绩效标准 6 的生物多样性要素及其可持续利用部分，可以证明私营部门考虑利用自然资源不仅是为了满足人类需求，也是为了保护生物多样性的需要。

具体到森林方面，绩效标准 6 重申了一般的"不损害"方法，要求客户在采伐天然森林或开发种植园时不会造成重要栖息地的任何转变或退化。③为此，IFC 让客户确定适合有关国家或地区现行条件和价值的认证方案，只要该方案符合国际公认的可持续森林管理原则和标准。并且新绩效标准在监测或建立供应链方面向前迈出了一步，客户应采取系统和核实措施，以：确定供应来源和该地区的栖息地类型；对客户主要供应链的持续审核；仅限于

---

① 例如，一家大型商业银行自愿在森林或基础设施运营方面，对国际自然保护联盟 I—IV 类保护区、世界遗产地和拉姆萨尔场所造成负面影响的投资和项目采取"禁止"做法，国际矿产和采矿委员会 / 理事会也承诺将世界遗产地视为禁行区。

② IFC Performance Standard 6, paras. 12–13.

③ IFC Performance Standard 6, para. 16.

从那些可以证明不会促成自然和 / 或重要栖息地的重大改变的供应商采购产品（证明方式可通过提供认证产品）；在可能的情况下，要求采取行动，在一定时间内转变客户的主要供应链，转向那些可以证明他们不会对这些区域造成重大不利影响的供应商。

在渔业方面，绩效标准 6 规定，参与渔业活动的客户通过采用国际公认的独立核查系统，证明其活动的可持续性。[①] 但它未能对私营部门如何以可持续的方式开展捕鱼活动提供更多的实质性指导，如没有提及国际层面最迫切关注的问题之一——避免破坏性捕鱼行为。对此，粮农组织《负责任渔业行为守则》规定了一项破坏性捕鱼实践的国际标准，建议优先采用对环境安全的渔具和做法，在大规模引入新渔具之前评估对栖息地的影响，并尽量减少副渔获物。其他国际标准也可以纳入到 IFC 的最后一节，例如，WWF 鼓励银行确保其客户不参与过度捕捞或从事非法、未报告或不受管制的捕捞活动，并提倡海洋保护区及其周围不设商业捕捞区。[②]

（四）文化遗产

IFC 绩效标准 8 以《保护世界文化和自然遗产公约》[③] 为基础，旨在指导客户在经营过程中如何保护不可替代的文化遗产，包括保护文化遗产不受来自项目活动的消极影响，以及在商业活动中保护和公平分享文化遗产带来的利益。[④] 这意味着 IFC 希望客户可以积极的推动，而不是局限于"不损害"一般准则。

---

① IFC Performance Standard 6, para. 17.

② FAO, International Plan of Action to prevent, deter and eliminate illegal, unreported and unregulated fishing, 2001.

③ Ramsar Convention on Wetlands of International Importance Especially as Waterfowl Habitat, 2 February 1971.

④ IFC Performance Standard 8, para. 1.

　　绩效标准8期望私营公司通过"开展国际公认的保护实践、实地研究和记录备案"来保护和支持文化遗产，[①]但没有具体提到哪些国际标准可用于此目的。在设计和实施项目时，除非满足以下三个条件，否则客户不可迁移不可复制文化遗产：除了迁移，没有其他技术或经济上可行的替代方案；整体效益大于迁移产生的预期文化损失；以及使用最佳可行技术。[②]因此，IFC在利益大于预期损失的情况下允许进行专业化的撤除。但正如之前提到的成本效益分析，对于如何正确地评价环境和文化价值以及如何适当地平衡环境和文化价值与经济利益之间的关系仍然存在疑问，特别是考虑到与商业、国家、相关社区和生态系统相关的不同时间尺度。

　　当涉及重要的文化遗产时，[③]该标准更为严格，如同生物多样性保护中的重要栖息地那样，客户不得对重要文化遗产进行重大改动、破坏或迁移。在特殊情况下，如果项目不可避免对重要文化遗产造成严重损害，并且它的毁损或损失可能危及为达成长远文化目的而使用文化遗产的东道国内社区的文化或经济生存度时，客户还将与受影响社区进行善意磋商，并将受影响社区的知情参与和磋商成果以文件形式记录下来，适当减轻对重要文化遗产的其他影响。[④]IFC标准再次谨慎地回避使用受影响社区对其文化遗产的"事先知情同意"一词。

　　尽管IFC不禁止在法定文化遗产保护区内开展项目（与某些行业部门自愿承诺相反），但它确实详细列明了对客户的要求，遵守国家和地方文化遗产法规或保护区管理计划；私营公司应针对拟议项目与保护地区的主办方和管理方、当地社区和其他主要利益相关者进行磋商；为土著居民的决策过程留

---

① IFC Performance Standard 8, para. 4.

② IFC Performance Standard 8, para. 7.

③ 包括：社区正在使用的或在记忆中曾经有长期文化用途的国际公认文化遗产；法定文化遗产保护区，包括那些东道国提议设立为法定文化遗产保护区的地区。

④ IFC Performance Standard 8, para. 9.

出足够的时间；通过他们选择的语言促进知情协商，而不干扰、恐吓或操纵他们，并强调使用投诉机制的可能性。

关于惠益分享，客户通过潜在受影响社区的事先磋商和知情参与，确定与项目影响相称的"文化发展利益"，旨在以适当的文化方式改善社区的生活状况，并促进其赖以生存的自然资源的长期可持续性。应当指出的是，提供"福利机会"的标准明显低于《生物多样性公约》的惠益分享要求。^①当客户打算利用土著居民的文化知识、创新或惯例，客户应告知相关社区他们在国内法下的权利、拟议商业开发的范围和性质及其潜在后果。拟议的商业开发或使用只能由客户在与受影响社区进行知情善意磋商，并且提供公平和平等的惠益分享后，客户方能继续进行此类商业开发。^②IFC 仍没有提及事先知情同意的国际标准，也没有参考《生物多样性公约》关于传统知识和惠益分享的规定。

综上所述，作为私营部门环境履行的一套详细标准，IFC 绩效标准明确以国际环境条约包括《联合国气候变化框架公约》《生物多样性公约》《巴塞尔公约》《保护世界文化和自然遗产公约》《长距离越境空气污染公约》《关于持久性有机污染物的斯德哥尔摩公约》《蒙特利尔可持续性有机污染物议定书》等和其他法律文件的目标、宗旨和原则为基础，通过规定需要评估环境影响、将环境问题纳入管理系统、危害防止和自然资源可持续利用。在有限的范围内，确保获得环境信息和公众参与以及尊重国际保护区的需要，为国际实践提供了一个重要先例，使私营部门的负责任行为在促进实施多边环境协定的方面产生广泛的后果，有助于提高软法文书的形象（和法律地位，

---

① URIZ G H. Human Rights as the Business of Business: The Application of Human Rights Standards to the Oil Industry ［D］. Florence: European University Institute, 2005.

② IFC Performance Standard 8, para. 15.

如果将标准纳入贷款协议的话①），并促进对其的遵守如粮农组织农药行为准则。

根据其他国际倡议所确认，绩效标准并不完全符合新兴的企业环境问责国际标准。例如，虽然事先知情同意现在已成为若干关于环境问题的重要国际协定（如生物多样性保护）以及国际人权法中的一项既定要求，但 IFC 与世界银行集团的其他成员都明确拒绝私营部门获得当地和土著社区的事先知情同意，且不提供任何充分的理由，这可能与世界银行集团不愿正式采取基于人权的方法有关。

尽管如此，IFC 的使命和职能有助于促进国际层面的企业环境问责。它向私营公司提供的资助使其能够对在发展中国家设计和实施开发项目的方式产生重大影响，并确保它们遵守国际层面制定的最低环境标准。

需要关注的是，IFC 绩效标准的贡献不仅体现在适用于 IFC 客户，而且还反映在其已成为与私营部门合作的其他国际金融机构尝试的典范。例如，欧洲复兴开发银行提到 IFC 关于文化财产的保障政策；美洲开发银行在声明银行业务应考虑有毒物质使用的国际限制时，提到了《巴塞尔公约》《持久性有机污染物公约》《关于在国际贸易中对某些危险化学品和农药采用事先知情同意程序的鹿特丹公约》。

该绩效标准也可成为私人贷款实践的模式。作为商业银行审查、评估、减轻与其融资项目相关的环境影响和避免风险的框架，赤道原则倡议被在100 多个国家开展业务的 70 多家金融机构采用。但 WWF 在评估这些原则最初制定的实施情况时，认为尽管"商业银行在处理对环境和可持续性的影响方面有了明显的转变"，特别是在采用适用于交易的行业特定政策时，但这些政策落后于相关的国际标准和最佳实践。鉴于赤道原则缺乏透明度、监

① 与属于国际条约法范畴的世界银行与借款国政府之间的贷款协定不同，IFC 与私营企业之间的贷款协议通常是根据纽约法律或英国法律签订，因此根据国际法可能无法执行。

督机制，需要结合其他工具来确保合规性，WWF 得出结论，采用其他工具并没有阻止赤道银行为一些具有环境风险的项目融资，因此赤道原则不是促进可持续融资的有效工具。随后 WWF 建议赤道银行应仔细、积极地评估 IFC 绩效标准的缺陷和优势，以便采取与国际标准一致的其他标准来解决可能存在的不足。

最近，赤道原则进行了更新，在 IFC 绩效标准的基础上进行调整和改进，这有可能导致主要商业银行鼓励，甚至要求其支持的私营公司遵守国际环境标准。然而，这些标准的纳入并不足以确保私营部门进行无害环境的行为，只有通过合同和有效监督才能保证实施这些标准的效果。

第二节　企业环境问责国际标准的主要类型

国际机构阐述的有关企业问责的各种国际文件和倡议都集中于以下某些国际环境标准：环境影响自我评估、环境管理、危害防止、风险预防、环境信息披露、公众磋商、可持续利用自然资源，以及尊重受国际保护的场地。非政府组织的活动，私营公司在国际层面自愿作出的承诺，以及国际环境法的最新发展，有助于更好地定义这些标准。

一、一体化

作为国际环境保护的基石之一，环境一体化原则被认为是可持续发展的基本要素。[①] 这意味着各国和国际组织承诺将环境因素纳入经济发展中，并在制定、实施和解释环境义务时考虑到经济和社会发展的需要。该原则虽然最初是为了满足国家发展规划需要，但是企业环境问责概念的基础。它直接转

---

① SANDS P, PEEL J. *Principles of International Environmental Law* [M]. Cambridge: Cambridge University Press, 2003: 263–264.

化为企业在其决策过程中考虑环境问题的普遍预期。

对于企业而言，本标准意味着在董事会层面上明确考虑项目活动的环境影响，因此需要识别、纠正和防止任何负面影响再次发生。[①] 在进行重大开发工程时，私营公司显然受国家环境法的约束。然而，根据在该国的特定实施和执行能力，进行合理地预期，它们会超出经营所在国的具体法律要求，至少追求最低限度的环境一体化，作为其所有业务持续进行的先决条件。实际上，评估一家企业在其经营过程中是否充分或适当地考虑了环境因素可能较为困难，并且因个案而异。但是，如果它计划和 / 或开展完全无视可能造成危害环境的活动，则肯定违反了最低国际环境标准。私营公司实施一体化标准表现为采用环境影响评估和环境管理系统工具，如联合国责任准则草案、OECD 指南和 IFC 绩效标准中的规定，同时影响自我评估也是联合国人权和跨国公司特别代表选择的一个关键工具。

（一）环境影响评估

20 世纪 70 年代就已使用的环境影响评估，当前成为各国将环境关切纳入社会经济发展和决策的一项成熟的国际和国内法律技术。[②] 尽管在国际上因为缺乏对其要素的定义使得该程序或方法在国际层面没有标准化，但可以肯定的是，环境影响评估意味着需要科学证据、有效考虑可能对环境造成的影响，以及向当局通报调查结果。

无论私营企业经营所在国是否通过国内立法要求外国企业和国内企业同时承担环境影响评估，基于一体化原则的企业环境问责国际标准都可以要求私营部门根据科学证据以及与可能受影响社区的沟通，持续评估其所有活动

---

① ONG D. The Impact of Environmental Law on Corporate Governance: International and Comparative Perspectives［J］. *European Journal of International Law*, 2001（12）: 685, 695.

② KISS A, SHELTON D. *International Environmental Law*［M］. New York: Transnational Publishers, 2004: 236-244.

对环境产生的影响。它还要求各企业在决定是否开展或继续开展此类活动时，应考虑此类评估，如果开展此类活动，需要注意的事项。有学者认为，国际上对企业环境影响评估的要求可以迫使私营企业管理层更加重视环境绩效，并有助于传递有关环境控制技术和成本的宝贵信息。① 如果在规划阶段没有事先的环境评估和报告要求，未来可能会造成在私人开发或活动的紧邻区域内产生环境退化的问题。②

在联合国责任准则草案中可以找到一种基于人权的环境影响评估标准方法，根据相关文件，企业应定期评估其活动的环境影响，以确保环境影响的负面后果的不会为处于弱势的种族、族裔和社会经济群体带来负担。③ 它鼓励这些评估报告及时、方便地分发给联合国环境规划署、国际劳工组织和其他国际机构、东道国和母国政府以及其他受影响群体。此外，责任准则草案建议公众可以获取这些报告。OECD 指南强调需要评估影响存在的整个生命周期。④IFC 绩效标准通过考虑可适用的多边环境协定，特别是《生物多样性公约》，将环境影响评估标准扩展到累积影响和可能造成的全球影响。⑤

本绩效标准在生物多样性保护领域的规定可从 CBD《对拟议在圣地、土著和当地社区历来居住或使用的土地和水域上进行的、或可能对这些土地和水域产生影响的开发活动进行文化、环境和社会影响评估的阿格维古自愿

---

① PEARSON C. *Environmental Standards, Industrial Relocation and Pollution Havens* [M] // PEARSON C. *Multinational Corporations, Environment, and the Third World*. Durham: Duke University Press, 1987: 113, 128.

② ONG D. International Legal Developments in Environmental Protection: Implications for the Oil Industry [J]. *The Australian Journal of Natural Resources Law and Policy*, 1997（4）: 63.

③ 根据人权监督机构关于环境退化和严重侵犯人权之间联系的调查结果，环境和人权影响的融合可能被认为是可取的。

④ OECD Guidelines, Ch V, para. 3.

⑤ IFC Performance Standard 1, para. 5; IFC Performance Standard 6, para. 4.

性准则》中获得。例如，鼓励开发支持者与占有某些区域的土著居民或当地社区协商，达成一项涵盖影响评估的程序的协议，包括替代方案的选择，列出各方的权利、职责和责任，采取措施防止或减轻拟议开发带来的任何负面影响。[1]更好地定义该标准的另一个来源是生物多样性和旅游业开发 CBD 指南，它呼吁旅游业开发的支持者采取以下步骤：确定所涉及的或可能受拟议项目影响的利益相关者，评估提案的潜在影响，通过通知程序获得与这些潜在影响有关的信息，以开展和资助必要的研究，并让土著和当地社区参与评估。[2]从生物多样性可持续利用的角度来看，《生物多样性公约》中《亚的斯亚贝巴可持续利用生物多样性原则和准则》建议，公司应在对目标物种或生态系统的管理决策中，尽可能考虑活动对目标物种和生态系统的总体和累积影响。

　　因此，关于环境一体化国际标准不仅要求私营公司在开始新项目或开发之前对环境影响进行评估，而且正如 IFC 要求的，作为一个持续的过程，允许在项目的整个生命周期内将环境问题纳入其决策过程。此外，与国内有关环境影响评估的法律规定不同，国际标准的企业问责不限于重大开发。

（二）环境管理系统

　　环境影响评估也是企业开发环境管理系统——实施一体化标准另一实践手段的前提条件；反之，环境管理系统是环境影响评估的必要后续行动，其

---

[1]　CBD, Akwé: Kon Voluntary Guidelines for the Conduct of Cultural, Environmental and Social Impact Assessment regarding Developments Proposed to Take Place, or Which Are likely to Impact on Sacred Sites and Lands and Waters Traditionally Occupied or Used by Indigenous People and Local Communities. Montreal: CBD Secretariat, 2004, para. 21（hereinafter, Akwé: Kon Guidelines）.

[2]　CBD, International Guidelines for Activities related to Sustainable Development in Vulnerable Terrestrial, Marine and Coastal Ecosystems and Habitats of Major Importance for Biological Diversity and Protected Areas, including Fragile Riparian and Mountain Ecosystems. Montreal: Secretariat of the Convention on Biological Diversity, 2004, para. 20（a）ii, paras. 36, 38–39.

目的是帮助组织机构通过连续的运营管理来实现其环境目标，否则，影响评估将存在于没有任何实际意义的程序实践中。

该系统的制定并没有统一的标准或基准。公司能够在不设定绝对绩效标准的情况下，通过收集、评估信息和监测可测量的环境目标和指标，持续改进其环境绩效，[1] 各企业自行制定起点、设计自己的环境管理内容，以满足自身的愿望、达到企业自身的目标、符合企业自身的能力和经验，如 IFC 绩效标准将环境管理系统视为公司环境管理的基础，要求客户采取缓解措施和积极提高绩效的措施。但是，越来越多的意见认为，环境管理系统通常应该包含"制定计划—执行过程—检查评价—加以完善"（见图 3-1）若干阶段，即进行初步环境审查、确定环境政策、开发环境行动方案以及定义环境责任，开发内部信息和培训课程，审核环境管理系统并实施环境管理审查。所以，该系统还为企业评估自身在环境绩效方面是否采用了"最佳实践手段"或"最佳可用技术"提供了一种实用的方法。它的另一个重要特征也涉及信息披露和社区参与。IFC 绩效标准对此进行了详细说明，要求私营企业建立保障系统实施的申诉机制和外部报告制度。[2]

---

① OECD. Roundtable on Corporate Responsibility: Encouraging the Positive Contribution of Business to Environment through the OECD Guidelines for Multinational Enterprises: Summary of the Roundtable Discussion [EB/OL].（2004-06-14）[2023-03-18]. http://www.oecd.org/document/1/0,2340, en_2649_34889_31711425_1_1_1_1,00.html,p.4.

② IFC Performance Standard 1, paras. 16, 23.

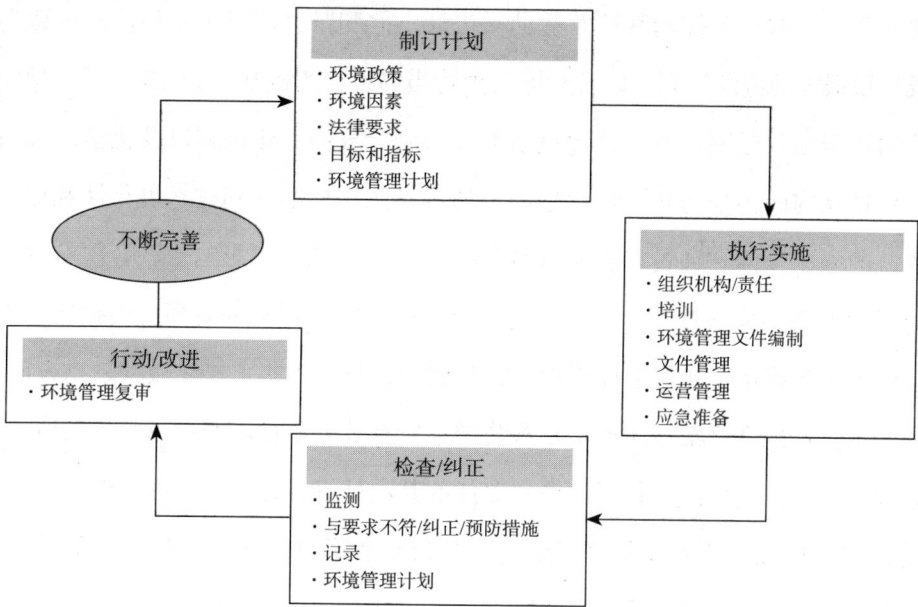

资料来源：联合国环境规划署（UNEP），工商经济部、生产消费处。

图 3-1　环境管理系统：制定计划—执行实施—检查评估—完善改进

二、危害防止

危害防止原则要求各国适当注意，通过减少、限制或控制可能造成环境损害的活动，避免有害于环境的行为的产生，这意味着各国有义务通过适当的立法、行政和其他措施，在损害发生前的早期阶段采取行动，防止其管辖范围内的环境受到损害。

危害防止是企业环境问责概念的一个基本组成部分，它为评价私营公司的环境影响评估和环境管理系统提供了另一个基本的关键概念，即期望公司不仅要纳入环境问题，而且在必要时采取积极措施来管理已识别的环境风险，包括暂停某些活动。如果无法避免环境损害，公司应采取损害控制和最小化措施，以限制对环境的不利影响。例如，根据 OECD 指南，这意味着企业应建立防止、减轻和控制其经营活动（包括事故和紧急情况）对环境和健康造成严重损害的应急计划，以及立即向主管当局报告的机制。IFC 规定了一项完整的环境绩效标准，专门处理包括大气污染、气候变化缓解以及化学品和废物管理在内的污染防止。虽然它确定的危害防止标准受到技术可行性和成本效益的限制，但它通过"影响区域"的概念扩展到累积影响。联合国全球契约通过无害环境的技术，或通过适当措施降低事故风险和对环境的损害；联合国责任准则草案通过最佳管理实践和技术进行污染防止。在减少废物方面，联合国责任准则草案评注要求私营公司采取有效手段收集产品或服务残留物，以便回收、再利用或进行对环境负责任的其他处置。在生物多样性保护领域，危害防止标准意味着获得 IFC 融资的私营企业通过防止引入外来入侵物种，避免不可逆的生物多样性丧失的风险。

作为一项国际习惯规则，防止跨界环境损害适用于所有国家和国际社会整体。这表明各国必须确保其管辖或控制范围内的活动不会对位于其领土以外的自然系统造成损害。这项义务还包括通知迫在眉睫的损害、紧急情况下的援助、预先通知和磋商以及平等地获得行政或司法程序（这是一种行为义务，而非结果义务，只要一国采取了适当措施，便履行了尽职调查义务，不引起国家责任争议）。在不针对适用于国际社会整体的国际习惯规范是否也适用于跨国公司而展开辩论的情况下，关于危害防止的国际标准特别要求私营企业避免损害其业务所在国边界以外的环境，即私营部门应确保其活动以避免跨界损害的方式进行。然而，除了环境非政府组织和学术界的呼吁外，联合国、OECD 和 IFC 采用的文书没有针对跨界损害提出更严格的危害防止标准。

而且，针对一国境内发生的灾难性环境损害，该项国际习惯对评估公司行为无益，这也是在美国法院审理的几起案件中，为何法律学者和环境团体提出了一项基于避免"域内污染"国际责任的标准。除了具体指控侵犯健康环境权之外，由于导致环境普遍恶化的私营公司不合标准行为，同时侵犯了生命权、健康权、食品和财产权，打破了传统文化习俗，所以将国际环境标准和人权标准联系起来，似乎也是国际社会努力界定私营公司国际责任的一个重要特征。

三、风险预防

风险预防原则是保护臭氧层、应对气候变化和确保生物安全的国际行动的基础，《里约宣言》《世界自然宪章》《生物多样性公约》等环境文书和条约都对该原则的适用作出了规定。[1]

一些国际组织和环境非政府组织[2]根据风险预防原则来界定企业环境问责的概念。有人认为，这显著改变了开发和利用新产品和技术的过程，并日益限制了具有潜在危险性的活动的可接受性，而不是等到实际危害已经发生或被证明即将发生时再进行。[3]这意味着，即使没有确凿的证据证明对环境有害或可能对环境有害，也需要对可能有害于环境的活动和物质加以规制甚至禁止。

一般而言，风险预防标准要求公司在面对活动可能对环境产生不利影响时，需要谨慎地、有远见地作出决定。更具体地说，它可能会阻止公司利用一定程度的科学确定性作为开展对环境有潜在危险活动的借口。而且，本标准意味着举证责任的转移，由公司来证明此类活动不会对环境造成损害。无

---

① 《里约宣言》原则 15 规定"遇有严重或不可逆转损害的威胁时"；《世界自然宪章》第 11 条规定"在进行可能对大自然构成重大危险的活动"；《生物多样性公约》序言规定"注意到生物多样性遭受严重减少或损失的威胁时"。

② KHOKHRYAKOVA A. Beanal v. Freeport-Mcmoran, Inc.: Liability of a Private Actor for an International Environmental Tort under the Alien Tort Claims Act [J]. *Colorado Journal of International Environmental Law*, 1998（9）：463.

③ SANDS P. *International Environmental Law: Emerging Trends and Implications for Transnational Corporations* [M]. New York: UN, 1993: 27.

论如何，它将依据个案判断公司可采取的具有成本效益的措施，以及预估科学的不确定性和环境威胁可能造成的危害程度，避免因适用风险预防原则而付出过高的代价。

旨在界定企业问责大部分的国际倡议如联合国全球契约、OECD指南和联合国责任准则草案，都支持对私营企业制定风险预防标准。全球契约指导手册强调，这一原则要求企业应采取最具成本效益的早期行动，防止不可逆的环境损害的发生。为此，公司将评估其环境影响和环境风险，运用可持续生产方法，研究和开发环保产品。OECD指南打算在缺乏充分科学确定性的情况下，使用预防方法阻止跨国公司推迟采取行动，以防止或尽量减少严重的环境损害，只要这种行动符合成本效益。两者都涉及成本效益分析，但前者将标准与不可逆的环境损害联系起来，而后者则通过提及严重损害来设定一个较低的门槛。

公司风险预防标准的具体适用可依据《生物多样性公约》的《对拟议在圣地和土著和当地社区历来居住或使用的土地和水域上进行的、或可能对这些土地和水域产生影响的开发活动进行文化、环境和社会影响评估的阿格维古自愿性准则》中的规定，如果在与开发相关的工程作业期间发现具有潜在遗产意义的遗址或物体，则在完成适当的考古或遗产评估之前，停止发现区域内和周围的所有活动。[①] 在影响评估的背景下，如果生物多样性存在显著减少或丧失的威胁，尤其与发展有关的缓解措施，该指南对此进一步作出建议，不应将缺乏充分的科学确定性作为推迟采取措施以避免或尽量减少这种威胁的理由。[②]

---

① CBD Akwé: Kon Guidelines, para. 26.

② CBD Akwé: Kon Guidelines, para. 61.

四、环境信息披露

作为有效进行国家和国际环境管理、保护和合作以及允许采取预防和缓解措施与确保公众参与的先决条件，增加环境状况和具有潜在不利影响的活动的信息的可获取性是国际环境法的一项既定要求。[①] 这意味着各国有义务定期向国际组织提交信息，并与受跨界影响的其他国家交换信息。[②] 自《有关信息获取、公众参与决策和环境事项诉诸司法的奥尔胡斯公约》生效以来，缔约国提供环境信息的义务扩大到了公众。虽然是区域性的，但该公约无疑具有全球性的意义，并推动了其他促进环境信息获取的倡议的提出。

环境信息披露也是私营部门与地方和其他当局合作的基础，特别是为了遵守危害防止标准。早在 1989 年，联合国的报告就将企业环境信息披露列为"实施可持续发展的基本要素"。[③] 同年，有评论者给出跨国公司披露产品和工艺危害信息的政策建议。[④] 由于缺乏及时向公共当局和受影响社区披露信息，发生了多起造成更严重后果的环境损害案件。例如，在博帕尔惨案中，私营公司对于天然气泄漏既没有立即发出警报，也没有告知公共当局或当地社区泄漏后果，和提供灾后应采取的医疗措施等相关信息。[⑤] 另外，塞维索二恶英化学污染事件所产生的恶性后果也因化工厂未及时披露信息而为当地环境带

[①]　SANDS P, PEEL J. *Principles of International Environmental Law*［M］. Cambridge: Cambridge University Press, 2003: 826.

[②]　ILC, Draft Articles on Prevention of Transboundary Harm from Hazardous Activities（2001）UN Doc A/56/10.

[③]　UNCTC, Ongoing and Future Research: Transnational Corporations and Issues Relating to the Environment—Report of the Secretary General（1989）UN Doc E/C.10/1989/12, p.12–13.

[④]　GLECKMAN H. Proposed Requirements for Transnational Corporations to Disclose Information on Product and Process Hazards［J］. *Boston University International Law Journal*, 1988（6）: 89.

[⑤]　The International Council on Human Rights Policy, Beyond Voluntarism: Human Rights and the Developing International Legal Obligations for Companies. Versoix: International Council on Human Rights Policy, 2002, Ch 6.

来不可磨灭的危害。[①]

对此，民间团体和学者们主张，当环境等重要公共利益面临风险时，希望企业可以披露其通过特定技术获得的最新信息，提供及时应对风险的响应信息，并在国家之间传播。[②] 但不可否认的是，本标准的规范性定义依赖于个案，需要在每个具体案件中对应接收信息的人员、信息披露的时间、信息类型以及对此类标准的限制作出说明。联合国行动守则草案已经明确了企业问责概念的信息披露标准的基本特征。联合国全球契约将信息披露视为公司多利益相关者对话的必要组成部分。联合国责任准则草案、OECD 指南和 IFC 绩效标准将环境一体化标准与信息披露挂钩。

根据《CBD 旅游业发展指南》规定，开发商和运营商必须通知指定的政府当局他们开发活动中任何未遵守批准条件的情况。还要求他们定期向指定当局和公众针对是否符合批准中规定的条件，以及关于旅游设施和活动方面的生物多样性和环境条件做出报告，例如，确保尊重濒危物种，防止引进外来物种和获取遗传资源。[③] 在某些领域，特别是当存在跨界环境污染或其他灾难性环境损害风险时，合作可能扩大到区域和国际机构。事实上，这也是环境影响评估中强调人权影响的联合国责任准则草案的做法；除此之外，它还要求与联合国环境规划署共享信息。

与环境信息披露有关的最新发展显示从标准到实际法律规则的初步转变。《奥尔胡斯公约》中与私营部门直接相关的是，制定了该领域的第一份具有法律约束力的文件——《污染物排放和转移登记议定书》（PRTR 议定书），[④] 其目

---

① UNCTC, Environmental Aspects of the Activities of Transnational Corporations: A Survey（1985）UN Doc ST/CTC/55, 93. Ch 6.

② The International Council on Human Rights Policy, Beyond Voluntarism: Human Rights and the Developing International Legal Obligations for Companies. Versoix: International Council on Human Rights Policy, 2002, Ch 6.

③ CBD Biodiversity and Tourism Guidelines, paras. 60, 67, 71.

④ Protocol on Pollutant Release and Transfer Register, 21 May 2003.

标是通过建立连贯、综合的全国污染排放和转移登记册（PRTRS），向公众提供有关私营部门排放和转移的污染物的信息，促进公众参与环境决策，以期对污染程度施加下行压力，推动减少和防止环境污染。登记册的开发和修改都应允许公众参与。[1] 各国政府可利用该工具跟踪趋势、展示减少污染方面的进展、监督某些国际协定的遵守情况、确定优先事项并通过环境政策和方案评估取得的成果。[2] PRTRS 允许根据以下内容识别排放和转移：设施及其地理位置；活动；所有者或经营者，以及公司（视情况而定）；污染物或废物（视情况而定）；污染物释放到的每种环境介质；以及废物的转移和处置或回收作业的目的地。[3] 每个 PRTR 应以强制性年度报告方案为基础，并在国家层面履行对执行议定书附件一所列行动的每个设施的所有者或经营者具有约束力的义务。[4] 议定书附件二列明了 80 多种污染物的排放和转移，包括温室气体、酸雨污染物、消耗臭氧层的物质、重金属和某些可致癌化学物质。PRTRS 涵盖了某些主要点源污染（如火力发电站、废物和废水处理厂、造纸和木材工业）的排放和转移，以及有关扩散源（如运输和农业）排放的可用数据。

五、公众磋商

根据联合国责任准则草案、OECD 指南、人权监督机构和 IFC 绩效标准反复出现的国际建议，似乎私营部门应确保社区的参与，特别是在预期的环境影响可能妨碍当地和土著社区享有其传统生活方式、文化习俗、土地和自然资源时。而且，正如许多国际组织指出的那样，这些社区参与私营部门项目的环境影响评估和管理有助于保证评估质量和信息质量，以便更好地制定缓解和应急计划解决方案。特别是 IFC 绩效标准在环境影响评估、环境管理

---

[1]　Protocol on Pollutant Release and Transfer Register, 21 May 2003, Art. 1.

[2]　Preamble of Protocol on Pollutant Release and Transfer Register.

[3]　Protocol on Pollutant Release and Transfer Register, Art. 5.

[4]　Protocol on Pollutant Release and Transfer Register, Art. 7.

系统、生物多样性、文化遗产等方面多次提到"社区参与"和与保护地的管理者、潜在受影响社区进行"磋商"。同时，强调它们应与透明、可理解、文化上适当、易于获取和免费的申诉制度相结合。[1]

CBD Akwé: Kon 影响评估指南呼吁开发支持者与土著或当地社区协商一项涵盖影响评估程序方面的协议，包括替代方案的选择，规定各方的权利、义务和责任，并采取措施减轻或防止拟议开发的任何负面影响。[2] 指南进一步建议，可以制定附录作为该协议的一部分，以规范适当的开发和人员行为（特别是探险旅游和采矿）。[3] 和 IFC 类似，它也鼓励支持者建立一个审查和申诉程序，确保受影响的土著居民和当地社区的充分参与。[4] 最后，开发支持者和相关人员应尊重土著居民和当地社区的文化敏感性和隐私，尤其是重要的宗教仪式，并确保他们的行为不会干扰这些社区的日常和其它活动。[5]

六、可持续利用自然资源

自 1992 年 UNCED 和 2002 年 WSSD 召开以来，可持续发展概念成为企业环境问责国际议程的基础之一。联合国责任准则草案和 OECD 指南都期望私营公司以有助于实现可持续发展目标的方式运作。虽然我们很难要求私营部门应为子孙后代的利益而保护自然资源，或需要考虑到不同国家的发展差异，但环境一体化原则和可持续利用原则都可以被认定为与商界相关的国际标准，IFC 绩效标准也证明了这一点。

如今，随着保护特定物种和栖息地的国际规则越来越多，人们期望企业

---

① IFC Performance Standard 1, paras. 19, 23; IFC Performance Standard 6, para. 11; IFC Performance Standard 8, para. 6. Ch 7.

② CBD Akwé: Kon Guidelines, para. 21.

③ CBD Akwé: Kon Guidelines, para. 30.

④ CBD Akwé: Kon Guidelines, para. 22.

⑤ CBD Akwé: Kon Guidelines, para. 33.

在可持续的水平上使用自然资源，从而允许恢复目前已耗尽的、受国际保护的物种。《联合国海洋法公约》提到了指导私营部门的可持续利用环境——保护"生态平衡"，从而包括稀有和脆弱的生态系统以及枯竭、受威胁或濒危物种及其他海洋生物的栖息地。①《CITES 濒危物种公约》和《迁徙物种公约》，对受威胁或濒危物种进行了识别、列明和定期审查。尽管私营公司可以很容易地根据不同国际合作的决定和建议以及通过与国家当局的沟通来确定全球相关的物种，但在实践中很难严格界定行为标准。②

《生物多样性公约》将可持续利用定义为，"以不会导致生物多样性长期下降的方式和速度使用生物多样性的组成部分，从而保持其满足当代和后代需求和愿望的潜力"（第 2 条），并且明确呼吁私营部门参与确保生物多样性组成部分的可持续利用。③IFC 试图将可持续发展的概念转化为："以一种使民众和社区能够为他们目前的社会、经济和文化福祉提供保障，同时也保持维持这些资源的潜力，以满足下一代合理的可预见的需求和保护空气、水和土壤生态系统的生命维持能力的方式或速度，使用、开发和保护资源。"IFC 倾向于主要依靠国际认证计划来评估这种行为。在基于国际环境法原则的多利益相关者方案中，这或许是一个适应不同行业的实用解决方案。

《生物多样性公约》的亚的斯亚贝巴可持续利用原则针对私营部门应如何避免导致生物多样性长期下降提供了咨询意见框架。④ 根据适应性管理原则，它建议：确保为特定用途制定适应性管理方案；迅速应对不可持续的做法；设计一定时间尺度上的监测系统，确保资源和生态系统的信息可用于帮助管

① The United Nations Convention on the Law of the Sea（UNCLOS），10 December 1992, Art. 145 and 194.

② 例如，UNCLOS 第 61（3）条、第 62（1）条、第 119（1）（a）条和第 150（b）条涉及"最高持续产量、最佳利用和合理管理"这些标准。

③ 《生物多样性公约》第 10（e）条规定："鼓励政府当局与私营部门合作，制定可持续利用生物资源的方法。"

④ CBD Sustainable Use Principles, Principle 1.

理层对资源保护做出决策；以及在使用传统和地方知识时，确保得到知识持有人的事先同意。亚的斯亚贝巴原则中可能适用于企业实体的其他原则包括：管理的时空规模应与生态和社会经济使用规模及其影响相适应，使公众能够充分参与管理计划的编制，以更好地确保生态和社会经济的可持续性[①]；生物多样性使用者应尽量减少浪费和不利的环境影响，优化使用者的利益，[②] 让当地利益相关者参与进来，并通过考虑物质和非物质利益，对他们的努力给予公平的补偿。[③]

实践中，为了对具有特定环境和文化特征的场地的国际保护，国际社会常常在陆地和海上建立保护区或其他管理生境、生态系统或某些物种的区域，如《拉姆萨尔公约》和《世界遗产公约》中规定的场地，这构成了对商业行为的另一种限制。同时商界某些行业自身也对此表示认可，如国际采矿和金属理事会承诺将所有世界遗产地视为"禁止通行"的区域。[④] 其成员公司承认，在某些情况下，即使考虑了所有技术和经济上可行的减少不利影响的措施，矿产勘探和开发可能与指定保护区域的目标不符。[⑤] 这表明它们不会在世界遗产财产中勘探或开采矿产，并将采取一切可能的步骤，确保世界遗产财产中的现有活动以及与世界遗产地相邻的现有和未来的运营不与这些财产所列的突出的普遍价值相冲突，也不会危及这些财产的完整性。然而，理事会对包括世界遗产财产在内的仅拟列入保护名单的地区的承诺则显得微弱，例

---

① CBD Sustainable Use Principles, Principle 7.

② CBD Sustainable Use Principles, Principle 11.

③ CBD Sustainable Use Principles, Principle 12.

④ International Council on Mining and Metals. Landmark No-go Pledge from Leading Mining Companies［EB/OL］. (2003-08-20)［2022-06-08］. http://portal.unesco.org/culture/en/files/12648/10614596549ICMM_Press_Relase.pdf/ICMM_Press_Relase.pdf.

⑤ International Council on Mining and Metals. Landmark No-go Pledge from Leading Mining Companies［EB/OL］. (2003-08-20)［2022-06-08］. http://portal.unesco.org/culture/en/files/12648/10614596549ICMM_Press_Relase.pdf/ICMM_Press_Relase.pdf,para.5.

如，"清洁采矿和加工技术的可用性应该是评估和相关决策过程中考虑的一些因素"。

国际采矿和金属理事会专门提及世界遗产地，而不是其他国际公认的保护区，可从采矿作业对卡卡杜国家公园造成损害这一事实背景加以解释。但从实质的角度来看，似乎没有任何理由表明公司不应承诺尊重其他公认的国际保护区，即使它们不属于"禁止区"，至少是为了不妨碍这些区域的确立目的，如《拉姆萨尔公约》所列的区域和根据联合国环境规划署区域海洋公约议定书设立的海洋保护区。[①] 拉姆萨尔遗址根据其在"生态学、植物学、动物学、湖沼学或水文学"方面的国际意义被列入公约。[②] 尽管这些遗址仍受国家主权管辖，但缔约国必须按照公约规定的国际义务，维护它作为水环境调节者和支持特定动植物特别是水禽栖息地的湿地的基本生态功能。[③] 因此，可以合理预期私营部门在这些具有国际重要性的区域之外开展活动，并确保邻近地区的活动不会损害湿地提供的生态系统服务。根据《世界遗产公约》规定，尽管一项世界遗产位于所在国的主权之下，但作为整体的国际社会有责任对诸如具有突出普遍价值的濒危动物物种栖息地进行合作保护。[④] 因此，在这些地区和邻近地区，可以合理预期私营部门的活动不会危及具有普遍价值的自然特征和物种。

IFC 生物多样性保护绩效标准的核心在很大程度上是基于对不同栖息地的区分，据此，更严格的企业行为标准适用于保护区（不一定是国际保护区）。它希望私营企业以符合区域管理计划的方式在保护区内开展活动。IFC

---

① Protocol Concerning Specially Protected Areas and Biological Diversity in the Mediterranean, 10 June 1995, Art. 1（1）；Kingston Protocol Concerning Specially Protected Areas and Wildlife in the Wider Caribbean Region, 18 January 1990, Art. 4（2）.

② Ramsar Convention on Wetlands of International Importance Especially as Waterfowl Habitat, 2 February 1971（hereinafter, Ramsar Convention）, Art. 2（2）.

③ Ramsar Convention, Preamble and Arts. 3–4.

④ Convention for the Protection of the World Cultural and Natural Heritage, 16 November 1972, Arts. 2, 4.

将这一更严格的标准同时应用于已经指定的保护区和拟议的保护区，并且指出相邻区域属于"项目影响区"，因此在环境影响评估中受到特别考虑。但 IFC 明确拒绝在任何情况下对保护区采取"禁止进入"的做法。[①]

第三节　企业环境问责国际标准的落实

一、国际金融公司的环境责任和投诉机制

（一）国际金融公司的环境责任

所有多边开发银行都声称支持可持续发展，并通过创设项目的具体程序和审查机制，为尊重环境的开发项目提供资金。[②] 以 IFC 为例，其社会和环境可持续性政策主要分为五个部分，[③] 包括制定本政策的目的、IFC 的承诺、IFC 的职责和责任、与伙伴的合作、合规顾问/调查官办公室。其中核心部分是根据绩效标准审查融资项目的职责和责任。

在项目审批阶段，IFC 评审客户的项目环境风险和可能影响评估；协助他们制定措施，以避免、减轻或赔偿环境影响；对项目进行分类，以详细说明 IFC 披露公共项目信息的制度机构要求；并协助识别改善环境成果的机会。根据该政策，IFC 力求确保其资助的项目以环境可持续的方式运作。拟议项目的环境审查是 IFC 决定为项目融资的"一个重要因素"。确定项目环境可持续性的基本基准以否定的方式决定，即避免或减少对环境和当地社区造成负

---

① 　IFC Performance Standard 6, para. 11.

② 　KISS A, SHELTON D. *International Environmental Law* ［M］. New York: Transnational Publishers, 2004: 153.

③ 　IFC, Policy on Social and Environmental Sustainability（30 April 2006）.

面影响，或给予适当补偿。①IFC 也将为具有不可逆和前所未有的重大不利环境风险和 / 或影响的项目提供资金（A 类），但前提是预计商业活动在合理的时间内满足其环境绩效标准。② 然而，这似乎忽略了假设在无法量化的短期内对环境产生不可逆负面影响的可能性。此外，IFC 也有责任确保客户与受影响社区进行"自由、事先和知情的协商"。③ 综上所述，在项目审批阶段，IFC 通过审查影响评估和环境管理计划，在确保私营企业遵守一体化标准，鼓励信息披露，以及促进公众参与方面发挥着关键作用。与世界银行向各国政府提供的贷款一样，IFC 可包含一份有关客户承诺按照环境管理计划在特定日期执行特定措施的契约。④

在支付资金后，IFC 将在整个项目投资期间监控客户的环境绩效，如实地考察评估项目的环境影响、技术的合理使用、贷款条件和环境计划的遵守，以及受影响社区参与的情况。当出现不利环境影响或客户不遵守 IFC 环境标准时，公司有责任帮助项目发起人选择符合环境标准、成本效益高的技术，建议修改环境管理系统，并与客户共同制定改善合规的时间表。⑤ 如果持续存在不合标准的行为，IFC 也可以以违反贷款协议为由暂停或收回贷款。⑥

---

① 　IFC, Environmental and Social Review Procedure（30 April 2006）, para. 8.

② 　"Category A Projects" include those with potentially irreversible or unprecedented negative environmental impacts: IFC Policy on Social and Environmental Sustainability, paras. 17–18.

③ 　"Category A Projects" include those with potentially irreversible or unprecedented negative environmental impacts: IFC Policy on Social and Environmental Sustainability, para. 20.

④ 　DE CHAZOURNES B, LAURENCE. *Policy Guidance and Compliance: The World Bank Operational Standards*［M］//SHELTON D. *Commitment and Compliance—The Role of Non Binding Norms in the International Legal System*. Oxford: Oxford University Press, 2000: 281, 290.

⑤ 　LEE C. *International Finance Corporation: Financing Environmentally and Socially Sustainable Private Investment*［M］//SHIHATA I. *International Finance and Development Law*. The Hague: Kluwer Law International, 2001: 469, 473.

⑥ 　由于预算和人力资源的限制，IFC 的工作人员只能考察一小部分项目，这使得环境活动家认为，公司无法有效地对环境绩效改善施加压力并通过包容性程序制定缓解措施。

为了加强 IFC 的监督作用，它首先可以对其客户进行全面的挑选，了解它们过去在环境管理方面的表现以及采用的技能和技术。虽然可能不必完全拒绝在过去环境管理表现不佳的客户，但 IFC 可以参照此类记录，设定更严格的条件和监测。此外，IFC 对于类似项目适用一致的特定环境条件，并要求私营公司在项目开发过程中尽早采取预防措施而非补救措施，以避免不可挽回的环境损害。

IFC 同样可以确保在其贷款协议中系统地纳入和披露环境条件，以允许非政府组织和当地社区等外部行为体对公司不负责任的环境行为予以制裁。事实上，IFC 甚至可以积极地允许社区监测项目来弥补实地考察的不足。在不遵守规定的情况下，IFC 可以要求客户在下半年或年度审查中根据有时限的行动计划取得可衡量的进展，甚至可以暂停对项目的资助。[1]但收回资金似乎不太合适，因为这将导致 IFC 退出该项目并终止其监督职能。因此，IFC 应确保其参与项目开发的这一"制裁方面"[2]得到客户的充分考虑，并能够对不合标准的环境履行产生威慑。为了避免客户在项目周期的早期阶段逃脱其控制的风险，IFC 可以在其贷款协议中规定即便出现项目完成和贷款全额支付，也可继续对环境绩效进行监督。这意味着 IFC 可以通过宣布客户违反履行本协议项下的义务强制执行客户的承诺，若客户不采取任何行动，这可能会加速贷款到期或影响与 IFC 的未来关系。[3]

---

[1] WWF. Guidelines for Investment in Operations that Impact Forests［EB/OL］.（2003-09-22）［2022-06-08］. http://www.forestandtradeasia.org/files/WWF%20FOrest%20Investment%20Guideline.pdf,p.11.

[2] SHIHATA I. Implementation, Enforcement and Compliance with International Environmental Agreements—Practical Suggestions in light of the World Bank's Experience［J］. *Georgetown International Environmental Law Review*, 1997（9）: 37, 48.

[3] SHIHATA I. *The World Bank and the Environment: A Legal Perspective*［M］//PARRA F,TSCHOFEN F, STEVENS M, et al. *The World Bank in a Changing World*. Boston: M Nijhoff, 1995: 135, 154.

（二）投诉机制的贡献

作为向世界银行集团行长报告的独立监督机构，合规顾问 / 调查官办公室（The Office of the Compliance Advisor/Ombudsman, CAO）[①] 接受来自被 IFC 项目影响的任何个人和社区的投诉（见图 3-2）。

CAO 收到投诉后的第一步行动是确认收到投诉。在确认后，CAO 将对照 CAO 的受理资格标准对投诉进行审核。如果初次上交的投诉书有不清楚之处，CAO 将要求投诉人提供补充信息或澄清。从确认收到投诉信之日算起，CAO 预期在 15 个工作日之内完成资格审核。如果决定不予受理，CAO 将关闭投诉档案，并书面通知投诉人此项决定。符合受理资格的投诉将在 CAO 网站上公布。CAO 的资格审核决定按程序做出，并不构成对投诉内容是非曲直的评判。

一旦决定投诉具备受理资格，CAO 将在 120 个工作日内，通过实地考察项目现场，与投诉人、IFC 工作人员和客户、地方当局官员、受影响社区代表、其他有关地方和国际非政府组织等所有相关方举行座谈，查阅 IFC 档案等，在项目地区召开公开会议等灵活的方式开展分析工作。CAO 分析工作完成后，应向当事方（投诉人和 IFC 客户）、行长、执董会和公众呈交分析报告，其内容包括概括性的总结分析期间收集到的信息，以及当事方决定进入解决冲突程序还是进行合规评估。

[①]　IFC Policy on Social and Environmental Sustainability, paras. 31–34.

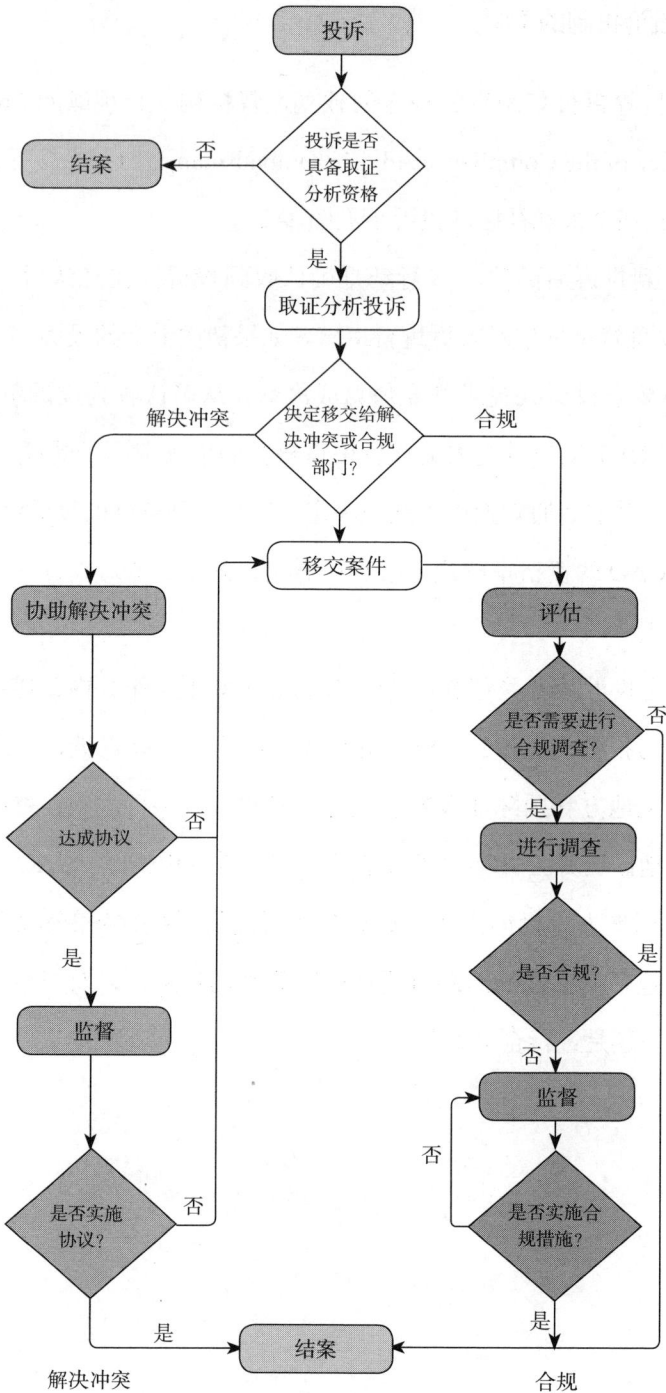

图 3-2　CAO 处理投诉的程序

如图 3-2 所示，如果当事方同意寻求共同的和解方案，将设计并实施双方都同意的程序，CAO 将协助展开解决争端工作，旨在解决投诉中提出的问题及在分析中发现的其他问题。但如果出现以下几种情况，将移交 CAO 合规部门处理：①一个或多个当事方选择合规程序；②当事方在解决争端过程中不再想寻求和解方案；③完成分析之后，CAO 认为通过争端解决程序不能解决问题，或导致资源使用效率低，决定不再实施协议，CAO 将通知投诉人结束 CAO 协调的解决争端程序的理由，然后把该案件转交给合规部门进行评估。启动了合规职能后，进行合规评估。确保只针对那些带来重大环境和/或社会影响，和/或 IFC 系统性问题的项目，如，有迹象显示 IFC 未能遵守或正确应用某项政策或其他评估标准；又如，有证据显示 IFC 的规定（不论是否遵守）未能提供足够的保护，才启动合规调查。如果评估认为不需进行合规调查，CAO 将发布评估报告，宣布结案。否则，CAO 将继续进行第二步骤，即合规调查。合规调查通常采用审阅文件、访谈、观察活动和状况或其他适当的方式，客观地收集和评估证据，确定环境和社会活动、条件、管理系统和相关信息是否符合合规调查标准，如 IFC 的政策、绩效标准、指导方针、程序规则和各项要求等。在此基础上，撰写调查报告。

无论哪种情况，都要受到 CAO 的监督和采取相应的后续行动。在解决冲突程序中，如果当事方达成了协议（通常包含方案和实施时间表），CAO 解决争端工作人员将监督协议实施情况，并在 CAO 的网站对外公布监督结果。协议在 CAO 监督下得到实施，和/或解决争端团队已经移交案件后，CAO 将发布总结报告，概述采取的主要步骤和成果，以及在解决争端阶段结束投诉的理由。在行使合规职能的第二个步骤即"合规调查"中，如果调查发现 IFC 合规，CAO 将结束调查。如果调查发现 IFC 不合规，CAO 将进行监督，直到 IFC 采取的行动令 CAO 确信 IFC 正在解决不合规问题，CAO 才会结束合规调查，发布监督和/或总结报告。CAO 会公布所有合规案件的进展状况。

CAO 最显著的特点之一是，高度关注当地社区对 IFC 资助项目的环境和社会绩效的认知。在某些情况下，CAO 认为，即使没有完全不符合 IFC 标砖，企业仍应针对项目环境影响方面与当地社区建立信任和理解的关系。以钻石开采对博茨瓦纳环境没有确定影响来说，CAO 建议 IFC 和私营企业披露与环境方案和要求相关的其他文件，以建立公众对项目的信任。[①] 在危地马拉金银矿案中，CAO 指出，虽然该项目不会造成水源污染等重大环境风险，而且环境影响评估充分考虑了这些风险，并实质性改进项目设计，但考虑到公众对此问题的持续关注，其建议通过参与式环境监测和对玛雅人风俗习惯尊重以及有关采矿作业传统决策的分析，加强私营企业与受影响社区的持续磋商。[②]

CAO 还成功地搭建了一个与当地社区协商的常设论坛。在 2000 年收到一系列关于秘鲁最大金矿企业引发的汞泄漏的投诉之后，CAO 支持建立一个以积极主动的方式行事的永久性圆桌会议，以促进多利益相关者对话，解决当地社区和矿业公司之间关于泄漏后果及其长期环境影响的问题（对话中心 Mesa de Dialogo y Consenso）。[③] 最终 Mesa 成为正式的法律实体，并成功地作为民间社会对话的论坛和充当提供有关社区关注企业环境行为的客观、技术信息的机制。然而，它并不代表一个正式的冲突解决系统，其合法性也没有得到当地非政府组织和地方当局的认可，这可能是因为没有披露成员与公司活动的直接和间接关系。[④] 自 2001 年向 Mesa 提供资金和技术支持以来，CAO 于 2006 年完成了分阶段退出，但建议继续实施 Mesa 的监督计划以及建立透

---

① CAO, Assessment Report on the Complaint regarding IFC' s Investment in Kalahari Diamonds Ltd, Botswana, June 2005.

② CAO, Assessment Report of a Complaint in relation to the Marlin Mining Project in Guatemala, September 2005.

③ CAO, Exit Report regarding two Complaints Filed with the CAO in relation to Minera Yanacocha Cajamarca, Peru, February 2006.

④ CAO, Report of the Independent Evaluation of the Mesa de Dialogoy Consenso CAO Cajamarca, Peru, May 2005.

明的争议解决机制。^①

CAO 发挥的另一个关键作用是，评估私营公司是否进行了适当的环境影响评估，以及 IFC 是否适当地审查了此类评估。在一份关于赞比亚铜矿的投诉中，CAO 发现，由于项目及其私有化的复杂性，项目评估时间表的某些方面，特别是环境影响评估已被"压缩"。评估进一步表明，IFC 在确保移民安置行动计划中合理地包含环境关切（如获得水源和可能的环境影响）之前退出该项目。^②

在一份关于乌拉圭纸浆厂的投诉中，^③CAO 特别强调了缺乏对累积环境影响和项目可能的跨界环境影响的考虑，以及不涉及阿根廷相关社区的有限公众协商。其遗憾地说，"没有充分认识到项目所在社区的关切和担忧"。它还进一步建议，环境影响评估应证明运用了现有的最佳技术。次年，IFC 董事会根据累积影响研究的积极结果，批准了 IFC 对项目的 1.7 亿美元投资（加上多边投资担保机构提供的最高 3.5 亿美元的担保），随后由独立专家审查。尽管如此，阿根廷社区、政府和环境非政府组织仍然继续公开反对该项目。这一争端最后升级为两个国家间的争端，阿根廷向国际法院申请采取临时措施，请求暂停该工厂的兴建和运营。但法院认为，阿根廷没有提供充分的证据证明该纸浆厂的活动对乌拉圭河的水环境或阿根廷河岸居民的经济和社会利益造成无法弥补的损害和迫在眉睫的威胁。^④

---

① CAO, Exit Report regarding two Complaints Filed with the CAO in relation to Minera Yanacocha Cajamarca, Peru, February 2006.

② CAO, Assessment Report on the Complaint regarding the Zambia Konkola Copper Mine Project, November 2003.

③ CAO, Preliminary Assessment Report on the Complaint regarding the IFC's Proposed Investment in Celulosas and Orion Projects, Uruguay, November 2005.

④ ICJ. Pulp Mills on the River Uruguay（Argentina v. Uruguay），2006 I.C.J. 156（Order of July 13）［EB/OL］.（2006-07-13）［2022-06-08］. http://www.worldcourts.com/icj/eng/decisions/2006.07.13_pulp_mills1.htm.

在其他案件中，CAO 也强调，环境影响评估没有提供足够的方法为决策提供适当的信息，没有向有关社区提供相关信息，也没有做出环境承诺充分解决河流改道带来的"受影响民众所感知的社会和文化问题"。[①]

在印度水电项目的投诉中，CAO 直接建议企业对环境问题进行独立研究并公开，确保公众监督由此产生的承诺，并通过独立协调人或观察员的介入，更具建设性地与当地社区接触。而且要求其根据 IFC 的各项绩效标准制定一份执行环评承诺的时间表。此外，CAO 还为 IFC 和私营公司提供了质量监控服务。IFC 被要求任命一名独立工程师来监督项目和报告社会和环境问题，同时要求私营企业每季度和每年向 IFC 报告社会、环境和健康问题。在后续的开发过程中，私营企业编制了一份可公开获取的环境影响评估义务登记册，并同意每月与社区公开会面，以便他们参与检验和讨论所作承诺的进展情况。[②]

在针对某个智利项目的投诉中，尽管 IFC 退出了该项目，但 CAO 还是接受了审议。[③]CAO 公开地批评了妨碍受影响社区和 IFC 内部机构了解该项目的"保密令"和"披露的暂定方法"。根据 IFC 关于贷款协议在所有条件满足后方能有效地解释，CAO 要求 IFC 重新考虑其不对该项目进行任何进一步外部审查的决定，披露协议有关环境和社会条件的细节，并敦促私营公司披露与下游影响有关的监测和监督结果。

在可能的情况下，CAO 采取更积极主动的方式处理投诉，从而促进私营部门与投诉人达成协议。然而，CAO 并非在每起案件中都能达到投诉人的期望，例如，有投诉人认为评估报告低估了项目在有毒物质排放方面造成

---

① CAO, Assessment Report of the Complaint regarding Allain Duhangan Hydropower Project, India, March 2005.

② CAO, Allain Duhangan Conclusion Report, India, March 2008.

③ CAO, Assessment Report in relation to a Complaint against IFC's Investment in ENDESA Pangue SA, Chile, May 2003.

的环境损害。[①]

考虑到 CAO 处理的案件越来越多，CAO 可在投诉的可受理性、绩效标准的解释和起草建议等方面，对其判例和法律解释方法进行比较分析。此外，还可以进一步分析 CAO 的事实调查功能及其对 IFC 与其客户之间关系的影响，以确定 IFC 在其员工没有进行实地考察的情况下，依赖这些调查结果采取后续行动的程度。

总之，IFC 在确保私营企业遵守企业环境问责国际标准方面的作用不容低估。它可以通过将这些标准作为条件纳入贷款协议而使其具有合同约束力。为了有效地规范企业行为，有必要对其持续应用环境标准，并通过实地考察和持续的技术支持全面监控其应用。鉴于采取这类行动的资金和政治限制，受影响社区和非政府组织有系统地参与监测活动，或向这些群体披露有关环境条件的信息，可能会显著提升其监督作用。投诉机制在进一步促进环境标准对私营企业的实际应用，以及建立受影响社区和其他利益相关者的信任方面也至关重要。CAO 的设立有助于评估私营企业是否遵守 IFC 环境绩效标准、提供一个讨论问题的独立平台，以及促进参与式解决方案或向 IFC 和私营企业提出建议。

二、加强其他国际机构的监督作用

国际机构的监督对记录私营企业是否遵守企业问责国际标准，以及为受害者提供最后的救济场所至关重要。尽管这些监督活动可能只会对公司或其业务所在国提出不具约束力的建议，但根据国际公认标准，在国际层面对企业环境行为进行系统评估，可能会对企业施加足够的压力，迫使其停止有害行为或给予赔偿。而且通过调查收集到的确凿证据有助于促进企业环境问责中具有最低标准法律地位的政府间谈判。

---

① CAO, Assessment Report on a Complaint regarding the Lukoil Overseas Project, Kazakhstan, April 2005.

根据对企业行为行使监督方式的不同，其他国际机构监督可分为人权机构、联合国教科文组织（United Nations Educational, Scientific and Cultural Organization, UNESCO）世界遗产委员会的间接监督与 OECD 跨国公司指南实施程序、联合国全球契约框架内审议投诉的直接监督。鉴于国际社会呼吁加强联合国和其它国际组织在监督和核查方面的"积极作用"，似乎有理由相信能在这些监督活动中更好地纳入环境问责国际标准，并努力协调。

（一）作为间接监督的人权监督机构

当东道国的国内法律制度效果不佳时，人权机构对投诉的审议为个人和团体在极端的环境退化案件中获得超国家层面的司法提供了另一种手段。在某些情况下，这些程序有助于补救国家层面无法指控的侵犯人权行为，并允许个人充当"条约的监护人"。[①] 例如，曾被提交给美国法院并被拒绝审理的德士古厄瓜多尔环境损害和壳牌尼日利亚环境损害案件，分别获得了美洲人权委员会和非洲委员会的报告建议。

然而，人权保护制度在确保企业环境问责方面存在限制。人权裁定一般只处理针对东道国的行为，很少直接提到私营公司的责任，但是在厄瓜多尔报告中，美洲人权委员会强调了私营公司因从属于国家而对侵犯生命和健康人权的环境损害承担直接责任。[②] 另外，在伯利兹报告中，美洲人权委员会明确指出造成损害的直接原因是跨国公司的活动，并含蓄地指出其与国家的部分责任。[③] 即使是这些案件，人权机构也没有断言某些国际标准直接适用于公

---

① ANSCHEL D H, Environment and Human Rights: Cooperative Means of Regime Implementation, Mannheimer Zentrum für Europäische Sozialforschung Working Paper n.29,2000, p.29.

② African Commission on Human and Peoples' Rights, The Social and Economic Rights Action Centre and the Centre for Economic and Social Rights/Nigeria（2001）Communication 155/96, Case No. ACHPR/ COMM/A044/1, Ch 6.

③ Inter-American Court of Human Rights, Maya Indigenous Communities of the Toledo District v. Belize, Report 96/03, Case 12.053, judgment（24 October 2003）, Ch 6.

司本身，或公司直接违反了这些标准。而且大多数接受投资的发展中国家没有实际的人力和财力进行充分监督，或执行环境监管（特别是当跨国公司拥有最相关的信息时），或清理受污染的场所或向受害者提供赔偿。[①]

尽管如此，我们仍不应低估人权机构的公开决定对东道国政府和跨国公司施加的巨大压力，因为若不采取正式的后续行动，将产生"声誉降低"的准司法后果。此外，统一的人权法判例可以促进国际公法的逐步发展，并可能影响国际和国家层面的后续程序，包括澄清国家和非国家行为体之间不断演变的共同责任制度，[②]通过实施国际机制促使公众舆论转向要求跨国公司承担更大的责任。

长远来看，即使在目前的职权范围内，人权监督机构也可以根据国际环境标准对投诉进行审查，从而加强其对企业的间接监督。例如，有人提议区域人权委员会运用联合国责任准则草案确定各国的义务，从而鼓励各国监督其境内的商业行为。除了发挥申诉作用外，在建议实施手段时，联合国责任准则草案还设想，联合国人权条约机构可以根据企业问责的国际标准，通过努力与有关国家进行建设性对话，而不是进行对抗性和敌意的盘问方式审查国家报告，从而鼓励国家更好地控制私营公司。[③]这种方式对企业来说也可以证明为监督其合规并鼓励取得进展的一种有用手段，尽管是间接的。[④]

---

① JAGERS N. *The Legal Status of the Multinational Corporation under International Law*［M］//ADDO M K. *Human Rights Standards and the Responsibility of Transnational Corporations*. The Hague: Kluwer Law International, 1999: 259.

② ROSEMANN N, The UN Norms on Corporate Human Rights Responsibilities: An Innovating Instrument to Strengthen Business' Human Rights Performance. Friedrich–Ebert–Stiftung, Occasional Geneva Papers n.20, 2005, p.32.

③ WEISSBRODT D, KRUGER M. Norms on the Responsibilities of Transnational Corporations and Other Business Enterprises with regard to Human Rights［J］. *American Journal of International Law*, 2003（97）: 901, 917.

④ HIGGINS R. *Problems and Processes: International Law and How We Use It*［M］. Oxford: Clarendon Press, 1994: 109.

最后，联合国人权小组委员会还建议，UNCHR 专题程序特别报告员应利用联合国责任准则草案，在各自职权范围内对各商业实体的行动提出关切，甚至建立一个新的跨国公司与人权专题程序。人权倡导者也鼓励国家和专题报告员探讨侵犯人权、公司活动和国家责任之间的关系。①

（二）作为间接监督的世界遗产委员会

UNESCO 在监督私营公司的行为和鼓励遵守有关自然和文化价值突出的世界遗产的国际环境标准方面发挥着重要作用。由 21 个公约缔约国组成的世界遗产委员会，负责执行《世界遗产公约》，审查关于遗产保护状况的报告，并可要求缔约国在遗产管理不当时采取行动。尽管是间接的，但这种监督活动尤其与确保私营公司尊重国际保护区，或者至少避免破坏这些保护区建立的目标相关。

在澳大利亚世界遗产卡卡杜国家公园自然资源开发一案中，IUCN 报告指出跨国公司拟议在该公园飞地内建设铀矿，会对该公园和土著居民的环境和文化造成潜在威胁，对此 UNESCO 表示认可。鉴于采矿作业对相关生态系统的影响存在不可接受的科学不确定性，因此根据预防原则要求停止采矿活动。② 而且，调查团还建议东道国防止相关基础设施开发对公园完整性造成进一步的视觉侵犯，并将土著居民纳入决策过程。在接下来的几年里，当有人注意到采矿活动没有结束时，世界遗产委员会反复回顾了事实调查团的建议，③ 强调 "澳大利亚政府有明确的责任监管私营公司在 Jabiluka 的采矿和碾

---

① The International Council on Human Rights Policy, p.86.

② UNESCO, Report of the World Heritage Mission—Kakadu National Park, Australia, 26 October–1 November 1998, submitted to the twenty–second extraordinary session of Bureau（1998）UN Doc WHC–98/ CONF.203/INF, p.18.

③ REDGWELL C. *The International Law of Public Participation: Protected Areas, Endangered Species, and Biological Diversity*［M］//ZILLMAN D N, LUCAS A R, PRING G. *Human Rights in Natural Resource Development*. Oxford: Oxford University Press, 2002: 187, 199–201.

磨活动"，以保护卡卡杜国家公园的世界遗产价值。[①] 最终，在 2003 年出现了委员会监督对私营公司的间接影响，矿业公司与土著居民针对该地区的未来发展达成协议。

世界遗产委员会处理的其他案件证实了其对在世界遗产内或附近区域以不可持续方式经营的私营公司进行间接监督的有效性。1999 年，委员会对位于墨西哥埃尔比斯开诺（El Vizcaino）鲸鱼保护区和濒危海龟自然栖息地的一个拟议盐场项目进行干预。类似于卡卡杜国家公园做法，国家专家团实地考察了该世界遗产地，并与所有相关方进行了磋商，以审查遗址管理结构、完整性和景观价值、鲸鱼种群状况、盐生产、可持续利用和旅游业。调查结果提交到世界遗产委员会，并在马拉喀什举行的第二十三届会议获得通过。这迫使时任墨西哥总统于 2000 年宣布，不再继续进行圣伊格纳西奥拟议盐场的开发活动。这表明世界遗产委员会与国家的官方沟通产生的公众压力能有效地促使各国确保在其领土内经营的私营公司遵守最低国际环境标准。

（三）作为直接监督的 OECD 指南

虽然 OECD 指南本身是一项自愿性质的倡议，但其实施可基于"建立国家联络点（National Contact Point, NCP）"这一国家正式义务。NCPs 负责在国家层面推广指南，确保它们为国内商界所熟知和理解，收集有关国内经验的信息，并每年向投资委员会（CIME）[②] 报告。

各国政府可以自由决定如何组织其 NCP，但大多数国家都倾向于根据指

[①]　UNESCO, Decision 03EXTCOM III.3（12 July 1999）in "Report of the third extraordinary session of the World Heritage Committee: Paris, 12 July 1999"（19 November 1999）UN Doc WHC-99/CONF.205/5Rev.

[②]　由所有经合组织成员和观察员组成的 CIME，响应来自各国关于准则具体或一般方面的要求，组织就相关事项交换意见，澄清问题（提供有关准则是否以及如何适用于特定业务情况的附加信息，而不评估该企业行为的适当性），审查准则和相关程序决定，以确保其相关性和有效性，向经合组织理事会报告，并最终负责解释准则。

南"实施程序",设立可见、可及、透明和负责任的政府办事处。① 最重要的是,NCP 在国家层面处理任何"利益相关方"提请 NCP 注意公司不遵守指南的具体实例,对该问题进行初步评估,然后作为调解人提供服务。如果冲突未得到解决,可以将其提交给以协商一致方式作出非约束性决策的 CIME。NCP 和 CIME 的共同履行构成了指南的"实施程序"。但在绝大多数情况下,NCPs 承担了解决特定实例并确保指南有效性的责任。② 虽然 NCP 对改善企业环境问责的实际影响仍然未成定论,但其考虑的与环境有关的实例越来越多,因此可以得出一些初步评论。

在 2000 年的 OECD 指南审查中,非政府组织对主要取决于 NCPs 意愿和能力的指南实施机制表示失望,UNCTAD 和联合国人权与工商业问题特别代表等也认为该机制效果不佳。其他观察员进一步指出,实施机制过于依赖私营公司的合作,没有提供有效的补救措施,而且往往没有识别公众所关心的公司。③ 此外,由于以往 NCP 缺乏可预测的时间表,高效、及时地确认收到或回应实例这一事实引起了人们的关切。例如,2002 年提交给英国 NCP 的英美 Anglo-American 矿业活动一案,涉及私有化背景下在赞比亚的矿业公司的放宽环境管制,尽管 NCP 于 2006 年起草了一份声明草案并分发给各缔约方,但随后被撤回。④ 又如,2003 年地球之友将英国石油公司投资的阿塞拜疆输油管道的实例提交给英国 NCP,声称该公司对项目的监管框架产生了不利的影响,寻求或接受了有关环境法的豁免。尽管格鲁吉亚环境部长认为环

---

① OECD, Council Decision of the Council on the OECD Guidelines for Multinational Enterprises(19 July 2000)OECD doc C(2000)96/FINAL, p.4.

② KARL J. *The OECD Guidelines for Multinational Enterprises* [M] //ADDO M K. *Human Rights Standards and the Responsibility of Transnational Corporations*. The Hague: Kluwer Law International, 1999: 89, 92-95.

③ The International Council on Human Rights Policy, p.117.

④ OECD Watch. The Spring 2008 Quarterly Case Update [EB/OL]. (2008-04-01)[2022-06-08]. http://www.oecdwatch.org/docs/OW_Quarterly_Case_Update_Spring_2008.pdf.

境影响评估违反了格鲁吉亚的法律，但地球之友仍向部长施压，要求其批准管道路线的环境影响评估。它还指出，公司通过稳定条款削弱了东道国政府减轻对环境、人类健康和安全的严重威胁的能力。其他投诉问题还包括，英国石油公司未能与受影响社区充分协商，提供及时、可靠和相关的信息。据此，英国 NCP 依据公司的内部报告于 2007 年 8 月在 NCP 网站上发布了一份声明，但之后被删除了。2008 年初，申诉人拒绝了 NCP 重新审查该案件的提议，选择由监督 NCP 工作而设立的指导委员会进行审查。

在 2004 年提交给比利时 NCP 处理的实例得出了结论，并在 2005 年发布的声明中建议，公司应定期提供有关为遵守 OECD 指南的环境标准而采取行动的可靠信息。

对其他案例的简要概述表明，非政府组织增加了对指南实施程序的依赖性，但迄今为止取得的成果参差不齐。例如，2003 年两个瑞典公司（山特维克和阿特拉斯·科普柯）在加纳金矿行业一案中，[①] 两个非政府组织要求瑞典 NCP 根据指南中的人权和环境规定，评估两个瑞典公司在加纳的经营活动。由于非政府组织提交的材料不完整，NCP 从相关公司、瑞典金属工人联盟、瑞典驻尼日利亚大使馆和加纳非政府组织那里收集了信息，举行了若干次会议，分别包括与非政府组织和有关企业，以及与各方举行联合信息会议。NCP 的结论是，尽管在加纳存在与采矿有关的环境和社会问题，但两家公司产生的影响有限，而且它们没有违反指南。同时，NCP 发现，公司的现场人员对指南规定的责任缺乏足够了解，需要鼓励公司加强内部培训。并且考虑到跨国公司影响业务合作伙伴的实际可能性或在东道国的具体情况，NCP 建议根据个案来解释指南第二章第 10 段（"在可行的情况下，鼓励包括供应商

---

① OECD. 2004 Annual Meeting of the National Contact Points［EB/OL］.（2004-06-14）［2022-06-08］. http://www.oecd.org/dataoecd/5/36/33734844.pdf,p.43.

和分包商在内的业务合作伙伴，应用与指南相一致的公司行为原则"）；① 一方面，这一决定确实反映了跨国公司与外国商业伙伴关系的现实和困难；另一方面，当业务合作伙伴违反指南时，对于公司和 NCP 来说，这可能是一个简单的解决办法。

在另一个实例中，NCP 为促进非政府组织与公司之间的对话而提出的保密措施导致了令人不满意的结果。2005 年，申请者对加拿大公司在厄瓜多尔的采矿作业向加拿大 NCP 提出了投诉，指控该公司未能向公众和员工通报环境、健康和安全影响，也未能与社区针对环境、健康和安全政策进行磋商。由于各方在协商会议的既定职权范围，特别是持续保密的必要性上存在分歧，2006 年 1 月初，非政府组织退出了由 NCP 推动的进程。尽管如此，NCP 鼓励公司继续独立地与受其业务影响的社区保持对话。②

此外，尽管指南中提到的基于可持续发展和预防方法的企业问责标准已经被非政府组织援引，但尚未在 NCPs 中实施或由 CIME 澄清。如，在英国石油公司投资的阿塞拜疆一案中，地球之友声称，由于缺乏对管道所有可能替代路线的研究，联合体公司未能真正努力确保环境影响评估符合国际最佳实践，因此未能实现可持续发展的目标。③ 投诉还指出，稳定条款中禁止土耳其和格鲁吉亚政府在没有充分证据证明对环境或人类健康存在严重或长期威胁情况下采取任何行动的这一规定，认为其违反了公司对预防措施的遵守。④而且，考虑到只有公司一方有权终止协议，地球之友认为，一旦该项目开始实施，土耳其和格鲁吉亚政府除非在特殊情况下（为了解决迫在眉睫的重大威胁）否则将无法基于预防方法对管道的运行或施工进行监管或确保实际的

---

① OECD Guidelines, Ch II, para. 10.

② Canadian NCP. Statement Concerning a Scendant Copper Corporation in Ecuador［EB/OL］.（2005–05–06）［2022–06–08］. http://www.ncp–pcn.gc.ca/ncpanual–en.asp.

③ OECD Watch Review, p.6.

④ OECD Watch Review, p.8.

监督。

2004 年向法国 NCP 提交的法国电力公司（EDF）在老挝的大坝项目案，达成了一个令人满意的解决方案。2002 年，由 EDF 作为主要股东的南屯 2 号电力公司（NTPC），与老挝政府签订了一项开发、建设和运营跨流域引水发电项目的特许协议，其中规定将使用湄公河支流南屯河河水。2004 年 11 月，由法国地球之友领导的非政府组织联盟声称，由于缺乏解决项目的环境、健康和社会影响所需的基线数据以及未能在项目开始前预测变化，EDF 未能识别、回应和考虑项目的环境影响。并指出关于该项目对地方和国家濒危物种的影响以及由于在水库周边进行森林砍伐而增加的木材资源压力的不确定性。此外，投诉强调，EDF 仅提供有关该项目及其对社区影响的有限信息，以及未能允许社区成员参与决策过程，违反了指南第五章第 2（a）和（b）条。

根据 NTPC 联合体、世界银行、亚洲开发银行、法国经济部以及法国开发署专家协商所收集的文件，法国 NCP 在 2005 年 4 月发表了一份声明，①认为不可将违反指南的行为归因于 EDF。在得出此结论时，NCP 考虑到 EDF 在 2005 年签署了一项承诺公司超越指南要求的社会责任协议。尽管如此，NCP 还是建议 EDF 继续参与对受影响社区实施补偿措施，确保与老挝国家当局公平分担责任。NCP 鼓励 NTPC 继续进行环境影响评估，积极参与适当的保护措施，定期（至少每年一次）与 NCP 磋商，以跟进项目的发展及其影响，并针对补救措施进行建设性交流。该声明还建议在不完备的法律和监管体系中，跨国公司应尽最大努力实施国际公认的最佳实践。

以下两个例子将支持 OECD 指南实施程序对企业行为可能产生的积极影响。以荷兰公司泰高集团（Nutreco）及其在智利的业务为例，2002 年 8 月，

---

① French NCP. Recommendations Intended for EDF and its Partners with Regard to the Implementation of the "Nam Theun 2" Project in Laos［EB/OL］.（2005-04-01）［2022-06-08］. http://www.reports-andmaterials.org/French-NCP-Nam-Theun-2-recommendations-1-April-2005.doc.

一份指控违反指南的环境和社会行为的投诉最初提交给了荷兰NCP，随后又提交到智利NCP。① 后者在 2003 年 10 月发布了一份报告，建议在智利的 Nutreco 环境标准应逐步与荷兰的标准相一致，即主张将公司母国的法律标准适用于其海外活动。

又如，在赞比亚的加拿大和瑞士采矿案中，加拿大乐施会于 2001 年 7 月将公司在赞比亚的铜矿开采业务提交给加拿大NCP。② 它指出，它们违反了指南中有关与社区针对环境、健康和安全政策进行沟通和磋商的规定，还将贫困的当地农民从公司拥有的土地上除名。③ 加拿大 NCP 促进了在加拿大的公司总部、乐施会加拿大办事处和在赞比亚从事业务的公司之间的沟通。在此基础上，双方达成了一项"让农民至少在短期内继续使用土地"的决议。④ 加拿大 NCP 发表声明，鼓励该公司与乐施会和其他关注民众福利的团体保持沟通。这促使公司、地方政府和地方非政府组织成立了一个土地专题小组委员会，其任务是除保护环境外，向公众提供有关土地和环境问题的信息，并在地方层面解决任何土地纠纷。

综上所述，通过对具体实例的概述，我们可以得出以下初步结论。首先，不同 NCPs 的程序、时间表和最终结果方面存在显著差异。一些投诉如赞比亚的加拿大—瑞士矿业案得到了 NCP 的迅速回应，而像英国石油公司投资的阿塞拜疆输油管道案等其他投诉却搁置多年。又如，加拿大和荷兰的 NCPs，

---

① OECD Watch Review, pp.5-6.

② SMITH J. Public Summary of the Report of an International NGO Training and Strategy Seminar on the OECD Guidelines for Multinationals: A Tool to Combat Violations of Environmental and Workers' Rights［EB/OL］.（2000-11-22）［2022-06-08］. http://www.milieudefensie.nl/foenl/ publications/ oesdtraining_eng.pdf.

③ OECD Watch Review, p.12.

④ Government of Canada. Annual Report 2002: Canada's National Contact Point for the OECD Guidelines for Multinational Enterprises［EB/OL］.（2002-06-18）［2022-06-08］. http://www.ncp-pcn.gc.ca/ annual_2002-en.asp#implementation.

在收集更多信息、促进公司和非政府组织之间的建设性对话、确保准则对实地产生影响等方面都非常积极主动，而另一些 NCPs 则利用"投资关系"的缺乏作为对某些事件不展开调查的借口。虽然 2011 年版的指南明确设立了指示性时间表，确保充足可用的人力及资金资源等相关措施能够避免不必要的索赔主张与无意义的抗辩行动，但在实际落实的过程中仍出现诸多问题，如申诉方承担更多的举证责任，设在经济部门的联络点不愿意或不能够调查和搜寻事实。其次，迄今为止涉及指南环境建议的实例，通常侧重于对发展中国家受项目环境影响（并可能经常与人权侵犯交织在一起）的社区进行评估和沟通的建议。而基于一般环境原则，如预防和可持续发展的标准直接应用于跨国公司的许多问题仍未得到解答。再次，NCPs 的声明可能成为有关可接受商业行为的有用先例的来源。最后，非政府组织向 NCP 的投诉给跨国公司施加了压力，对其遵守指南起到了激励作用。

虽然根据以往的实践，提交给 NCP 的关于环境问题的投诉存在不同结果，OECD 指南实施程序未能对企业环境问责国际标准的遵守产生全面系统的、部分重大的影响，但鉴于大多数 OECD 国家为《奥尔胡斯公约》缔约国或签署国这一事实，以及根据该公约第 3.7 条"缔约方有义务在国际环境决策过程中以及在国际组织的框架内，促进奥尔胡斯公约原则应用于与环境有关的事项"的规定，指南可通过向非政府组织和其他有关公众提供一致、透明、及时和可获取的环境实例信息，改进信息获取和公众参与"指南"的审查和实施的能力。

（四）作为直接监督的联合国全球契约

2005 年 8 月，联合国前秘书长科菲·安南通过了一项具有深远意义的旨在改进全球契约原则实施情况的新治理结构，以"提高其透明度和持续影响"。① 除了保护全球契约名称及其标识使用的新政策外，最显著的特点是可以向全球契约办公室提交关于违反全球契约目标和原则的"系统或严重滥用"的投诉。该程序旨在帮助参与者做出与其承诺一致的行动。

如果没有发现表面上虚假的投诉，那么办公室会将其转交给相关公司，要求向投诉人提出书面意见。此外，公司应将采取任何补救措施的行动随时通知办公室。办公室也可提供指导和协助解决。在各种选择方案中，办公室还可决定将投诉提交由工商业、民间社会、劳工和联合国代表组成的理事会，或将此事项提交给作为全球契约维护者的某一联合国机构征求意见（如联合国环境规划署）。如果一家公司拒绝针对投诉进行对话，那么办公室可以决定在全球契约网站上将公司标记为"不沟通"（正如未向全球契约报告的规定）。当公司被认为有损全球契约的声誉和廉正时，可进一步将公司从参与者名单中删除，并在网站上注明。尽管全球契约已对未能遵守报告最低要求的几家公司列明为非活跃公司，但截至目前，网站上没有关于系统性或严重侵权指控的投诉信息。

然而，投诉文件的公开可能会提高对全球契约的执行力，公众舆论压力会促使私营公司采取更环保的行为。此外，参照其他机构如 CBD 制定的更具体的标准，以及与相关秘书处的合作，可以避免在适用于笼统的全球契约原则时遇到的困难。最后，联合国专门机构和组织对严重滥用行为的公司的经营场所进行实地考察，帮助建立一个国际事实调查体系，记录私营公司对企业环境问责国际标准的实际尊重。

无论如何，考虑到不同国际机构程序的多样性以及这些程序对公司行为的不同影响，似乎有必要通过信息交流、联合调查和后续行动来优化目前碎片化的工作，以确保不同国际机构之间的更清晰的关系和更密切的合作。

---

① UN Global Compact Office. The Global Compact New Phase[EB/OL].（2005–09–06）[2022–06–08]. http://www.unglobalcompact.org/AboutTheGC/stages_of_development.html.

本章小结

当国际社会认识到诸如母国和东道国控制、国际法上的国家责任和国际环境损害民事责任等传统方案，无法有效解决跨国公司和其他商业实体带来的负面环境影响，和各国无法克服在设计其他方法存在的政治对立时，企业环境问责作为一种工具，努力在跨国投资保护与可接受环境行为之间实现平衡。它意味着公众希望企业基于合理的手段，进行尽职调查，确保经营和决策对所有利益相关者公开透明，以及鼓励预防环境损害，甚至对实现可持续发展作出积极贡献。

自此出发，需要考虑的是企业环境问责的主要规则是否产生于国际实践中。作为国际规则和目标的基准，根据国际社会不同机构的共识和期望，灵活表述的环境标准为在国际层面分析企业环境问责提供了合适的框架，国际社会和其他行动者可以据此通过个案对公司行为的合法性和适当性进行批判性评估。

首次尝试制定一套企业问责国际标准，始于 20 世纪 70 年代政府层面的联合国行动守则草案和 OECD 跨国公司指南。在前者以失败而告终后，20 世纪 90 年代末，联合国内部又出现了更多的自主倡议：在联合国前秘书长安南倡议下发起的并获得很多公司支持的联合国全球契约，获得联合国人权小组委员会专家通过，但被人权委员会成员国拒绝的联合国跨国公司责任准则草案。尽管这些倡议的国际接受程度不同、采用的方法也不同，但在确定国际环境标准方面趋同，都强调基于危害防止、环境信息披露和对可持续发展作出贡献的企业行为预期。最近的举措还提到了风险预防措施的标准，以及通过影响评估和环境管理系统进行的环境一体化。虽然联合国人权和跨国公司特别代表的报告更加谨慎，但也强调了私营公司如何根据影响评估、透明度、预防（"无害"）以及对受害者救济等进行自我管理。

通过对过去和最近的国内和国际层面判例法的分析显示，越来越多的投诉涉及企业行为违反标准造成的环境损害。无论是面向国内法院还是国际人权监督机构，受害者和非政府组织都一贯主张适用建立在国际环境习惯法和原则基础上的国际标准，如禁止跨界环境损害、预防、信息披露、公众参与、自然资源可持续利用和通过影响评估实现环境纳入。此外，在美国法院审理的一系列案件中，国际非政府组织和著名学者还阐述了"域内污染"的概念，以提请注意在一国范围内发生的，但因严重影响当地社区人权而具有全球相关性的极端环境退化案件。国内法院对这些主张的审议迄今尚未取得重大成果。国内法官，特别是美国法官，似乎不愿意讨论国际标准对私营公司的潜在适用性，往往以管辖权为由做出裁定，不涉及索赔的实体方面。鉴于无法在国内法院获得赔偿，国际人权监督机构处理越来越多地有关企业环境损害及其对当地社区人权侵害的案件。尽管它们在侵犯人权的案件中没有为企业环境问责国际标准的确定作出实质性贡献，但在一些特殊而重要的案件中，强调了除国家外的私营公司的事实责任。

IFC 根据具体的国际环境条约和倡议，明确规定了获得融资的私营企业在环境方面承担可接受的绩效标准。它们大多反映了联合国和 OECD 内其他国际倡议的既定标准，如危害防止、通过环境影响评估和环境管理系统进行环境一体化、自然资源可持续利用、公众磋商和环境信息披露。在许多方面，IFC 绩效标准对环境保护领域的这些标准进行了相当详细地阐述，并明确提及了关于生物多样性、化学品、空气污染、渔业和林业、气候变化和文化遗产等多边环境协定的目标和原则。

综上所述，往往在没有国家参与的情况下，基于多方利益相关者协商采取的各种倡议中，不同国际机构出现了一体化、危害防止、风险预防、环境信息披露、公众磋商和自然资源可持续利用等相同的企业环境问责国际标准，有效地将国家间义务和国际环境原则转化为直接适用于私营公司的规范性基准。即使没有或存在无效果的国内法，也可以对公司行为进行批判性评估。

供国际机构使用以确保私营公司在实际行为中遵守标准的合规工具可证明国际标准的实际影响和国际机构在企业环境问责方面的工作的持续相关性。如 IFC 可通过将绩效标准作为条件纳入贷款协议，以及在监督阶段根据更具体和有时限的行动计划要求取得可衡量的进展来确保标准的遵守，并在未遵守时，给予暂停融资或公开披露公司不良环境绩效信息。此外，IFC 的监督活动包括实地考察和与所有相关方进行面谈，以及建立有效的独立投诉机制。但据此给出的建议对有关私营公司的影响仍然有待考量，IFC 是否重视其投诉机制的调查结果和建议的问题也是如此。

人权监督机构通过审议有关导致侵犯人权的有害环境企业行为的投诉，进行间接监督。UNESCO 世界遗产委员会也间接监督私营公司计划或正在进行的可能或确实影响国际重要场地的开发。在直接监督方面，OECD 指南实施程序要求 NCPs 处理投诉，联合国全球契约在其框架内对投诉进行审议。通过分析各机构事例，笔者认为，这一庞大的监督活动的影响仍然有限。部分原因在于缺乏对公司有害行为的系统记录，以及母国和东道国在控制、预防或应对这些行为方面的实际限制。而且，不同国际机构之间在交换信息、联合调查和监测私营公司环境行为的后续行动方面还需加强合作。

国际组织在与非政府组织的特殊关系和与私营部门的日益互动中的贡献，在一定程度上可以成为企业环境问责议程背后的主要推动因素之一。然而，不可忽视的是，许多其他行为体也可以设计不同的（也许更有效的）合规工具，为国际层面的企业环境问责辩论和标准的制定作出贡献。例如，为了平衡私权保护和公权规制，各国可以将企业环境问责国际标准转化为国际投资协定的具体条款，投资者在与东道国或其实体订立的国际投资合同中也可通过自我规制，约定某些国际环境标准。此外，国际投资争端解决机制在裁定案件时可通过明示的环境条款或可适用的文本解释来考虑这些国际标准。基于此，以下两章将分别从国际投资协定和国际投资合同这两类工具出发，详细探究企业环境问责国际标准在国际投资法领域的具体开展。

第四章 环境风险的东道国行政规制：对国际投资仲裁庭解释的分析 [1]

　　近年来，投资者与国家之间的投资争端经常发生在供水、石油和天然气、运输、废物处理和通信等公共服务领域，涉及旨在保护公共福利（人权、健康和安全、劳工、环境保护）的政府监管，投资者向国际仲裁机构提交争端有可能仅是作为威胁东道国的手段之一，借以干涉东道国政策的执行与司法程序的进行。如此一来，东道国在执行本国的环境保护措施时，便陷入了"左右为难"的困境：对外国投资者支付巨额赔偿以满足国际社会对环境保护所要求的标准；抑或避免赔偿，与外国投资者妥协而受到国内与国际社会舆论的抨击，甚至抵制。而从仲裁判断的结果而言，其对于将来有关外资保护与环境维护的争议，有可能产生影响。与此同时，因仲裁庭为临时组成，且各仲裁庭所做出的仲裁裁决并无先例约束力，当各仲裁庭无法统一各类争议所涉及的判断标准时，是否影响投资者与东道国进行仲裁程序的意愿，而转至以不透明的方式处理双方的争议，如是，将有可能阻碍经济与环境的双向发展。因此，本章主要对国际投资仲裁庭针对涉环境要素的国际投资争议的解释做出分类考察，并归纳出投资者利益与环境利益协调的主要实践。

---

① 本书考察的涉环境要素的国际投资仲裁包含以下类型：a.投资者在环境产业中的运营引起的争议（例如，土地填埋、废物处理、垃圾收集、农药/化学品、能源效率、减排、生物多样性补偿）；b.其他投资活动对环境或某些少数群体造成的影响（例如，旅游业、采掘业、农药/化学品、水资源开采或分配）；c.涉及国内或国际环境法的适用争议。详见附录一。

第一节 文义解释[①]

一、非歧视待遇与涉环境要素的国际投资仲裁

（一）非歧视、外国投资与环境

在 BITs 和自由贸易协定（Free Trade Agreements, FTAs）投资章节中的非歧视待遇原则（包括国民待遇和最惠国待遇），是国际投资法中的基本原则之一，其要求在相似情形下对于外国投资或外国投资者的待遇不低于本国或其他国家的投资或投资者。如 NAFTA 第 1102 条规定："任一成员国在投资设立、收购、扩建、经营、管理以及销售或者对投资的其他处置方面为另一成员国的投资者和投资提供的待遇，不得低于其在相似情形下给予其本国投资者和投资的待遇。"[②] 第 1103 条规定："任一成员国在投资设立、收购、扩建、经营、管理以及销售或者对投资的其他处置方面为另一成员国的投资者和投资提供的待遇，不得低于其在相似情形下给予其他成员国投资者和投资的待遇。"[③] 这些规定实际上是照搬了美式 BIT 中的相关内容，并且与美国签署的 FTA 中的规定也基本相同。但除此之外的大多数 IIAs（如 ECT 和欧式 BIT）并没有将国民待遇和最惠国待遇延伸到投资准入与设立阶段。

该原则意味着可能会挫伤一国为保护环境和公众健康而采取的措施和行

[①] 又称内部解释，是指国际投资仲裁庭的解释来源于或类似于《维也纳条约法公约》第 31.1 条的规定。

[②] Article 1102 of NAFTA.

[③] Article 1103 of NAFTA.

动的积极性。例如，若先前已给予处于同一经济部门的其他投资者类似的授权，那么东道国出于环境原因拒绝向外国投资者授权许可的行为可能被认为违反了非歧视待遇原则。实践中，国际投资仲裁庭对是否违法非歧视待遇条款的判断遵循了"两步走"或"三步走"的程序。但不论是哪种程序，都包含有"相似情形"和"不低于待遇"这两个要件，只不过"两步走"在进行第一步"相似情形"的判断时，已将例外情况，如环境保护考虑在内，而"三步走"是在第三步才判断是否存在例外情形。综上，仲裁庭对非歧视待遇中"相似情形"的认定，直接影响着东道国环境规制措施的正当性。

（二）"相似情形"的认定

1. S.D. Myers 案

迈尔斯公司（S.D. Myers）为一家主要处理多氯联苯（polychlorinated biphenyls，以下简称 PCBs）的美国公司，于 1993 年在加拿大成立 Myers Canada 分公司。同年向美国与加拿大的环境主管机关申请，希望能获得两国的允许，从事与 PCBs 有关的业务，即从加拿大出口 PCBs 以及具有 PCBs 物质的废弃物至美国。在历经多次失败后，美国环境保护机构准许 S.D. Myers 在 1995 年 11 月 15 日至 1997 年 12 月 31 日期间，不受美国对 PCBs 规范的限制，可以进口 PCBs 及与具有 PCBs 的废弃物。[①] 对于上述美国环境保护机构的举动，加拿大政府表示，美国的行为将使得 PCBs 的议题更加棘手。例如，将 PCBs 出口至尚未批准《巴塞尔公约》的美国，是否符合加拿大已经做出的国际承诺、是否能完善处理出口至美国的 PCBs、是否会影响加拿大境内处

---

① NAFTA. S.D. Myers v. Government of Canada（UNCITRAL），Partial Award［EB/OL］.（2000–11–13）［2022–07–16］. https://www.italaw.com/sites/default/files/case-documents/ita0747.pdf,paras.113–114.

理 PCBs 的能力等。①

加拿大政府基于以上考虑，在 1995 年 11 月，签订一份临时命令，暂时禁止 PCBs 或具有 PCBs 物质的废弃物从加拿大出口。而此临时命令的目的是确保加拿大境内具有 PCBs 物质的废弃物，能够依照加拿大的法令进行管控，同时避免对人类健康或环境可能造成的重大危害。最后此份临时命令在 1996 年 2 月 26 日变更为最终命令。②1996 年 3 月，美国颁布废弃物进口处理规范（Import for Disposal Regulation），允许在环境保护机构认可的场地内处理进口的具有 PCBs 物质的废弃物。而加拿大的最终命令在 1997 年 2 月 4 日修订成 PCB 废弃物出口规范（PCB Waste Export Regulation），但加拿大在对相关争议进行研究，认为出口 PCBs 的行为符合《巴塞尔公约》要求后，便在该规范中同意将 PCBs 及含有 PCBs 物质的废弃物，出口至美国环境保护机构认可的地点。后来因为美国第九巡回上诉法院认为，美国环境保护机构允许 S.D. Myers 于特定期间内可以进口 PCBs 的命令，违反立法程序与有毒物质监控法案（Toxic Substance Control Act），将该命令予以推翻。③

S.D. Myers 声称，加拿大政府虽然在 1997 年 2—7 月废除禁止 PCBs 进出口的规定，但在 1995 年 11 月—1997 年 2 月发布的禁止命令，仍使其经营遭受相当严重的损害，据此主张加拿大政府的行为违反了 NAFTA 第 1102 条国民待遇、第 1105 条最低标准待遇、第 1106 条履行限制及第 1110 条有关征

---

① NAFTA. S.D. Myers v. Government of Canada（UNCITRAL），Statement of Defence［EB/OL］.（1999-06-18）［2022-07-16］. https://www.italaw.com/sites/default/files/case-documents/italaw8492. pdf,para.20.

② Canada Justice Laws Website. PCB Waste Export Regulations, 1996, S.O.R./97-108［EB/OL］.（1997-02-04）［2022-07-16］. http://laws.justice.gc.ca/en/C-15.31/SOR-97-109/68351.html.

③ The US Court of Appeals for the Ninth Circuit. Sierra Club v. United States Environmental Protection Agency, 118 F.3d 1324（9th Cir. 1997）［EB/OL］.（1997-07-07）［2022-07-16］. https://elawreview.org/case-summaries/sierra-club-v-united-states-epa/.

收的规定。

有关国民待遇的争议，S.D. Myers 认为加拿大所颁布的禁令已经对美国的废弃物经营者产生了歧视而有利于加国境内的废弃物处理者，[①] 旨在保护加国境内同 S.D. Myers 处于竞争地位的 Chem-Security 公司，违反了国民待遇原则。而加拿大政府表示颁布该临时命令是为了避免环境与人类身体健康受到 S.D. Myers 所带来的挑战。S.D. Myers 认为加国境内的含有 PCBs 的废弃物多是位于安大略及魁北克省，若双方具有同等处理含有 PCBs 物质废弃物的能力，那么从运输成本方面考虑，交由 S.D. Myers 位于美国俄亥俄州的处理中心处理，较加国竞争对手 Chem-Security 所处的艾伯特省，是保护环境较为健全的方式。[②] 对此，加拿大政府认为，管制措施是履行环境保护协定的需要，即确保 PCBs 在内的危险废物不以出口的方式危害环境，这项义务相对于 NAFTA 下投资保护义务具有优先性。而且禁止出口的命令仅是建立一套法律机制，对所有公司均有适用性，并未允许其他的外国投资者或是本国的投资者将 PCBs 运送至其他国家。[③]

仲裁庭表示，依照 NAFTA 第 1102 条，以及《北美环境合作协定》所建构的原则分析，仲裁庭在本案中应该要考虑：①国家是否有权利建立起高标准的环境保护规范，有没有义务为了满足他国经济与政治上的利益而放弃制订高标准的环境保护规范；②国家应该要避免扭曲贸易；③环境保护与经济

①　NAFTA. S.D. Myers v. Government of Canada（UNCITRAL），Statement of Claim［EB/OL］.（1998-10-30）［2022-07-16］. https://www.italaw.com/sites/default/files/case-documents/italaw8491.pdf,p.4.

②　NAFTA. S.D. Myers v. Government of Canada（UNCITRAL），Memorial［EB/OL］.（1999-07-20）［2022-07-16］. https://www.italaw.com/sites/default/files/case-documents/italaw8494.pdf,p.6.

③　NAFTA. S.D. Myers v. Government of Canada（UNCITRAL），Counter-Memorial［EB/OL］.（1999-10-05）［2022-07-16］. https://www.italaw.com/sites/default/files/case-documents/italaw8495.pdf,p.81.

发展彼此间应该相互支持。[①]

关于国民待遇的争议，仲裁庭着重判断在类似情形及是否给予外国投资者不低于任何本国投资人从事投资所享有的待遇。仲裁庭认为，在涉及环境保护或以环境保护为由，而造成发生贸易扭曲情形的情况下，要对相似情形做出广义的解释，将评判的重点放在系争措施所产生的部分效果是否会产生歧视从而对国内的投资者有利，以及相关的条约是否在上述的情形发生时提供了应赋予的保护以及东道国给予外国投资者的待遇。仲裁庭认为，加拿大的投资者与 S.D. Myers 处于竞争的地位，都希望与持 PCBs 废弃物的从业者保持商业往来，确实属于 NAFTA 第 1102 条的类似情形；[②] 禁止将 PCBs 出口至美国的措施，也确实产生了歧视而有利于国内其他投资者的情况，[③] 同时此种歧视的情况受到 NAFTA 第 1102 条的保障，因此加拿大违反了 NAFTA 第 1102 条有关国民待遇的规定。针对第三步是否存在环境例外，仲裁庭指出，该管制措施的环境理由并不成立，并没有科学证据证明出口运输会造成重大风险，其目的是保证 PCBs 在本国境内加工，以促进国内产业发展。加拿大完全能以不违反 NAFTA 义务的方式实现这些目的。仲裁庭承认在 NAFTA 背景下，一国有权建立高水平的环境保护规范，但这并不能削减对"类似情形"判断的重要性。

2. Methanex 案

梅赛尼斯公司（Methanex）是一个加拿大投资者，也是世界上最大的甲醇（甲醇用来生产甲基叔丁基醚，以下简称 MTBE）的原料生产商，其在美

---

① NAFTA. S.D. Myers v. Government of Canada（UNCITRAL），Partial Award［EB/OL］.（2000-11-13）［2022-07-16］. https://www.italaw.com/sites/default/files/case-documents/ita0747.pdf,para.220.

② HODGES B T. Where the Grass Is Always Greener: Foreign Investor Actions against Environmental Regulations under NAFTA's Chapter 11, S.D. Myers, Inc. v. Canada［J］. *Georgetown International Environmental Law Review*, 2001（14）: 180.

③ NAFTA. S.D. Myers v. Government of Canada（UNCITRAL），Partial Award［EB/OL］.（2000-11-13）［2022-07-16］. https://www.italaw.com/sites/default/files/case-documents/ita0747.pdf,pars.252.

国设有两家子公司。1997 年 10 月，加州议会委托加州大学研究使用 MTBE 可能对人类健康造成的影响，以及可能引发的环境风险。1998 年，加州大学关于 MTBE 对健康与环境评估报告载明，加州的水资源会因为使用 MTBE 而产生被污染的风险，但报告同时注明因为科学上的因素，无法准确了解 MTBE 毒性的强度以及长期暴露在 MTBE 下的风险。报告认为若要改善现今已受 MTBE 污染的水质，需要花费大量的成本，建议加州政府应逐步淘汰将汽油与氧化合的过程，但这会导致加州政府背离美国政府要求燃料应该经过用氧处理的要求；次要选择则是利用乙醇作为 MTBE 的替代物质。1999 年 3 月美国加州政府颁布了一项行政命令，内容包括：2002 年前取消 MTBE 作为汽油添加剂，以及要求美国环境保护机构废弃燃料应该经过氧处理的规定，并且研究以乙醇作为 MTBE 的替代物质使用后可能对人类健康或环境造成的冲击。申请人于 1999 年 12 月向 ICSID 提起国际投资仲裁，指控加州政府基于环境关切而采取的禁止使用 MTBE 的行政措施违反了国民待遇及公平公正待遇，并构成了"与征收类似的措施"。

关于国民待遇的认定方法，Methanex 认为 NAFTA 第 1102 条要求一种"三步比较法"。第一步，仲裁庭必须确定美国乙醇产业与 Methanex 及其投资处于"相似情形"；第二步，二者如果处于相似情形，仲裁庭必须确定 Methanex 及其投资是否受到与国内乙醇产业中的某一部分相同的待遇；第三步，如果仲裁庭认定受到的待遇不是最好的，那么证明这种差别待遇正当性的责任转移到美国，它需要证明有效的环境目标允许实施这些措施。关于"相似情形"的比较，Methanex 提出可以使用 WTO 关于"相似产品"的规定和争端解决裁决中的有关意见，作为决定是否属于第 1102 条中的相似性范围。Methanex 认为，最为精确和受到广泛认可的关于"相似情形"的比较标准就是"竞争"标准。它主张，如果投资者间竞争同一业务，它们处于第 1102 条规定的相似情形中。其主张的核心是用"相似产品"的比较标准作为判断第 1102 条"相似情形"的标准。Methanex 据此认为甲醇和乙醇都是用来生产新配方汽油中所用的氧化剂，属于"相互竞争"的产品。[①]

美国政府抗辩称两种产品不属于"相似情形"。美国加州本土也有很多甲醇生产企业，它们同样受到政府行政禁令的影响，不存在歧视外国投资者的情况。仲裁庭在根据 NAFTA 第 1102 条对具体案件中的"相似情形"进行审查时，除了所有者国籍外，应当将外国投资者或外国所有的投资同各方面都与其相似的国内投资者或国内所有的投资相比较。不能将与外国投资者有着类似业务的竞争对手作为比较对象，当加州境内存在生产甲醇的本国企业时，无需同乙醇生产企业相比较。[②]

仲裁庭不同意 Methanex 主张借用 WTO 中"相似产品"认定规则的观点，其依据是 VCLT 关于条约用语的解释首先应当符合其字面意思的规定。NAFTA 第 11 章并没有使用任何国际贸易法的专门术语，更没有任何有关"相似产品"的规定，但 NAFTA 关于贸易规则的条款出现了许多"相似产品"（第 712 条第 4 款）、"任何相同的、直接竞争的或者可替代性的产品"（第 301 条第 2 款）等不同的用语。这说明 NAFTA 的起草者对"相似产品"是熟知的，但他们偏偏没有在投资章节中使用任何此类术语，说明了起草者的目的是要区分"相似产品"与"相似情形"，并且要在贸易体制和投资体制之间进行区分。最后，仲裁庭认为加州的这项措施对于国内外相同产品的生产商施加了相同的影响，不存在歧视待遇。

---

① NAFTA. Methanex v. United States of America（UNCITRAL）, Final Award［EB/OL］.（2005–08–03）［2022–07–16］. https://www.italaw.com/sites/default/files/case–documents/ita0529.pdf,Part IV Chapter B,para.5.

② NAFTA. Methanex v. United States of America（UNCITRAL）, Final Award［EB/OL］.（2005–08–03）［2022–07–16］. https://www.italaw.com/sites/default/files/case–documents/ita0529.pdf,Part IV Chapter B,para.22.

3. 对"相似情形"认定的评析

在相似情形的认定中，S.D. Myers 案和 Methanex 案表明仲裁庭目前主要采取两种分析方法，即产品"可替代性／竞争性"分析与综合考量。在 S.D. Myers 一案中，仲裁庭认为外国投资者和东道国本国投资者都是处理多氯联苯服务的提供商，二者存在竞争关系，因此明显处于"相似情形"。① 在 Methanex 案中，针对加拿大甲醇制造商和美国国内乙醇制造商是否处于"相似情形"，仲裁庭认为不应当适用国际贸易法中的"可替代性／竞争性"规则，而应对 NAFTA 第 1102 条进行独立解释。② 在关税系统中，甲醇和乙醇被划分在不同的产品类别里，且两者在化学构造、现实用处上都存在很大差别。因此，从物理特征、市场最终用途、消费者偏好与关税税目等任何角度分析，甲醇与乙醇均非相似产品。此外，甲醇具有环境危害性但乙醇没有，根据 WTO 上诉机构在"欧盟石棉案"中的观点，产品风险也应作为判断"相似情形"的因素之一。③ 因此，甲醇和乙醇是不同产品，二者的制造商也不属于具有竞争关系的产品制造商。④

----

① NAFTA. S.D. Myers v. Government of Canada（UNCITRAL），Partial Award［EB/OL］.（2000–11–13）［2022–07–16］. https://www.italaw.com/sites/default/files/case–documents/ita0747.pdf,para.251.

② NAFTA. Methanex v. United States of America（UNCITRAL），Final Award［EB/OL］.（2005–08–03）［2022–07–16］. https://www.italaw.com/sites/default/files/case–documents/ita0529.pdf,Part IV Chapter B,para.5.

③ 在 WTO 石棉案中，加拿大援引 GATT1994 有关国民待遇的规定，声称本国的石棉生产商受到歧视，因为法国存在生产纤维素和草纤维等类似产品的生产商，但却未被执行禁令。专家组认为法国违反了国民待遇条款，但可根据 GATT 第 20 条（一般例外）(b) 款"保护人类健康所必需的"之规定，证明这一措施的正当性。但之后的上诉机构报告不限于审查 GATT 第 20 条的适用，而是首先审查了专家组做出的关于"法国违反国民待遇条款的调查结果，并推翻了该决定。"其认为，石棉纤维的毒性使得它们不同于其他安全纤维，两者不属于相似产品，所以，法国并未违反 GATT1994 下的国民待遇规定。

④ NAFTA. Methanex v. United States of America（UNCITRAL），Final Award［EB/OL］.（2005–08–03）［2022–07–16］. https://www.italaw.com/sites/default/files/case–documents/ita0529.pdf,Part IV Chapter B,para.25.

由上推知，依据 NAFTA，仲裁庭在个案中对"相似情形"的解释和认定并不一致，在 S.D. Myers 案中，仲裁庭通过判断本国和外国投资者间是否存在直接竞争关系来认定"相似情形"，采取的是宽口径解读方式。而 Methanex 案中的仲裁庭采用了"两步走"分析方法，将国家实施规制措施的目的作为分析"相似情形"的要素之一。这种分析方法也出现在其他案件中，如美国联合包裹运送服务公司（United Parcel Service of America Inc，以下简称 UPS 公司）诉加拿大案。本案中外国投资者为 UPS 公司，该公司认为加拿大政府给予本司的待遇不如给予加拿大邮政的待遇，限制和阻碍了它在加拿大市场进行公平竞争，遂以 NAFTA 为依据提出仲裁申请，要求仲裁庭确认加拿大政府的行为违反了 NAFTA 第 1105 条的国民待遇义务。在判断这两家公司是否处于"相似情形"时，仲裁庭认为，处于同一经济部门或存在相互竞争关系的两个投资者或企业，可能存在极为重要的特征差异；当两个投资者或企业间的差异与东道国实施的差别待遇相关时，需要审视差别待遇中东道国目的的正当性。① 本案而言，加拿大政府对 UPS 公司和加拿大邮政施行差别待遇的目的是推广本国邮政事业的"公共辅助项目"，加拿大政府的公益性目的具有正当性，因此将差别待遇的目的纳入考量范围后，可以认定 UPS 公司和加拿大邮政并不处于"相似情形"。②

笔者以为，在 S.D. Myers 案后，仲裁庭基本不再采纳国际贸易法通过产品的"可替代性/竞争性"认定"同类产品"及"相似情形"的路径。一方面原因是，"产品"和"情形"等概念本身含义具有差异和不确定性。

---

① NAFTA. United Parcel Service of America v. Government of Canada（UNCITRAL），Award on the Merits［EB/OL］.（2007–05–24）［2022–07–16］. https://www.italaw.com/sites/default/files/case-documents/ita0885.pdf,para.175.

② NAFTA. United Parcel Service of America v. Government of Canada（UNCITRAL），Award on the Merits［EB/OL］.（2007–05–24）［2022–07–16］. https://www.italaw.com/sites/default/files/case-documents/ita0885.pdf,para.175.

"product"旨在客观反映物品本身的属性，而"circumstance"意味着需要对所有相关的情形和条件加以关照。[1]由此，在甄别外国投资者的产品和本国投资者的产品时，应采用客观标准认定是否属于"同类产品"；而判断"相似情形"时，则需全盘考量东道国规制行为的目的等各种主客观因素。另一方面的原因是，国际贸易法中的"相似产品"与国际投资法中的"相似情形"反映了不同的价值取向，前者侧重于对公平竞争秩序和经济效率的维护，后者提倡在保护投资者时兼顾利益平衡。因此，WTO专家组和上诉机构在相同性或相似性的判断中强调竞争性，以维护外国投资者和本国投资者间的竞争关系。而国际投资法需要维持东道国主权利益和私人投资者利益之间的平衡。对此，国际投资仲裁庭应考量东道国的行为目的和动机，如环境保护，以识别行为背后的真实利益诉求。[2]

二、公平公正待遇与涉环境要素的国际投资仲裁

（一）公平公正待遇的构造

第二次世界大战结束后，公平公正待遇的概念在国际协定中开始出现。1948年拟建立国际贸易组织的"哈瓦那宪章"（Havana Chapter）第11条第2款首次提出公平公正待遇标准。[3]此后，1967年OECD"外国人财产保护公约草案"第1条第a款规定公平公正待遇。

1985年"多边投资担保机构（Multilateral Investment Guarantee Agency, MIGA）公约"第12条第e款（ⅳ），1987年"东南亚国家联盟（Association

---

[1]　BLACK's LAW DICTIONARY（STANDARD EDITION），Thomson Reuters, 2019.

[2]　仲裁庭也许还考虑到，大多数国际投资协定都缺乏像GATT第20条"一般例外"这样的规定，所以在认定"相似情形"时，将东道国的公共目的考虑在内。

[3]　虽然哈瓦那宪章使用"Just and Equitable"一词，而非目前国际投资协定中的"Fair and Equitable"，但待遇所追求的最终目的相同，所以前者被认定为后者的先例。

of Southeast Asian Nations, ASEAN）促进和保护投资公约"第 4 条第 2 款，1994 年 NAFTA 第 11 章 第 1105 条 第 1 款 和 1994 年 ECT 第 10 条 第 1 款，跨太平洋伙伴全面进步协定（Comprehensive and Progressive Agreement for Trans-Pacific Partnership, CPTPP）第 9 章第 6 条第 2 款均规定了公平公正待遇。

另外，一些发达国家和发展中国家的 BIT 范本均明确规定了公平公正待遇。例如，2004 年加拿大 BIT 范本第 5 条第 1—2 款、2006 年法国 BIT 范本第 3 条、2008 年德国 BIT 范本第 2 条第 2 款、2012 年美国 BIT 范本第 5 条、2006 年哥伦比亚 BIT 范本第 3 条第 3 款等。事实上，当前已生效的大多数 BITs 都涉及公平公正待遇内容。根据 UNCTAD 统计，在全球 3 000 项左右的 BITs 中，大部分都包括了"公平公正待遇"条款，尽管措辞和用语并不完全一致。

通过对双边、区域、多边条约中的公平公正待遇条款的考察，我们可以发现，该条款的表述主要表现为两类，即不附加任何条件的公平公正待遇和通过其他方式进行限制的公平公正待遇。为了克服徐崇利教授指出的"公平公正待遇将脱离国际法的约束在国际投资法律实践中的'裸奔'，防止其成为超级'帝王条款'"[1]，国际社会中大部分国家通过不同方式，在不同程度上对该条款进行必要的限制，减少对东道国规制权的损害。其中，最为典型的是自由贸易委员会（FTC）做出的有关 NAFTA 第 1105 条的解释。这一解释将 NAFTA 第 1105 条第 1 款中的"国际法"范围缩小为"习惯国际法"，并指出仅仅依照"习惯国际法最低待遇标准"的要求提供"公平公正待遇"。此后，NAFTA 成员国的 BIT 范本都采取了类似的规定，而非 NAFTA 成员国在条约实践中也采用了这种规定方式。例如，2006 年日本—菲律宾经济伙伴协定（Economic Partnership Agreement, EPA）、2009 年中国—智利 FTA 等。

---

① 徐崇利 . 公平与公正待遇标准：国际投资法中的"帝王条款"［J］. 现代法学，2008（5）：126-128.

将"公平公正待遇"和"最低待遇标准"相联系的目的在于防止仲裁庭对公平公正待遇作出过激解释。通过将公平公正待遇的渊源限定在习惯国际法的范畴之内，对仲裁庭行使该条款的自由裁量权构成一定的约束。然而，"习惯国际法中关于外国人最低待遇标准"的概念尚未明确。因此，适用该标准来解释公平公正待遇仍然存在不确定性和不可预测性。

此外，美国 BIT 范本在正文第 5 条对义务的具体表述（侧重于程序方面）似乎与附件 A（习惯国际法上的外国人最低待遇标准是指保护外国人经济权利与利益的所有习惯法原则）不完全一致。这一定意义上反映了同时作为资本输入国和资本输出国的美国在国际投资领域的矛盾心理和双重标准。加之，公平公正待遇细化为具体义务的表述方式仍处于新兴状态，在当前国际投资协定中所占比重仍然较小。鉴于此，有必要从实然的角度出发，了解投资者如何运用公平公正待遇标准对抗东道国环境保护，以及明确仲裁庭的态度及其理由，以便东道国更好地行使规制权。

（二）公平公正待遇判断标准的仲裁解释：以正当期待为中心

有不少学者根据国际投资仲裁实践，总结出公平公正待遇标准的内容，主要包括：①透明度与对投资者正当期待的保护；②专断或歧视性；③正当程序与拒绝司法；④遵守契约义务；⑤善意原则等。[①] 但其中最受申请人青睐的无疑是"损害外国投资者的正当期待"这一概念。它似乎被用作解决所有未解决问题的"万灵药"，在解释和适用公平公正待遇标准时得到最普遍的适用。[②] 作为国内行政法的重要概念，"正当期待"由"期待"和"正当"这两个词语体现，其中"期待"指投资者通过信赖行政当局（正式的和实际的）行为，感知自身经济活动的事实和规则。同时，"正当"是"期待"的特征要

---

① 有关该标准内的文献归纳总结，详见：徐崇利.公平与公正待遇标准：何去何从？［M］//曾华群.国际经济新秩序与国际经济法新发展.北京：法律出版社，2009：313–347.

② 梁开银.中国双边投资条约研究［M］.北京：北京大学出版社，2016：150.

素，它要求投资者选择和分类大量的潜在国家行为以及由此产生的后果。换言之，虽然投资者可能从东道国的事实和行动中得到诸多"期待"，但并非所有的期待都具有正当性。

1. 期待的正当性与公共目的：对 Saluka 案和 Roussalis 案两份裁决的考察

在 2006 年的萨鲁卡（Saluka）案中，[①] 仲裁庭对正当期待的初步解释并不仅仅为了实现高水平的外国投资保护这一目的。仲裁庭强调了先前仲裁庭界定外国投资者可补偿期待的风险。相反，它指出："为了判断外国投资者的期待是否合理和正当，东道国随后出于公共利益需要管理国内事务的合法权力也必须得到考虑。"[②] 换句话说，公平公正待遇应该是双向互利，而非一概地将投资者保护奉为圭臬。因此，该方法综合评估了申请人的正当期待和被申请人的合法监管权。尽管本案与支持基本价值的监管行动无关（争议涉及捷克共和国对银行业的监管），但这种解释推理可为其他仲裁庭在保护自然资源或防治污染的国家措施所借鉴，如下文将要提到的翁格劳布（Unglaube）案。

2011 年的罗萨尼斯（Roussalis）案中，[③] 关于公平公正待遇标准的问题主要涉及罗马尼亚政府对其境内公司审计时发现其存在偷税漏税，因此中止和撤销了经营许可证。申请人 Roussalis 声称，此种行为不符合投资者的正当期待，违反了公平公正待遇。ICSID 仲裁庭认为罗马尼亚政府的审计行为合法，并未违反此标准。

该案仲裁庭通过援引 Saluka 案后指出，在判断外国投资者的正当期待是

---

① Permanent Court of Arbitration. Saluka Investment BV v. Czech Republic, UNCITRAL.Partial Award ［EB/OL］.（2006-03-17）［2022-09-01］. https://www.italaw.com/sites/default/files/case-documents/ita0740.pdf.

② Permanent Court of Arbitration. Saluka Investment BV v. Czech Republic, UNCITRAL.Partial Award ［EB/OL］.（2006-03-17）［2022-09-01］. https://www.italaw.com/sites/default/files/case-documents/ita0740.pdf,paras.304-305.

③ ICSID. Spyridon roussalis v. Romania. ICSID Case No.ARB/06/1, Award ［EB/OL］.（2011-12-07）［2022-09-01］. https://www.italaw.com/sites/default/files/case-documents/ita0723.pdf.

否被违反时，应考虑东道国在维护公共事务时行使的合法权力。结合本案，东道国是基于其对税收的管理权而做出的审计，且符合正当程序，不存在歧视和专断，因此没有违背投资者的正当期待。

2. 对公平公正待遇的另一种解释：Tecmed 案

2003 年的泰克买公司（Tecmed）诉墨西哥案 [①] 是 ICSID 仲裁庭第一次明确将投资者合理期待原则归于"公平公正待遇标准"之下，且详细阐述了投资者合理期待的含义。本案中，西班牙投资者 Tecmed 做出投资决定时，该填埋场的许可证是无期限的许可证。然而，墨西哥政府的环境机构变更了许可证要求，改为每年申请 1 次许可证。1997 年 7 月，新市长就任，同时爆发了大规模公众抗议，反对在本辖区内经营垃圾填埋场。于是，依据环境机构、州、市政府、投资者达成的协议，投资者将继续经营垃圾填埋场直至政府为其寻找到新的经营地点，并承诺授予其相关经营许可。1998 年 11 月，投资者申请更新许可证，而环境机构却拒绝了该申请，并随之命令关闭了该垃圾填埋场。[②] 对此，投资者认为，环境机构的行为会挫败其对所做投资的连续性和持续性的正当期待，违反了公平公正待遇。[③]

仲裁庭认为，基于国际法之善意原则，缔约国所提供的外国投资待遇不应违背投资者在作出投资行为时所考量的基本期待。投资者除了期待东道国充分展示所有与投资有关的法律规范、政策目标与行政惯例外，也期待东道

---

① ICSID. Tecmed S.A. v. The United Mexican States, Award. ICSID Case No. ARB（AF）/00/2, Award［EB/OL］.（2003-05-29）［2022-09-01］. https://www.italaw.com/sites/default/files/case-documents/ita0854.pdf.

② ICSID. Tecmed S.A. v. The United Mexican States, Award. ICSID Case No. ARB(AF)/00/2, Award［EB/OL］.（2003-05-29）［2022-09-01］. https://www.italaw.com/sites/default/files/case-documents/ita0854.pdf,paras.150-154.

③ ICSID. Tecmed S.A. v. The United Mexican States, Award. ICSID Case No. ARB(AF)/00/2, Award［EB/OL］.（2003-05-29）［2022-09-01］. https://www.italaw.com/sites/default/files/case-documents/ita0854.pdf,para.41.

国的行为具有一致性、不任意撤销先前投资者据以信赖为投资活动的决定或许可。投资者有理由相信，墨西哥政府会为其迁到新的经营地点，提供充足的时间准备，且在确定搬迁日期前原许可证将一直有效。①虽然投资者与墨西哥政府之间的许可协议是不定期的，但是基于对每年许可更新的惯例，投资者认为这种合作关系将是稳定且长期的，它将从垃圾填埋场数年的经营中收回成本并获利。因此，该许可不应突然中断，否则将影响外国投资者做出投资决定时的基本期待。②

可以说，Tecmed仲裁庭秉承了以往裁决对公平公正待遇含义的解释风格，倾向于对投资者提供高水平的保护，而缺乏对政府履行公共服务职能的实质考虑。如仲裁庭指出，外国投资者期待东道国以一致的方式行事，以便投资者事先知道管理投资的所有法律法规以及相关政策和行政惯例，从而可以完全遵照规则策划投资。③从该表述可看出，一方面，它通过使用限定词"所有""完全"要求政府当局对外国投资者给予高度的预防性关注，几乎未留下减损的空间；另一方面，它排除了政府改变其法律法规的可能，因为投资者必须"事先"知道。这种对公平公正待遇的宽泛解释相当于为投资者就所谓的"与投资有关的政治风险"提供了一种保障。倘若本案仲裁庭援用Saluka案和Roussalis案提出的正当期待概念分析当前事实，结果很可能会满足民众的关切。即使我们接受抽象层面上的承诺，使得当局根据公平公正待

---

① ICSID. Tecmed S.A. v. The United Mexican States, Award. ICSID Case No. ARB(AF)/00/2, Award[EB/OL]. (2003−05−29)［2022−09−01］. https://www.italaw.com/sites/default/files/case−documents/ita0854.pdf, para.160.

② ICSID. Tecmed S.A. v. The United Mexican States, Award. ICSID Case No. ARB(AF)/00/2, Award[EB/OL]. (2003−05−29)［2022−09−01］. https://www.italaw.com/sites/default/files/case−documents/ita0854.pdf, para.154.

③ ICSID. Tecmed S.A. v. The United Mexican States, Award. ICSID Case No. ARB(AF)/00/2, Award[EB/OL]. (2003−05−29)［2022−09−01］. https://www.italaw.com/sites/default/files/case−documents/ita0854.pdf,paras.153−154.

遇条款延长许可证，但这种解释将不得不屈服于承认真正的环境风险。所以，尽管投资者的期望建立在先前承诺的基础上，但确实是不正当的，因为尊重这些期望，意味着国家无法维护公共利益，即保护民众的生活环境。总之，Tecmed 案裁决和不少其他仲裁裁决一样，遵循支持投资保护目的的解释学观点，极大地减少了基本公共政策考量空间。

3. Unglaube 案：平衡投资者权利和环境关切的解释

Unglaube 案似乎沿着 Saluka 案和 Roussalis 案的推理逻辑，对涉及环境关切的公平公正待遇做出了解释，但带有重要的新元素。

该争议涉及申请人长期在哥斯达黎加环境敏感区开发旅游房地产项目。[①]国家和财产所有权最初商定了该地区的整体生态愿景，即由国家建设公园，Unglaube 根据当地保护标准开发项目。然而，在随后的几年里，申请人认为哥斯达黎加当局实施的进一步环境措施和行动违反了先前的承诺，损害了其在 BIT 中的合法权利。虽然主要诉求涉及间接征收问题，但投资者也主张东道国违反了公平公正待遇标准，侵犯其正当期待，以及透明度和正当程序义务。[②]

对此，仲裁庭首先总结了有关各方的立场（裁决第三部分的 a 和 b）；其次，对公平公正待遇给出了自己的一般性考虑（裁决第三部分的 c）；最后，考虑先例（裁决第三部分的 e、f 和 g），分析了公平公正待遇的不同要素（正当期待、专断或歧视、正当程序等）。在对公平公正待遇适用的一般性考虑，以及要求"不仅仅是法律错误"来证明违反标准中，仲裁庭澄清表明，当确

---

① ICSID. Marion Unglaube and Reinhard Unglaube v. Republic of Costa Rica. ICSID cases Nos. ARB/08/1 and ARB/09/20, Award［EB/OL］.（2012−05−16）［2022−09−01］. https://www.italaw.com/sites/default/files/case−documents/ita1053.pdf,paras.224−230.

② ICSID. Marion Unglaube and Reinhard Unglaube v. Republic of Costa Rica. ICSID cases Nos. ARB/08/1 and ARB/09/20, Award［EB/OL］.（2012−05−16）［2022−09−01］. https://www.italaw.com/sites/default/files/case−documents/ita1053.pdf,para.235.

实存在有效的公共政策时，尤其当所采取的行动或决定涉及国家保护公共健康、安全、道德或福利的责任时，应给予国家行为"相当程度的尊重"。[①] 这种尊重通常因承认国内当局有权管理与境内有关的事务而具有正当性，但"并非没有限制，即国家行为的任意或歧视性"。这种一般性考虑对裁决至关重要。在评估本案（第三步）时，仲裁庭驳回了关于国家违反公平公正待遇的责任主张，指出存在合法有效的具体公共政策，即保护自然环境和生物多样性。根据仲裁庭的说法，这种"尊重国家行为"是正当的，除非有证据表明其随意性或歧视性。[②]

Unglaube 案与以往涉环境保护的公平公正待遇标准裁决（以 Tecmed 案为代表）有着明显的不同。而且，同 Saluka 案和 Roussalis 案相比，Unglaube 案为公平公正待遇标准运用中的两个相互竞争价值的协调带来了更广泛的视角。首先，在 Saluka 案和 Roussalis 案中，公共政策的正当性是通过对公平公正待遇标准中"正当期待"，尤其"正当"一词的解释加以决定。而 Unglaube 案将对公共政策的"尊重"视为整个公平公正待遇条款的一般解释标准，甚至到了承认国家相应的"权利"的地步。其次，与前两个案件不同，Unglaube 案仲裁庭是对可能作为国家措施基础的广泛公共利益进行选择，目的是发现该措施没有违反公平公正待遇。"特别是在那种情形下（其中提到了公共健康）"这类表述反映了选择性的意图。接着通过论证基本目的是"重要的"来证明一项措施具有正当性，否则它将不符合既定的标准。最后，要求主管当局在执行这些政策时禁止专断或歧视。

---

① ICSID. Marion Unglaube and Reinhard Unglaube v. Republic of Costa Rica. ICSID cases Nos. ARB/08/1 and ARB/09/20, Award［EB/OL］.（2012-05-16）［2022-09-01］. https://www.italaw.com/sites/default/files/case-documents/ita1053.pdf,para.246.

② ICSID. Marion Unglaube and Reinhard Unglaube v. Republic of Costa Rica. ICSID cases Nos. ARB/08/1 and ARB/09/20, Award［EB/OL］.（2012-05-16）［2022-09-01］. https://www.italaw.com/sites/default/files/case-documents/ita1053.pdf,para.247.

4. 对"正当期待"认定的评析

如果只从投资者利益保护的角度对正当期待做出的宽泛解释会降低其索赔门槛，造成对东道国的滥诉，进而对东道国公正政策空间构成限制，甚至使其有可能彻底剔除这一条款。正如上述 Saluka 案仲裁庭所指出的，对投资者期待的僵化理解会给东道国带来不合理的繁重义务。^①尽管稳定的法律框架和对投资者做出的抽象承诺起着至关重要的作用，但同时东道国也不会对较长投资周期内可能出现的环境风险等公共利益"视而不见"，从而放弃采取针对性措施（targeted measures，类似于具体行政行为，如拒绝更新许可证）和管制性措施（regulatory measures，类似于抽象行政行为，如制定或修改法律）的权力。因此，期待是否符合"正当"的判断标准在于，东道国给予外国投资者的承诺是否具体、明确和特定，若仅仅为一般性或抽象性的信赖，则不应构成国际投资协定所要保护的期待。当然，也必须考虑东道国的规制是否基于善意而实现合法的公共利益，以及措施的必要性，即公共利益保护与东道国措施之间是否成比例。任何理性的投资者都不会期待在投资期间投资环境保持一成不变，东道国基于公共卫生、环境保护、劳工安全等公共利益需要行使的正当规制权也应作为判断外国投资者期待是否合理的考虑因素。^②总之，正当期待概念应当为调和外国投资者和东道国的利益留有足够的空间，如果有理由相信行政相对人能够预见到期待变化的可能性，那么其保持与过去同样的期待就变得不再合理，即行政相对人应当知道期待受环境变化的影响。更为关键的是，外国投资者的期待不是一种既得权，如果东道国通过采取措施实现的公共利益胜过满足期待的个人利益，即使期待

---

① SCHILL S. *Fair and Equitable Treatment as an Embodiment of the Rule of Law* ［M］// HOFMANN R, TAMS C J. *The International Convention on the Settlement of Investment Disputes*（*ICSID*）. Baden: Nomos, 2007: 47.

② MCMAHAN C, SHORE L, WEINIGER M. *International Investment Arbitration*［M］. Oxford: Oxford University Press, 2007: 236–237.

被认定为正当，也可以不予保护。[①]

三、间接征收与涉环境要素的国际投资仲裁

（一）间接征收的意涵

理论界将征收分为直接征收和间接征收。所谓传统的直接征收，是国家强制将外国人私有财产的所有权转移至国家或第三人名下，导致私有财产所有人无法对该财产正常使用、收益或处分；而间接征收是指国家采取的行为或措施，虽未移转外国投资者的财产所有权，但同样造成私有财产于特定期间内无法正常使用、收益或处分，无法对投资进行有效的控制管理，或是造成该投资价值上的重大减损。例如，1967 年 OECD 起草的《保护外国财产的公约草案》中有关间接征收规定如下："间接征收乃指剥夺外国人对于财产使用的权利或财产所具有的价值，但现实上并未存在等同于完全剥夺该财产的行为。剥夺的方式包含过度或任意的征税、强制投资者提供借贷却禁止分配利息、强制安排企业管理层或禁止遣散员工、拒绝原材料的取得或是重要的进出口执照。"[②]

外国投资者认为间接征收对于外国投资的保障造成相当剧烈的冲击，因此希望将间接征收的规定纳入投资条约中，由条约明确权利义务关系，确保外国投资的顺利运行。OECD 草拟的 MAI 规定："任一缔约国，不应该对境内其他成员国之外国投资者的投资，直接或间接地予以征收、国有化；也不

---

① SNODGRASS E. Protecting Investors Legitimate Expectations: Recognizing and Delimiting a General Principle [J]. *ICSID Review-Foreign Investment Law Journal*, 2006（21）: 47–48.

② OECD. OECD Draft Convention on the Protection of Foreign Property [EB/OL]. (1967–10–12) [2022–08–25]. https://www.oecd.org/investment/internationalinvestmentagreements/39286571, p.18.

应采取会产生等同于征收或国有化效果的措施……。"①加拿大2004年BIT范本附件B表示："依双方对于间接征收的认知，间接征收是源自缔约国采取的单独措施或一系列的行为，在未转移所有权或没收的情况下，产生等同于直接征收的效果……。"美国2004年BIT范本附件B中，也使用与加拿大相似的文字，表示："本条约中有关征收予以补偿的规定，反映了国际习惯法要求东道国实施征收行为时所应履行的义务……间接征收是指缔约国采取的单独措施或一系列的行为，在未转移所有权或没收的情况下，产生等同于直接征收的效果……。"但是双边投资条约中有关间接征收的规定，并不会限制东道国在遭遇特殊情况时，采取违反投资条约的措施。例如，美国—智利FTA规定："本章认为可适当用以保障东道国境内投资活动的规定，并非禁止缔约国，在涉及有关环境保护的敏感议题时，采取、维持或执行与本章规定相悖的措施；除了极端的情况，缔约国采取不具歧视性的措施，为保护合理的公共利益目标时，例如公众安全、健康与环境，并不会构成间接征收。"②

（二）不同仲裁庭对涉环境措施的间接征收的认定

1. Metalclad 案与 Tecmed 案

在梅特克莱德公司（Metalclad）诉墨西哥案中，原告美国Metalclad是一家废品处理公司，打算在墨西哥开展危险废品处理项目，为此收购了一家从事此行业的墨西哥公司。并于1994年5月开始进行兴建有毒废弃物填埋场的工程，直到同年10月，公开地持续进行兴建填埋场的计划，并且在此期间，完全未受到任何政府机关的干预；同年10月26日，瓜达尔卡萨尔（Guadalcázar）市政府认为Metalclad所取得的建筑许可证并未包含Guadalcázar市政府发给的建筑许可证，于是命令禁止所有兴建垃圾填埋场

① OECD Negotiation Group on the Multilateral Agreement on Investment, The Multilateral Agreement on Investment Draft Consolidated Text 6, OECD Doc DAFFE/MAI（98）7/REV1, 22 April 1998.

② Article 10.12 of US-Chile FTA（2004）; Annex 10-B of US-Chile FTA（2004）.

的工程继续进行。① Metalclad 称，兴建填埋场的计划已经获得联邦政府官员及政府代表的同意，并且得到联邦官员的保证，Guadalcázar 市政府不会驳回 Metalclad 申请和兴建营运填埋场相关的许可证。Metalclad 于 1994 年 11 月 15 日向 Guadalcázar 市政府申请许可证，在申请期间内，Metalclad 并未停止施工，该垃圾填埋场在 1995 年 3 月正式兴建完毕。②

在庆祝填埋场正式营运的开幕典礼上，当地民众及环保团体提出强烈的抗议与愤怒以阻碍典礼的进行，Metalclad 认为此类举动会影响填埋场将来运作的效率，于是与墨西哥政府展开协商，而此协商是由墨西哥政府的国家生态部以及墨西哥联邦环境保护律师事务所（Mexican Federal Attorney's Office for the Protection of the Environment, PROFEPA）主导，最终于 1995 年 11 月签订此协议。③ 该协议表示自 1994 年 12 月—1995 年 3 月，有关环境保护的行政审查程序，都应持续进行，而主要内容是关于该兴建计划是否遵守法令规范、兴建计划对于紧急事故的避免与关照、了解该计划的现有状况，以及发生环境意外时，在处理程序、维护、操作、人员训练方面是否能够作出适当的应对措施；若监督程序中发现上述事项有所不足时，Metalclad 应提交补救措施报告并确实执行；另外包括要求 PROFEPA 成立科学技术委员会，对 Metalclad 提出的补偿计划进行监督；提供五年一期的经营模式，重新申请时

① ICSID. Metalclad Corp. v. United Mexican States. ICSID Case ARB（AF）/97/1, Award［EB/OL］.（2000-08-30）［2022-09-01］. https://www.italaw.com/sites/default/files/case-documents/ita0510.pdf,paras.38,40.

② ICSID. Metalclad Corp. v. United Mexican States. ICSID Case ARB（AF）/97/1, Award［EB/OL］.（2000-08-30）［2022-09-01］. https://www.italaw.com/sites/default/files/case-documents/ita0510.pdf,para.45.

③ ICSID. Metalclad Corp. v. United Mexican States. ICSID Case ARB（AF）/97/1, Award［EB/OL］.（2000-08-30）［2022-09-01］. https://www.italaw.com/sites/default/files/case-documents/ita0510.pdf,paras.47-48.

须通过国家生态机构以及 PROFEPA 办事处协助处理。①

在 1995 年 12 月 5 日，该协议签订不久后，Guadalcázar 市政府驳回了 Metalclad 的申请。②1997 年 9 月 23 日，圣路易斯波托西州（San Luis Potosí）政府颁布有关保护生态的命令，宣布将填埋场的场址划为仙人掌保护区，此命令将保留目前有效的许可证，同时也允许进行任何商业活动，只要该商业活动能确保达成自然资源可持续使用。

Metalclad 认为 Guadalcázar 市政府驳回 Metalclad 申请许可的举动，以及 San Luis Potosí 州政府宣布将填埋场的场址划为仙人掌保护区的行为，违反了 NAFTA 第 1105 条公平公正待遇及第 1110 条有关征收的规定。

在 Metalclad 提出的征收诉求方面，仲裁庭表示，墨西哥政府容许或默示地方政府此种干预 Metalclad 的不作为，已经产生了等同于征收的效果，另外也指出墨西哥地方政府未及时依照命令以及缺乏实际依据，拒绝发给 Metalclad 建筑许可证的行为，已经构成了间接征收。③地方政府颁发的生态保护命令，并没有附有任何理由说明该地区的生态重要性，即便具有合法的公共目的。仲裁庭认为，在判断是否构成间接征收时，国家采取系争措施或手段的动机及目的，没有必要考虑构成征收与否的判断，因此墨西哥政府应该要对该命令造成 Metalclad 的损失，承担赔偿责任。

在 Tecmed 诉墨西哥案中，仲裁庭指出，国家管制措施不会自动被认为不构成征收，而必须判断该措施是否仍属于行使正当规制权。仲裁庭引用欧洲

---

① ICSID. Metalclad Corp. v. United Mexican States. ICSID Case ARB（AF）/97/1, Award［EB/OL］.（2000-08-30）［2022-09-01］. https://www.italaw.com/sites/default/files/case-documents/ita0510.pdf,para.48.

② ICSID. Metalclad Corp. v. United Mexican States, ICSID Case ARB（AF）/97/1, Award［EB/OL］.（2000-08-30）［2022-09-01］. https://www.italaw.com/sites/default/files/case-documents/ita0510.pdf,para.50.

③ TIENHAARA K S. *The Expropriation of Environmental Governance: Protecting Foreign Investors at the Expense of Public Policy*［M］. Cambridge: Cambridge University Press, 2009: 171.

人权法院所发展的比例原则作为判断标准。在确立管制措施并非排除在征收之外后，仲裁庭认为，"要判断系争措施属于征收或是合理管制措施，除了考虑措施带来的负面经济影响外，还须考虑该措施是否在所保护的公共利益与投资保护间成比例"，[①] 仲裁庭接着表示，虽然在进行比例测试时，仲裁庭原则上会尊重东道国所保护的公共利益，但是这不表示仲裁庭不能审查东道国措施与目标间是否存有合理联系，即措施对投资者财产权利的剥夺，以及违背投资者合理期待的程度，是否与所保障的公共利益间存在合理联系。[②]

结合本案，原告子公司取得废弃物填埋场经营许可证后不久，便遭到当地严重的抗议，因此原告子公司与墨西哥政府达成搬迁协议。但是，在迁移之前，墨西哥政府以原告子公司的填埋场，未遵守容量跟废弃物种类的规定，并且进行超出许可范围的经营这三个理由，拒绝更新原告子公司的经营许可证，由于该许可证必须每年更新，原告因此失去继续经营的合法性。[③]

对此，仲裁庭首先审视了墨西哥采取措施的真实目的。仲裁庭认为，虽然墨西哥主张其目的是保护环境，而原告子公司违反了若干环境规范，因此才撤销其经营许可证。但是仲裁庭审查提交的证据后认为，实际上并不存在严重的环境或健康因素，墨西哥的决策过程也显示原告子公司的违规并不需要通过停止经营才可解决。真正的理由是当地社区和政治上反对废弃物填埋场的压力与日俱增，而其他证据也显示，争议焦点在于垃圾填埋场所处的地理位置。仲裁庭认为，并没有充分的证据表明原告子公司填

---

① ICSID. Tecmed v. Mexico. ICSID Case ARB（AF）/00/2, Award［EB/OL］.（2003-05-29）［2022-09-01］. https://www.italaw.com/sites/default/files/case-documents/ita0854.pdf,para.122.

② ICSID. Metalclad Corp. v. United Mexican States, ICSID Case ARB（AF）/97/1, Award［EB/OL］.（2000-08-30）［2022-09-01］. https://www.italaw.com/sites/default/files/case-documents/ita0510.pdf,para.122.

③ ICSID. Metalclad Corp. v. United Mexican States, ICSID Case ARB（AF）/97/1, Award［EB/OL］.（2000-08-30）［2022-09-01］. https://www.italaw.com/sites/default/files/case-documents/ita0510.pdf,paras.35-51.

埋场的运营方式给当地民众造成了严重身心损害。而且，既然原告子公司也将另选他址与政府达成协议，那么墨西哥拒绝更新经营许可证的行为不合比例性。[①]

2. Methanex 案与 Glamis 案

在 Methanex 一案中，投资者除了上述提到的主张美国政府违反国民待遇条款外，还认为构成了征收。其理由是，在 NAFTA 体系下，政府大部分的行为都应受到第 1110 条的规范，而该条的征收包含蓄意且公开取得私人财产以及对使用财产的权益进行干预，此种干预将部分或全部地剥夺财产所有人基于合理期待运用该财产所得享有的经济上的利益。基于此，要求投资者市场共享、破坏商誉或是限制进入市场的权利，均属于违法征收。[②] 而加州政府的行为，并非为了公共利益，仅是为了夺取 Methanex 及相关企业在加州原本占有的市场，以及将其转移给加州境内制造酒精的经营者，违反了征收应为了实现公共利益目的的要件。最后，Methanex 主张加州政府的行为违反该条（ c ）款正当程序的要求。

对此，美国表示，若依照 Methanex 的主张，只要国家采取了保护民众健康或环境的措施，并且具有非歧视性，对企业财产造成任何损失都需要承担相关责任，那么政府无法履行基本职能，这难以被 NAFTA 缔约国所接受。若 Methanex 无法证明 NAFTA 的缔约国在签订 NAFTA 时已经就此达成共识，那么就不应该认为 NAFTA 的缔约国的任何行为会受到 Methanex 此种主张的

[①]　ICSID. Metalclad Corp. v. United Mexican States, ICSID Case ARB（AF）/97/1, Award［EB/OL］.（2000-08-30）［2022-09-01］. https://www.italaw.com/sites/default/files/case-documents/ita0510.pdf,paras.122-151.

[②]　YEE B M. The Future of Environmental Regulation After Article 1110 of NAFTA: A Look at the Methanex and Metalclad Cases［J］. *West-Northwest Journal of Environmental Law and Policy*, 2002（9）: 94.

限制。①

仲裁庭全面地阐明了管制性征收的认定标准。根据一般国际法，为了公共目的采取非歧视性原则，若依照法律正当程序制定而对外国投资者造成影响，不能因此认为是征收，除非存在有东道国特殊的承诺，使得外国投资者合理期待该投资将不会受到东道国境内法律规范的限制，否则外国投资者不能因此要求赔偿。②

在格拉姆斯黄金有限公司（Glamis）案中，申请人为从事贵金属开采的加拿大公司，其根据 UNCITRAL 仲裁规则，向 ICSID 提起仲裁，主张在露天采矿作业方面，美国联邦政府的某些行为和加州政府的某些措施（包括要求在美洲印第安人的圣地附近的矿业开采要回填和进行分类作业）违反了 NAFTA 第 1110 条，导致其在加州的投资被征收。对此，仲裁庭采取了与 Methanex 案裁决相同的做法，通过审查这些措施扰乱了稳定的监管体系中的合理和投资支持期待的程度，以及政府行为的目的和性质，驳回了外国投资者的索赔请求。

3. 对间接征收认定的评析

在国际投资仲裁实践中，对于东道国因环境保护目的而实施的管制措施是否构成间接征收的判定，并无普遍认可的先例可以遵循。③

Metalclad 案与 Tecmed 案虽然均是墨西哥政府因迫于民众的压力而采取环境措施，并最终都被仲裁庭认定为间接征收，但对于案件的论证，两个仲裁庭有所不同。Metalclad 案仲裁庭采取纯粹效果检验标准，完全依赖于保护

① ICSID. Methanex Corporation v. United States of America. Statement of Defense ［EB/OL］.（2000-08-10）［2022-09-01］. https://www.italaw.com/sites/default/files/case–documents/italaw9090.pdf,para.2.

② ICSID. Methanex Corporation v. United States of America. Final Award of the Tribunal on Jurisdiction and Merits ［EB/OL］.（2005-08-03）［2022-09-01］. https://www.italaw.com/sites/default/files/casedocuments/ita0529.pdf,para.IV.D.7.

③ ISAKOFF P D. Defining the Scope of Indirect Expropriation for International Investments ［J］. *Global Business Law Review*, 2013（3）：21.

投资者利益的条约目的，几乎没有考虑墨西哥的环境义务，没有列举其序言中的"加强环境法律和法规的发展和实施"目标，也并未考虑生态法令的意图或动机，而只考虑其结果，认为："生态法令的实施本身将会构成相当于征收的行为。"[①] 而 Tecmed 案仲裁庭认为，东道国环境措施的可赔偿性需要达到准完全剥夺投资使用或享有，为确定补偿性征收设立了较高门槛，从而拒绝偏向于对投资者的保护。为了寻找"与征收具有类似特征或效果的措施"的通常含义，仲裁庭指出，原则上监管措施本身并不被排除在此概念之外。但为了判定该措施是否具有可赔偿性，应评估措施与需要保护的公共利益是否成比例。但是该案并未完全依照比例原则进行测试，而是越过管制目的与手段之间的适当性以及必要性，直接进行狭义比例原则测试。这种论证逻辑既不严谨，而且过于苛刻，不免会引起对过度限制东道国规制空间的质疑。[②] 另外，尽管该解释本质上未依赖于无须赔偿的管制征收理论，但对环境问题还是持开放态度。

而 Methanex 案与 Glamis 案两项裁决重申了基本公共领域的监管权对外国投资者利益的普遍适用，但这似乎与 NAFTA 征收条款相冲突。根据 NAFTA 第 1110.1 条，尽管该措施具有"非歧视性"、依照"正当程序"进行、旨在实现"公共目的"，但东道国仍有赔偿的义务。换言之，前三个要素仅为国家合法征收要件，不能表明可排除赔偿的基本义务。而且，第 1110 条没有对直接征收和间接征收做出规范性区分。

在这种背景下，两个仲裁庭的论证直接遵循了贬损或例外的法律模式。当仲裁庭确立的贬损要素重现时，其对国家措施正当性的考察实际上并不依赖于对投资规则中一个或多个组成要素的明确解释，而是不适用上述规则。

---

① ICSID. Metalclad v. Mexico, ICSID Case No. ARB（AF）/97/1. Award［EB/OL］.（2000-08-30）［2022-09-01］. https://www.italaw.com/sites/default/files/case-documents/ita0510.pdf,para.111.

② 韩秀丽. 中国海外投资的环境保护问题研究——国际投资法视角［M］. 北京：法律出版社，2013：100-101.

相关规则与其具体适用之间的正式冲突（NAFTA 第 1110 条）十分明显，并阐述了一个新的（贬损）规范性条款。仲裁庭的推理对 NAFTA 第 1110 条的合法征收定义的前三项和第四项内容之间进行显著的区分。根据这一创造性解释，前三个要素正是证明了征收无须赔偿的正当性。总之，该解释根据 NAFTA 定义征收是否合法时违背了第 1110 条列明的四项要件需同时满足这一核心，因此代表了仲裁庭对该条款的一种贬损。

上述体现贬损（或例外）模式的仲裁观点也反映在先前提到的仲裁庭依据 UNCITRAL 仲裁规则审理的 Saluka 案中。该仲裁庭在提供了迄今为止对监管权可能是最为完整的司法定义之后，还指出了进一步协调这一权利界限的其他要求。其中，特别强调必须避免"不合理地偏离世界主要法律制度所承认的正义原则"和"滥用本段规定的权力以剥夺外国人的财产"。这种体现例外模式的管制性征收得到仲裁庭明确承认，并将其定性为"警察权例外"。

在条约实践上，新近 BIT 范本和文本也越来越多地对间接征收范围作出限制规定，以保障国家实施公共权力。最著名的是 2004 年美国 BIT 范本（2012 年范本未做改动）规定："除非在罕见的情况下，一缔约方旨在和适用于保护合法公共福利目标如公共健康、安全和环境等的非歧视监管行为，不构成间接征收。"[①] 这一表述已被很多美国对外签订的投资协定以及其他国家条约和范本所吸纳。加拿大在此基础上对"罕见情形"做了澄清，即当一项或一系列措施因其目的而导致严重后果，以致不能被合理地视为"秉持善意"地采取和适用时，"罕见情形"就出现了。这种阐述阻止了解释者不加区分地使用这些术语，强调了措施造成的严重程度与所追求的目标之间的平衡。因此，并非所有干预外国投资的监管措施（并抽象地导致间接征收）都免于国家赔偿，只有那些保护"合法公共福利目标"，而非纯粹经济目的或

---

① 2004 U.S. Model BIT.

仅仅与福利相关的目标措施才会构成例外。这意味着需要从广泛的监管措施中进行合理的选择，以防止贬损规则成为一种可能阻碍征收赔偿基本标准的机制。

综上所述，虽然东道国环境规制措施的合法界限尚不完全清晰，但为了维持东道国环境保护与投资者经济利益之间的平衡，根据以往的仲裁实践和新近的条约文本，其至少包含以下内容，即有科学证据证明真实的环境保护目的，且符合比例原则、非歧视、正当程序和善意（如无明确具体的相反承诺）要求。

第二节　体系整合解释[①]

VCLT 第 31.3 条（c）项中关于"适用于各当事国之间关系的任何有关国际法规则"的规定长期受到学者和仲裁庭的忽视。但在最近的十几年里，它逐渐受到关注，特别是在研究 WTO 规则等具体法律制度和国际法其他规则和原则之间的关系时。有学者认为它有利于实现条约解释的系统整合，[②] 联合国国际法委员会（International Law Commission, ILC）在 2006 年发布的题为"国际法不成体系问题：国际法多样化和扩展引起的困难"的报告，也证实了该条在将特别法与一般国际法进行联结所起到的核心作用，有利于解决国际法的"碎片化"问题。但对于该条的价值，仲裁庭仍有不同的理解。

---

① 又称外部解释，是指国际投资仲裁庭依据《维也纳条约法公约》第 31.3 条（c）项的规定所作的解释。

② MCLACHLAN C. Investment Treaties and General International Law ［J］. *International and Comparative Law Quarterly*, 2008（2）: 369–370.

一、关闭体系整合解释的大门

美国投资者圣埃伦娜公司（Santa Elena）诉哥斯达黎加案是投资仲裁庭拒绝考虑国际环境法的著名案例。[①] 申请人在哥斯达黎加拥有一处地产，准备用作旅游胜地和住宅开发。哥斯达黎加政府拟将申请人项目所在地规划为国家自然公园，在下令征收后出现了赔偿纠纷，投资者向 ICSID 提交了仲裁请求。在抗辩中，被申请人特别提到"其负有保护独特的生态资源的国际法律义务"。

仲裁庭认为，东道国保护环境具有合法理由，但无法改变法律上要求在取得外国人财产需要给予补偿的规定，这是对国际环境法义务的履行。不管这种环境征收措施多么正当和多么有益于整个社会，国家的补偿义务不会改变。[②] 仲裁庭并没有审查被申请人提交的与保护独特的生态资源的国际义务有关的详细证据。

仲裁庭的逻辑表明：第一，为了保护投资者的财产价值，应作出无视环境目标的严格解释；第二，对于哥斯达黎加援引的一系列要求保护独特生态遗址的国际环境公约（包括世界自然和文化遗产国际公约），明确拒绝遵循体系整合解释来处理争端，并且未做出进一步解释。仲裁庭的这种行为意味着将国际投资法与其他国际法制度相隔离，它对"提交的详细证据"的拒绝分析似乎反映了国际投资法封闭的、自足的体系。

---

① ICISD. Campania del Desarrollo de Santa Elena, S.A. v. Costa Rica, ICISD Case No.ARB/96/1.Award［EB/OL］.（2000-02-17）［2022-10-04］. https://www.italaw.com/sites/default/files/case-documents/italaw6340.pdf.

② ICISD. Campania del Desarrollo de Santa Elena, S.A. v. Costa Rica, ICISD Case No.ARB/96/1.Award［EB/OL］.（2000-02-17）［2022-10-04］. https://www.italaw.com/sites/default/files/case-documents/italaw6340.pdf,para.71.

二、纳入非商业价值的体系整合解释

（一）SPP 案

（中国）香港南太平洋房产有限公司（SPP）诉埃及案是仲裁庭采用系统方法考虑非商业性国际规则的重要案例。[①] 本案中，埃及宣布取消（中国）香港 SPP 公司投资的旅游开发项目，原因在于项目所在区域为"公共财产（古老遗址）"。SPP 公司向 ICSID 提出国际投资仲裁，认为埃及的行为构成征收。对此，埃及政府认为，1975 年生效的《世界遗产公约》使其在国际层面上有义务撤销 SPP 公司兴建的金字塔绿洲项目。仲裁庭指出，《世界遗产公约》与本案具有相关性，因为埃及对该公约需要履行国际法上的义务。[②]

仲裁庭对非投资国际规则进行了审议。审查了保护金字塔遗址的国际义务是否能够"证明埃及政府取消该项目，以及排除申请人赔偿权是正当的"。仲裁庭并非以抽象的措辞否认了这一点，而是因为该义务在征收时并未对埃及生效。[③] 仲裁庭继续谈到，一旦埃及有了保护遗址的国际义务，那么，"若申请人继续从事破坏该地区文物的活动，从国际视角来看，可以被认为是非法的"。虽然没有明确表述，但这似乎以积极的方式表明，如果存在保护财产的国际义务，则征收将无法以任何方式得到赔偿。

仲裁庭的进一步评论确认了有关征收规则的体系整合解释的综合效果。

---

① ICISD. Southern Pacific Properties（Middle East）Limited v. Egypt. ICSID Case No. ARB/84/3, Award on the Merits［EB/OL］.（1992–05–20）［2022–10–06］. https://www.italaw.com/sites/default/files/case-documents/italaw6314_0.pdf.

② ICISD. Southern Pacific Properties（Middle East）Limited v. Egypt. ICSID Case No. ARB/84/3, Award on the Merits［EB/OL］.（1992–05–20）［2022–10–06］. https://www.italaw.com/sites/default/files/case-documents/italaw6314_0.pdf,para.78.

③ ICISD. Southern Pacific Properties（Middle East）Limited v. Egypt. ICSID Case No. ARB/84/3, Award on the Merits［EB/OL］.（1992–05–20）［2022–10–06］. https://www.italaw.com/sites/default/files/case-documents/italaw6314_0.pdf,para.154.

申请人质疑埃及提名该遗址为受 UNESCO 保护的财产，其实是与公约无关的征收行为的事后合理化。对此，仲裁庭强调："与项目取消同时发生的被申请人其他行为表明，埃及政府对项目所在地现场文物关注的真实性以及根据 UNESCO 对该地点进行登记的正当性。"① 从理论的角度来看，值得注意的是，仲裁庭在提及国家关切的真实性时，评估了权利的善意行使。总之，该案件清楚地反映了允许将非商业价值纳入到国际投资法层面的体系整合解释。

（二）Chemtura 案

在科聚亚公司（Chemtura）诉加拿大案中，② 投资者曾质疑加拿大害虫管理控制局（Pest Management Regulatory Agency of Canada, PMRA）作出特别审查是为了贸易保护。但仲裁庭从机构履行监管职责和履行《阿胡斯议定书》（Aarhus Protocol）规定的国际承诺义务角度，通过体系整合解释论证了加拿大措施的合法性。③ 这意味着，国际环境协定可以用来证明与公平公正待遇义务相冲突的环境管理权力的正当性。为了表明这种系统推理的重要性，仲裁庭还详细列举了限制使用农用杀虫剂林丹的其他国家和国际标准。

此外，针对申请人对措施缺乏足够的科学证据、非善意和违反正当程序等提出的质疑，仲裁庭也遵循了系统的方法。关于对人类健康和环境的风险，仲裁庭根据若干国际公约作出了有利于加拿大的决定，认为这些公约足以解

---

① ICISD. Southern Pacific Properties（Middle East）Limited v. Egypt. ICSID Case No. ARB/84/3, Award on the Merits［EB/OL］.（1992-05-20）［2022-10-06］. https://www.italaw.com/sites/default/files/case-documents/italaw6314_0.pdf,para.156.

② NAFTA. Chemtura Corporation v. Canada, Ad Hoc NAFTA Arbitration under UNCITRAL Rules, Award ［EB/OL］.（2010-08-02）［2022-10-06］. https://www.italaw.com/sites/default/files/case-documents/ita0149_0.pdf.

③ NAFTA. Chemtura Corporation v. Canada, Ad Hoc NAFTA Arbitration under UNCITRAL Rules, Award ［EB/OL］.（2010-08-02）［2022-10-06］. https://www.italaw.com/sites/default/files/case-documents/ita0149_0.pdf,para.137.

决"不论科学状况如何"的问题。并针对科学证据提出了自己的看法：国际法对于正在调查的事项有着许多限制性规定，这意味着风险的存在，甚至阻止仲裁员进一步调查科学状况。科学在投资仲裁中的作用需要从国际法中的预防原则出发，进行具体分析。未来的投资争端可能会为仲裁庭处理这些问题创造更明确的机会。至于该措施是否为了刺激本国贸易，仲裁庭再次依赖《阿胡斯议定书》及其随后的实践，排除了东道国行为具有不善意的考虑。①

总之，该裁决表明，尽管没有明确宣布，但对于公平公正待遇标准和监管措施具体方面（风险和善意）的解释，采取了值得注意的系统性方法。根据体系整合解释，公平公正待遇标准的此种构建的最终结果类似于 Unglaube 案裁决得出的结论，尽管后者基本上遵循文义解释方法。

三、体系整合解释在国际投资仲裁中的有限性

ILC 指出第 31.3 条中"与上下文一并考虑的是"是条约文本的外在要素，与第 2 款中的"上下文"这一内在要素在效力等级上并无差别，② 都应当被视为一个整体，在解释条约文本时应综合考虑。理论上讲，体系整合解释能在国际投资制度框架内有效地协调好环境和商业价值。仲裁庭甚至根据符合该解释模式的国际法理论，制定真正的"一体化理论"。但从实践来看，通过体系整合解释普遍解决非投资义务在投资制度中的融合性问题仍存在严重障碍。

（一）第 31.3 条（c）项的相关语词限制了仲裁庭的自由裁量权

第一，根据本条款，在解释条约时，应与上下文一并考虑的其他"任何有关国际法规则""应该适用于当事国间关系"，从而适用于投资争端中的东

---

① NAFTA. Chemtura Corporation v. Canada, Ad Hoc NAFTA Arbitration under UNCITRAL Rules, Award ［EB/OL］.（2010-08-02）［2022-10-06］. https://www.italaw.com/sites/default/files/case-documents/ita0149_0.pdf,paras.139, 143.

② 李浩培. 条约法概论［M］.北京：法律出版社，2003：427.

道国与外国投资者。这意味着，尽管有些环境规范明确属于普遍国际法，但大多数环境条约的适用性仍存在疑问。仲裁庭即使考虑东道国基于非投资者母国条约的环境责任，但若缺乏对特定环境问题的国际制度规范，那么环境问题仍然存在。例如，保护热带雨林对维持生物多样性和气候平衡至关重要，《生物多样性公约》等虽被视为构成国际义务，但这些公约及其他国际环境公约通常具有指导性，缺乏如《卡塔赫纳议定书》或《名古屋议定书》等强制性实施文件，因此并不构成严格或可执行的义务。因此，尽管《生物多样性公约》等软法文书使保护热带雨林成为国际共识，但在实际操作中将其作为解释投资规则的依据时，仍存在难度。

第二，对于涉及的国际法规则是"缔结条约时"还是"争端发生时"的国际条约，存在争议。威拉曼特里法官在多瑙河水坝案中的独立意见突出了这一问题，因为 VCLT 第 31.3 条（c）项在时间相关问题上表述不明确。① 实际上，这是一个关于时际法的解释问题，应先考虑条文中是否有任何指示，正如 VCLT 第 31.4 条所述："如果确定条约各方有意给予某些措辞特殊含义，则应认为该措辞具有特殊含义。"传统观点认为，合理的论证起点是"同时性原则"，即首先探究当事方在条约生效并对其产生约束力时，是否有意或同意考虑未来的发展。②

---

① International Court of Justice. Gabčíkovo-Nagymaros Project（Hung. v. Slovk.），1997 I.C.J. 7, 114, Separate Opinion of Vice-President Weeramantry［EB/OL］.（1997-09-25）［2022-10-06］. https://www.icj-cij.org/files/case-related/92/092-19970925-JUD-01-03-EN.pdf.; MERKOURIS P. *Article 31（3）（c） of the VCLT and the Principle of Systemic Integration: Normative Shadows in Plato's Cave*［M］. Brill: Nijhoff, 2015: 145-197.

② International Court of Justice. Aegean Sea Continental Shelf（Greece v. Turk.），1978 I.C.J. 3,（Dec. 19）［EB/OL］.（1978-12-19）［2022-10-06］. https://www.icj-cij.org/files/case-related/62/062-19781219-JUD-01-00-EN.pdf,para.77; International Court of Justice. Legal Consequences for States of the Continued Presence of South Africa in Namibia（South West Africa）notwithstanding Security Council Resolution 276（1970），Advisory Opinion, 1971 I.C.J. 16［EB/OL］.（1971-06-21）［2022-10-06］. https://www.icj-cij.org/files/case-related/53/053-19710621-ADV-01-00-EN.pdf,para.53.

第三，什么是"相关"的国际法规则？通常，这被理解为与所解释的条款具有相同主题或以任何方式影响该解释的规则。关于前者，虽然仲裁庭在处理相关条约时常引用习惯法，但这通常仅限于习惯投资法。这种做法可能导致对投资规则的自我循环解释，虽然它有助于填补内部空白，形成更统一的投资体系，但同时也可能限制了其他类型利益的适用范围。因此，仅围绕单一规则类型进行"合理化"论证可能会加强对投资者权利的保护。至于后者，如果其他国际法规则影响了所争投资协定术语的含义，那么它就是"相关的"。如果与该协定术语无关，则不是"相关的"。这意味着仲裁庭不能直接应用国际环境公约来确定当事方的权利和义务，只有当这有助于澄清所争条款的含义时才能引用，否则会违反 VCLT 第 34 条。因此，其本质是基于所争条约进行澄清解释，而非为解决冲突而做的协调解释。

第四，仲裁庭在解释时仅可能使用该条款。虽然 VCLT 第 31.3 条（c）项规定了"应"与上下文一并考虑，但该应然所要求的行为仅在于与上下文"一并考虑"。换句话说，这是一种与文义解释方法并行的解释途径，而非强制性地要求仲裁机构必须得出某个特定结果。[①] 通常情况下，如果法律文本的字面意义已足够"明白"，并且在特定案件中不会导致不合理或荒谬的结果，那么无须进一步"解释"。在这种情况下，字面意义规则是最适宜的，自然无须再进行体系整合解释。

（二）国际投资仲裁制度决定了对包括环境保护在内的非投资义务的有限关注

面对那些经常由被申请人提出的"相关"国际法规则，大多数仲裁庭否定自身具有管辖权，而仅去适用个案中的投资条约。这么做除了可以避免管

[①]　Panel Report. European Communities — Measures Affecting the Approval and Marketing of Biotech Products, WT/DS291–293/R［EB/OL］.（2006–09–29）［2022–10–06］. https://www.wto.org/english/tratop_e/dispu_e/291r_3_e.pdf,paras.7,69.

辖权"滥用"的指摘，维护裁决的权威性与正当性外，还存在以下原因。第一，管辖的范围如果过宽，很容易会让仲裁庭变成一个无所不包的世界法院。而且即使可以在个案中达到某种程度的一致性，也不会改变国际法欠缺统一的规范效力基础的事实。第二，在如此广泛的国际法体系中，只要国家拿出一两项法律作为抗辩依据，那么某个特定争端解决机构下的偏好与选择、首要价值或政治目的（例如，保护外国投资者财产），会遭遇很大的挑战。因为只有"一定"要"考虑"适用于该条约各当事国之间的关系的任何相关国际法规则，特定机构所遵循的首要价值，都可能让位于其他价值，即该机构无法充分有效实现对首要价值的保护或促进。这不但会因为不稳定性而降低国际法的效率，而且也可能不符合国家的意志与初衷。

尽管仲裁庭在 SPP 案和 S.D. Myers 案中都认定，东道国提出的非投资条约是与个案"相关"的国际法规则，但必须注意仲裁庭的理由：前者是基于仲裁申请人的承认（同意），[①] 后者则是 NAFTA 起草国的意志，两者都不是由 VCLT 第 31.3 条（c）项所启动。如果没有由授权所产生的正当性与合法性，那么不管是经济社会文化权利还是环境保护，只是被认为代表一种公共利益，本质上不会影响仲裁庭对投资条约义务的认定，例如，在 Santa Elena 案中，仲裁庭表示："征收财产的环境措施，不论是多么有益于社会整体，仍旧与其他任何征收措施类似，其实行都是执行政策需要。只要财产被征收，即使是为了环境的目的，也不论该义务的来源是国际法或国内法，都不影响国家承担补偿的义务。"[②]

---

① ICSID. Southern Pacific Properties（Middle East）Limited v. Egypt, ICSID Case No. ARB/84/3, Award on the Merits［EB/OL］.（1992–05–20）［2022–10–06］. https://www.italaw.com/sites/default/files/case–documents/italaw6314_0.pdf,para.78.

② ICISD. Campania del Desarrollo de Santa Elena, S.A. v. Costa Rica, ICISD Case No. ARB/96/1, Award［EB/OL］.（2000–02–17）［2002–10–06］. https://www.italaw.com/sites/default/files/case–documents/italaw6340.pdf,paras.71–72.

即便可以考虑国际环境条约，仲裁庭也会审查东道国公共政策目的是否真实存在。例如在 S.D. Myers 一案中，仲裁庭认为，加拿大政府的实际意图在于保护相关加拿大企业在本国处理多氯联苯的市场占有率，以形成差别对待。①

此外，个案中的管制措施也必须是该非投资条约义务所要求的行为。例如在 SPP 案中，仲裁庭认为世界遗产公约本身并不足以让东道国撤销许可的措施合法化，也没有排除申请人应受补偿的权利，因为根据该公约，"具体何处文化遗址应受保护，是由缔约国自身决定"，而非公约予以强加的义务。②

最后，即使管制措施的政策目的与相关非投资条约的规范目的一致，而且其实行也是该非投资条约所施加的义务要求，在执行的手段与方式上有其他同等有效且在合理情况下可供选择与利用的替代方案时，当事国有义务选择与本协议间保持一致的替代方案。③

之所以仲裁庭会如此"冷面"，主要缘于环境义务在投资仲裁下的制度性限制。ICSID 公约第 42 条第 1 项的规定表明，国际法或争端当事一方的国内法，是在当事双方针对适用法律未形成合意的情况下，才能为仲裁庭所适用。即如果欠缺这种同意、承认或接受，并使得适用于投资争端的实体法不明确时，由仲裁庭行使准立法的功能，即推测并适用当事双方皆同意解决争端的法律规则。④

---

①　NAFTA. S.D. Myers, Inc. v. Government of Canada, Partial Award（UNCITRAL）［EB/OL］.（2000–11–13）［2022–10–06］. https://www.italaw.com/sites/default/files/case–documents/ita0747.pdf,paras.161–195.

②　ICISD. Southern Pacific Properties（Middle East）Limited v. Egypt, ICSID Case No. ARB/84/3, Award on the Merits［EB/OL］.（1992–05–20）［2022–10–06］. https://www.italaw.com/sites/default/files/case–documents/italaw6314_0.pdf,para.154.

③　ICISD. Southern Pacific Properties（Middle East）Limited v. Egypt, ICSID Case No. ARB/84/3, Award on the Merits［EB/OL］.（1992–05–20）［2022–10–06］. https://www.italaw.com/sites/default/files/case–documents/italaw6314_0.pdf,para.215.

④　PAASIVIRTA E. Internationalization and Stabilization of Contracts versus State Sovereignty［J］. British Yearbook of International Law, 1990（1）：315.

因此，如果要采纳东道国的抗辩理由，即环境公约下的国家义务可以将违反投资待遇标准正当化，或是减少补偿的数额，那么仲裁庭除了要采用VCLT第 31.3 条（c）项所体现的体系整合解释方法，而且考虑环境保护这种"相关"的国际法规则之外，还必须将环境规则作为"当事双方同意"的法律规则，或"选择适用于争端实质部分"的法律规则，但这在"投资"争端中几乎是不可能的实现。

综上所述，在当前国际社会无政府状态下，我们无法奢望投资条约仲裁能很好地处理投资与环境价值。大多数投资仲裁庭根据国家缔结的投资条约来管辖案件、适用法律与解决争端。

第三节　东道国环境规制权与投资者利益协调的文本回归

在国际投资领域，由发达的资本输出国制定并作用于其对外经济政策的传统国际投资协定，旨在保护本国海外投资者及其投资利益。由于发达国家和发展中国家的期望及其各自的谈判地位、谈判实力的不同，传统国际投资协定偏袒于对外资和外国投资者的保护。此种"失衡"的传统国际投资政策，导致一些发展中国家开始抵触 IIAs 甚至终止 IIAs。UNCTAD《2019 年世界投资报告》指出："IIAs 终止的数量继续上升，2018 年，至少有 24 项终止生效（'实际终止'），其中 20 项是单方面终止，4 项是替代性终止（更新的条约生效）。这些终止包括厄瓜多尔终止的 12 项双边投资条约，以及印度终止的 5 项条约。截至 2018 年底，实际终止的条约总数达到 309 项（61%发生在 2010 年以后）。"[①]

① UNCTAD. 2019 年世界投资报告［EB/OL］.（2019–06–12）［2022–11–10］. https://unctad.org/en/PublicationsLibrary/wir2019_overview_ch.pdf.

一、为何需要回归投资文本

（一）协定本身成就了国际投资仲裁对外国投资者的偏向

国际投资仲裁庭是经过当事方合意以解决投资者—国家间的投资争议的争端解决机制。各国缔结国际投资协定的基本目的是为制定国际投资创设稳定、可预见的法律框架，保护外国投资者在东道国的财产利益不被东道国政府肆意侵害。尤其受到新自由主义经济思想及在此推动下的国际投资自由化的影响，20世纪80—90年代缔结的BIT更是强调保护外国投资者的私人利益，受此局限，在协定中忽视对东道国规制权的规定。对投资者与东道国间利益结构的此种设定与表述模式深深地影响了国际投资仲裁的实践，表现为"目的解释"备受许多国际仲裁庭重视。国际法学者鲁道夫·多尔查德（Rudolf Dorchad）认为，尽管东道国的权利也应予以考虑，但在解释国际投资协定时应有的技术性方法应该是认识到谈判签订这些协定旨在便利及促进外国投资，因此在解释条约方面如果面临疑难，应该以一种有利于投资者的方式予以解释，强调并扩大投资者的权益以促进外国投资流动。而且，宽泛而模糊的国际投资协定条款也使得投资者能够挑战环境、健康等国内核心公共政策。最后，规制权内容在国际投资协定中的缺失使得投资者可以"为所欲为"。虽然任何国家的国内法均规定了政府的行政规制权或治安权，而且构成了国际习惯法，但IIAs赋予外国投资者诸多权利，使其可针对东道国的行政措施提起国际投资仲裁，导致东道国承担巨额赔偿。

（二）条约规范冲突解决准则的"不适应性"

不论是基于发展国家价值，或是保护环境的国际法义务，当国家的规制措施给投资者带来经济上的不利时，投资者常常以东道国违反投资待遇标准或间接征收为由将争端提交国际投资仲裁，此时仲裁庭可能必须同时面对来自两方面的保障要求。在投资条约仲裁内部，东道国若以国际环境法下的义务抗辩投资者的指控，会出现投资条约与环境条约间的规范冲突。在投资条约仲裁外部的全球公民社会中，仲裁庭则必须面对由东道国公民或环保团体之类的公民社会组织所疾呼的正当性危机，他们认为，作为欠缺民主基础的特设性机构，仲裁庭影响了主权国家经民主程序所制订与实施的环境保护立法与措施，甚至让东道国必须以巨额赔偿作为环境保护的代价。①

但面对不同条约间的规范冲突时，规范冲突解决准则难以发挥作用。第一，从效力等级来看，强行法虽然凌驾于投资规则之上，但直到目前为止环境权利还不被认为具有强行法地位。第二，投资与环境并非调整同一事项，所以也无法以"特别法优于一般法"和"后法优于前法"为由，证明优先保护环境的合法性。②

而且，国家既然为了达成各种目的而缔结不同的条约，那么理应希望各种价值目标能够兼得，③例如我们进行合理地推定，当国家通过条约而对投资待遇标准表示同意，并希望外资促进国家发展时，并不愿意或希望这一决定严重损害本国的环境。反之，国家在批准或加入国际环境文件，并因此承担保护环境的国际义务的同时，不存在"为了环境应该牺牲一切"的想法。国

---

① CHOUDHURY B. Recapturing Public Power: Is Investment Arbitration's Engagement of the Public Interest Contributing to the Democratic Deficit? [J]. *Vanderbilt Journal of Transnational Law*, 2008(41): 775, 782–807.

② REUTER P. *Introduction to the Law of Treaties* [M]. London: Routledge, 1995: 132–134.

③ 也有学者认为，国家是否缔结相互冲突的条约，是一个经验问题，而不是一个被作为结论的前提。我们当然可以假设国家是理性的，但是外交人员在议定约文时是否谨慎地考虑并对过去的相关条约进行系统的回顾，外交部门与其他行政主管机关间是否有效沟通，甚至是否国内利益团体之间的角力及其对立法机关立法的影响等众多因素会影响条约在订立后是否与先前条约间发生冲突。将视角限缩在国家本身，而置国家部门间与国内公民社会的互动及作用于不顾，得出的结论必然是不科学和不现实的。

家希望达到两项规范及其背后价值在最大可能的范围内同时实现。

鉴于规范冲突解决准则无法对环境条约与投资条约间的规范冲突发挥作用，所以，不少国家通过改良国际投资协定文本来协调经济价值和非经济价值之间的关系。

二、环境利益 [①] 与经济利益协调的主要实践

（一）实体层面：国际投资协定对环境条款的纳入

传统意义上，人们认为，国际投资法和国际环境法相互独立，分属于不同法律部门，前者旨在减少或消除投资壁垒来实现投资保护，促进自由化，而后者应由专门的多边环境条约加以解决。而且正如 OECD 所指，尽管所有国家都承诺致力于实现可持续发展目标，但很多国家并未将国际投资协定作为实现这些目标的机制。在大多数国际投资仲裁实践中，仲裁员倾向于接受"至高无上的国际法"，因此当东道国通过其国内法（包括环境法）所追求和执行的公共利益与投资者发生冲突时，其抗辩往往不受关注。所以，国际投资协定大多无法充分回应环境挑战。甚至有人担心，国际投资法的扩张可能会威胁到环境法的发展，缩小有关健康和环境保护的政策空间。

21 世纪以来出现了越来越强烈的"绿化"投资协定的举措。国际可持续发展研究所（International Institute for Sustainable Development, IISD）提出了可持续发展国际投资协定范本，通过平衡的协定实现可持续发展；UNCTAD 引入了可持续发展投资政策框架，为国家法律、政策和条约制定提供最新指

---

① 国际投资法对"环境"一词没有统一的定义，而且很难明确其定义。基于行文目的，本书的"环境"指以独立条款或某一条款组成部分形式出现的主要旨在解决环境关切的协定规定。并非所有环境条款都使用"环境"或"环境的"。它们可能会采用其他替代术语，例如，"可持续发展""植物和动物""生态系统"或"自然资源"。虽然这些术语严格意义上是不同的，但包含这些术语的协定规定也被视为环境条款，均属于本书考虑的范围内。

导；OECD 也建议改进协定中的可持续发展规定。学者们也建议对现有的协定进行结构性革新，或者在协定制定过程中平衡不同的政策目标，以使其更能适应可持续发展。此外，随着行使国家环境监管权而导致的国际投资仲裁案件的逐渐增多，并且常常需要承担巨额赔偿的不利后果，各国意识到亟待制定更为全面系统的投资协定以平衡投资者保护和东道国公共利益之间的关系。

OECD 曾对 1623 项国际投资协定从环境用语范围、种类、使用频率以及用语使用演进过程进行统计调查，[①] 发现只有占 8.2% 的 133 项样本条约[②] 在序言（66 项条约，约占 4.1%）、环境监管政策空间保留（82 项条约，约占 5.2%）、履行要求或国民待遇等特定事项（20 项条约，约占 1.3%）、非歧视环境管理措施不视为间接征收（12 项条约，约占 0.75%）、不得降低环境标准以吸引投资（49 项条约，约占 3.1%）、投资者—国家争端解决机制（Investor-state dispute settlement, ISDS）（16 项条约，约占 1%）、普遍促进环境保护与合作进程（20 项条约，约占 1.3%）等方面不同程度地提及了环境。[③] 从国别来看，在统计的 49 个国家中有 30 个国家至少在其中 1 项 IIAs 中包含有环境规定，其中使用频率较高的国家依次为：加拿大、新西兰、日本、美国和芬兰，而埃及、英国和德国在分别被抽取的 73 项、98 项和 122 项条约样本中仅有 1 项涉及环境规定。[④] 当前，涉及环境用语的国际投资协定呈明显上升趋势（见图 4-1）。

---

① 其中包括 1593 项的 BITs 和 30 项涉及投资章节的其他双边协定——主要为自由贸易协定，同时对某些 BITs 范本和相关涉投资规定的多边协定也进行了审查。

② 30 项非 BITs 的 IIAs 均涉及环境表述，而 BITs 中只有 6.5% 涉及。

③ GORDON K, POHL J. Environmental Concerns in International Investment Agreements: A Survey[R]. Paris: OECD Working Papers on International Investment, 2011: 5.

④ GORDON K, POHL J. Environmental Concerns in International Investment Agreements: A Survey[R]. Paris: OECD Working Papers on International Investment, 2011: 7.

（项）600

500

400

300

200

100

0

1958　1963　1968　1973　1978　1983　1988　1993　1998　2003　2008　2013　2018　2023　（年份）

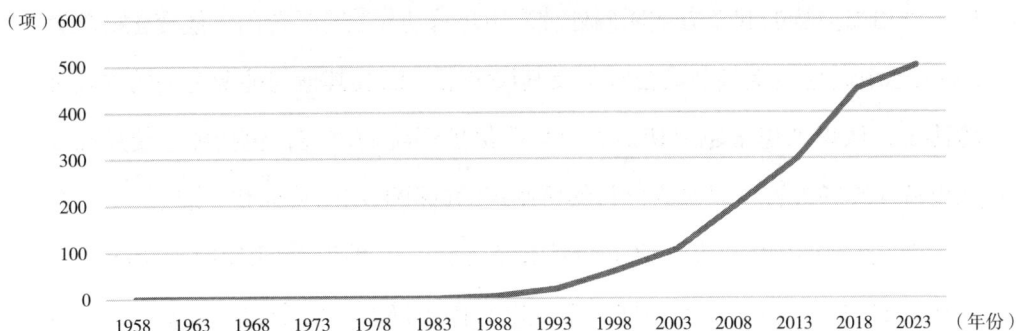

图 4-1　涉及环境用语的 IIAs 数量（1958—2023 年）

1. 序言对环境的一般性提及

BITs 的基本目标是保护与促进外国投资，有时也会追求其他目标如鼓励国家间的相互关系或东道国的经济发展，但它们没有考虑到环境问题。[①] 在最近签订的新一代协定中可以发现有关环境的表述。根据 UNCTAD 发布的世界投资报告，"2013 年缔结的 18 项 IIAs 中的 13 项，以及 2012 年缔结的 17 项 IIAs 中的 12 项包含环境用语或可持续发展目标。"[②]

很多条约在序言中对环境保护均有提及。1992 年签署的 NAFTA 为此类环境用语的先驱，其在序言中规定："以符合环境保护和维护相一致的方式承担前述任务，保持在维护公共福利上的灵活性，促进可持续发展，加强环境法律法规的发展和实施。"[③]CPTPP 序言规定："本协定缔约方，重申……环境保护与保育，促进可持续发展。"[④]

作为指导能源领域贸易和投资的行业协定，ECT 使用更为广泛的用语，

① 　DE BENEDETTO S. *International Investment Law and the Environment* ［M］. Cheltenham, Northampton: Edward Elgar Publishing, 2013: 150–151.

② 　UNCTAD. 2014 年世界投资报告［EB/OL］.（2014–06–24）［2022–11–10］. https://unctad.org/en/PublicationsLibrary/wir2014_en.pdf,pp.116–118; UNCTAD. 2013 年世界投资报告［EB/OL］.（2013–06–26）［2022–11–10］. https://unctad.org/en/PublicationsLibrary/wir2013_en.pdf,pp.102–103.

③ 　Preamble of NAFTA（1992）.

④ 　Preamble of CPTPP（2018）.

以一种相当独特的起草方式明确处理多边环境协定："《联合国气候变化框架公约》《远距离越境空气污染公约》及其议定书，以及其他与能源有关的国际环境协定，认识到越来越迫切地需要采取保护环境的措施，包括停止使用高能耗设备和废物处置，以及为此目的所制定的国际通用的目标和标准。"[①]

而在 BITs 中经常出现以下两种起草方式。一种以美国 2012 年 BIT 范本为代表的"相一致"标准，即"希望以与保护健康、安全和环境相一致，以及促进国际公认的劳工权利的方式实现这些目标。"[②] 而另一种方式是指不放松保护标准，例如，2015 年日本—乌拉圭 BIT 规定："认识到可以在不放松健康、安全和环境措施的情况下实现这些目标。"[③]

2010 年奥地利 BIT 范本结合了"相一致"和"不放松保护标准"措辞的方式。而且，它通过明确纳入该领域的软法为企业社会责任留出了空间："致力于以符合保护健康、安全和环境，以及促进国际公认的劳工标准的方式实现这些目标；坚信如 OECD 跨国公司指南所载的负责任企业行为将有助于增强企业与东道国间的互信；强调所有政府和非国家行为体都必须遵守联合国和 OECD 反腐败努力的必要性，特别是联合国反腐败公约；注意到联合国全球契约的原则；承认有关环境、人权或劳工权保护的投资协定和多边协定旨在促进全球可持续发展，并且在不放松保护标准的情况下应解决任何可能出现的不一致问题。"[④]

《欧盟—加拿大全面经济贸易协定》(The Comprehensive and Economic Trade Agreement, CETA) 在其序言中明确规定规制权："本协定保护缔约方在其领土范围内的规制权，决心维护其实现合法公共目标的权利，如公共健

---

① Preamble of ECT（1998）.

② Preamble of the US Model BIT（2012）.

③ Preamble of the Japan–Uruguay BIT（2015）.

④ Preamble of the Austrian Model BIT（2010）.

康、安全、环境、公共道德及文化多样性。"①南部非洲发展共同体（Southern African Development Community, SADC）在 2012 年 BIT 范本也对此作了类似的确认："认识到投资给缔约国的可持续发展作出的重要贡献，包括减少贫穷、提高生产能力、经济增长、技术转让以及促进人权和人类发展；寻求促进、鼓励和增加那些提升缔约国领土内可持续发展的投资机会；认识到可持续发展需要实现经济、社会和环境三大支柱的融合；重申缔约国有权在其领土内监管和采取有关投资的新措施，以实现国家政策目标；寻求协定下的缔约国、投资者和投资间权利和义务的总体平衡。"②

序言虽不涉及实体内容，无法在各方之间创设权利和义务，但对解释 9 条款发挥着重要作用。根据 VCLT 第 31 条相关内容，"就解释条约而言，上下文除指连同序言及附件在内之约文外，并应包括……"为此，当序言在保护和促进投资外，还纳入了其他非经济价值时，仲裁庭应作出更加平衡的解释。当然，此种功能的发挥也取决于不同仲裁庭的特定认知。例如，Metalclad 案和 S.D. Myers 案均基于 NAFTA 这一文本，但在 Metalclad 案中仲裁庭没有考虑序言中的任何环境用语或墨西哥监管权。③而对 S.D. Myers 案仲裁庭指出："NAFTA 中的序言和《北美环境合作协定》中提到的国际协定表明，NAFTA 的具体条款应根据以下一般原则加以解释：缔约各方有权建立高水平的环境保护；它们没有义务仅仅为了满足其他国家的政治或经济利益而降低自己的环境保护标准；缔约各方应避免造成贸易扭曲；环境保护和经济发展可以而且应该相互支持。"④

---

① Preamble of the Comprehensive and Economic Trade Agreement between EU and Canada（2017）.

② Preamble of the SADC Model BIT（2012）.

③ ICSID. Metalclad Corp. v. United Mexican States, ICSID Case No. ARB（AF）/97/1, Award［EB/OL］.（2000–08–30）［2022–10–06］. https://www.italaw.com/sites/default/files/case-documents/ita0510.pdf,paras.47,74–101.

④ NAFTA. S.D. Myers v. Government of Canada, Partial Award（UNCITRAL）［EB/OL］.（2000–11–13）［2022–10–06］. https://www.italaw.com/sites/default/files/case-documents/ita0747.pdf,para.220.

2. 明确规定监管权

监管权条款通常出现在题为"投资与环境"的条款中，2012 年美国 BIT 范本第 12.5 条和 NAFTA 第 1114.1 条有类似的规定："……本协定（/本章中）的任何内容均不得被解释为妨碍任何缔约方采取、维持和执行其认为与本协定（/本章）一致的任何适当措施，以确保其境内的投资活动以一种考虑环境因素的方式进行。"[1] EFTA—中国香港 FTA 有关投资章节的第 4.6 条第（1）款也做了类似规定："监管权：1. 本章的任何内容均不得被解释为阻止一方采取、维持或执行任何符合公共利益需要的措施，例如满足健康、安全或环境问题的措施以及基于审慎目的的合理措施。"[2]

同样该 FTA 在其有关贸易和环境的章节中对此作了规定："第 8.3 条监管权和保护水平：认识到各缔约方有权自行确立环境保护水平，并以符合本协定的方式相应地通过或修改其国内法律和政策，那么各缔约方将力求确保其国内法律、政策和实践参照第 8.5 条所述的标准、原则和协议，提供和鼓励高水平的环境保护，并将努力进一步改善国内法律和政策规定的保护水平。"[3] CPTPP 投资章节第 9.15 条规定："本章内容不应被解释为阻止一缔约方基于确保其领域内的投资活动系以审慎态度对待环境、健康或安全的考虑，而采取、维持或实施任何与本章规定相符的措施。"[4]

新西兰与中国台湾地区于 2013 年达成的经济合作协定也值得关注。它在投资章节第 1 条明确承认了监管权："本章的目标是在一个稳定的规则框架内，通过透明、互利的方式鼓励和促进双方之间的投资流动，以确保每一缔约方内的另一方投资者的投资得到保护和安全。同时承认缔约方的监管权，

---

[1]　Article 12.5 of the US Model BIT（2012）.

[2]　Article 4.6（1）of the EFTA–Hong Kong FTA（2011）.

[3]　Article 8.3 of the EFTA–Hong Kong FTA（2011）.

[4]　Article 9.16 of CPTPP（2018）.

和政府保护公共健康、安全和环境的责任。"①但在其投资与环境条款中仍使用了与上述条款相同的用语："本章中的任何内容均不得被解释为阻止一缔约方采取、维持或执行其认为与本协定一致的任何适当措施，以确保其境内的投资活动以对环境问题敏感的方式进行。"②

上述条款受到不少学者的批判，③他们认为这种起草方式事实上只允许东道国采取符合投资协定的措施，投资者指控东道国为了公共利益，违反投资协定项下保护投资者实施的监管措施。正如有学者指出的那样："明确的监管权条款达不到他们引入这一权利的雄心。"因为"相一致"的表述可能产生相悖的结论，即任何与条约不一致的措施都与其所规定的义务不相符，所以这一规定可能导致政策空间的缩小而不是扩大。④此条款的目的不是将真正的监管权置于协定中，而是以间接方式对投资者施加软性义务。

并非所有 IIAs 的监管权规定都包含"与本条约一致"用语。例如，哥伦比亚 2008 年 BIT 范本引入比例测试，来代替"符合投资协定"的要求。其监管权条款规定如下："投资与环境：本协议中的任何内容均不得被解释为阻止缔约方采取、维持或执行其认为适当的任何措施，以确保其领土内的投资活动是根据缔约方的环境法进行的，但前提是此类措施与所寻求的目标

① Article 1 of Chapter 12 of the New Zealand–Taiwan Economic Cooperation Agreement（2013）.

② Article 16 of Chapter 12 of the New Zealand–Taiwan Economic Cooperation Agreement（2013）.

③ TITI A. *The Right to Regulate in International Investment Law*［M］. Baden–Baden: Nomos and Dike, 2014: 112; NEWCOMBE A. Sustainable Development and Investment Treaty Law［J］. *The Journal of World Investment and Trade*, 2007（8）: 400; KNOX J. The Neglected Lessons of the NAFTA Environmental Regime［J］. *Wake Forest Law Review*, 2010（45）: 471; OSTERWALDER N B, WEISS E B. *International Investment Rules and Water: Learning from the NAFTA Experience*［M］//WEISS E B, DE CHAZOURNES B, OSTERWALDER N B. *Fresh Water and International Economic Law*. Oxford: Oxford University Press, 2005: 265.

④ TITI A. *The Right to Regulate in International Investment Law*［M］. Baden–Baden: Nomos and Dike, 2014: 115.

成比例。"①

另一种方法要求该措施具有非歧视性。为此，如下条款与同样要求非歧视性措施的例外条款相近。但一般例外条款除了非歧视性要求之外，通常还要求必要的有关措施，而不是对国际贸易或投资的变相限制。要求措施为非歧视性的监管权条款如下，"本协议的任何内容均不得被解释为阻止一缔约方采取、维持或执行任何以下非歧视性措施：a）旨在保护人类、动植物生命或健康或环境；b）与保护生物或非生物可耗尽的自然资源有关"。②

此外，如比利时／卢森堡—哥伦比亚 BIT 所示，省略了对该措施的任何要求，将该条款与环境立法一词的定义相结合。其中，第 7.4 条规定："本协定的任何内容均不得被解释为阻止缔约方采取、维持或执行其认为适当的任何措施，以确保其领土内的投资活动是根据该缔约方的环境法进行的。"③

IISD 和 SADC 的 BITs 范本提出了另一种更广泛的方法。当然，也是最接近真正的监管权。通过引用国际法，强调监管权是国家主权的基本属性。东道国享有在公共利益方面的监管权，只应在特殊情形下受到限制。为此，该条款体现了监管权的目的，以便在公共和私人利益之间取得适当的平衡。该条款强调："（b）根据习惯国际法和国际法的其他一般原则，东道国有权采取监管或其他措施，确保其领土内的开发符合可持续发展的目标和原则，以及其他（合法的）社会和经济政策目标。（c）除非东道国的权利明确规定是本协定义务的例外，否则如本协定所述，对这些权利的追求应理解为体现了投资者和投资、东道国权利和义务的平衡，并符合习惯国际法的其他规范。"④总之，IISD 和 SADC 在起草明确的监管权条款方面的做法值得推崇，因为它

---

① Article 8 of the Colombian Model BIT（2008）.

② Article 4.1 of the Turkey Model BIT（2009）.

③ Article 7.4 of the Belgium Luxembourg–Colombia BIT（2009）.

④ Article 25.C of the IISD Model International Agreement on Investment for Sustainable Development（2005）.

确保了最佳的监管权。

3. 例外条款

（1）间接征收例外

为了区分间接征收和正当行使国家监管权，以及回应仲裁庭在该领域日益增多的判例，新一代协定提供了间接征收标准。一般来说，三个因素决定了间接征收情形是否发生：措施的经济影响和持续时间，对合理的投资支持预期的干预程度以及措施的目标、背景和意图。[①]

2011 年 OECD 的一份报告指出，虽然有关环境监管不构成间接征收的条款稀少，[②] 但它们仍然稳步渗透到国际投资协定中。就目前看，其主要存在于征收规定或具体协定的附件中。该条款最为常见的表述是："除罕见情形外，例如，当一项措施或一系列措施因其目的而导致严重后果以至于不能被合理地视为善意采取和实施时，那么一缔约方采取的旨在或用于保护诸如健康、安全和环境等正当的公共福利目标的非歧视监管行为，不构成间接征收。"[③]

2012 年加蓬—土耳其 BIT 排除了"除罕见情形外"，并将"监管行为"一词改为"法律措施"："为保护健康、安全和环境等合法公共福利目标而设计和实施的非歧视性法律措施不构成间接征收。"[④]

2010 年哥伦比亚—英国 BIT 使用委婉的措辞，将"不构成"改为"不应构成"并引入比例测试："缔约方出于公共目的或社会利益（其含义应与"公

---

① 　OECD. Indirect Expropriation and the "Right to Regulate" in International Investment Law［R］. Paris: OECD Working Papers on International Investment, 2004: 21.

② 　GORDON K, POHL J. Environmental Concerns in International Investment Agreements: A Survey［R］. Paris: OECD Working Papers on International Investment, 2011: 20.

③ 　例如，Article 7.4 of the Austria–Nigeria BIT 2013, Annex I of Benin–Canada BIT 2013, Article IX of the Belgium/Luxembourg–Colombia BIT 2009, Anexo 2（4b）of Colombia–Singapore BIT 2013, Annex X.11（3）of CETA.

④ 　Article 6.2 of the Gabon–Turkey BIT（2012）.

共目的"相符）需要，包括公共健康、安全和环境保护，秉持善意、规范和成比例而采取的非歧视性措施，不应构成间接征收。"①

以举证责任而言，判例法在概念上并不清楚，投资者是否必须证明国家的监管行为等同于征收，或者国家是否必须证明其行为符合法律规定。事实上，如果投资者只需要证明东道国监管行为剥夺了其投资价值的话，那么这就会将举证责任转移至东道国。东道国必须证明其监管是非歧视性的，通过正当程序实施并且没有向投资者做出具体承诺。因此，如果由东道国证明上述要求，则意味着东道国的一般监管行为通常等同于间接征收。但是，如果由投资者来证明东道国的监管行为具有歧视性，不符合正当程序和/或已收到具体承诺，则会推断一般监管行为不轻易构成间接征收。在这种情况下，国家的监管行为只在例外时才构成间接征收。对此，有两种理由支持后一种观点。第一，监管权是国家主权的重要组成部分，不应对其加以限制；第二，在实践中，"监管不是例外，而是常态"，尤其在受到高度监管的市场中，例如，能源、采矿业或化学品经营等领域。新的科学发现促使环境监管处于动态开放中，这种论证符合当前的条约起草。综上所述，这些条款中的大部分都提到"除罕见情形外"，因此，非歧视性环境监管不等于间接征收。

总之，这类条款既保证了东道国充分灵活地采取监管措施追求公共目的而且无须对受到不利影响的投资者进行补偿，也保护了外国投资者免受直接和间接征收。

（2）一般例外

基于投资保护理念的国际投资法规则严重压缩了国家主权行使的政策空间，造成了管理僵局。虽然传统征收条款规定了一国可以为保护公共利益而对外国投资采取必要的措施，但其本质上还是从投资者保护的角度出发，而且由于公平公正待遇条款内容的不确定性以及逐渐成为容易引起投资者一

---

① Article 6.2 of the Colombia–UK BIT（2010）.

国家争端的条款之一，国际投资协定既有的平衡机制已经不足以保护公共利益。为了实现特定政策目标如环境、健康、道德等，有些国际投资协定仿照GATT1994 第 20 条的规定也制定了一般例外条款。

在区域协定方面，2009 年《东盟综合投资协定》第 17 条中的一般例外完全参照了 GATT1994 第 20 条的文本。其规定："如果下列措施的实施不会在相同情形的各缔约方之间或者投资者之间构成任意的或者不合理的歧视，或者对任何其他成员国的投资者及其投资构成不必的限制，本协定中的任何条款不得解释为妨碍任何缔约一方采取或者实行这些措施：1. 为保护公共道德或者维持公共秩序所必需；2. 为保护人类、动物或植物的生命或健康所必需；3. 为保证履行与本协定并非不相符的法律或法规的实施而必需；4. 旨在保证对任何一方的投资或投资者公平或有效地课征或收取直接税；5. 为保护具有艺术、历史或者考古价值的国家财富所必需；6. 与国内限制生产或消费相配合，为有效保护不可再生的自然资源的有关措施。"[1]2007 年东部和南部非洲共同市场（Common Market for Eastern and Southern Africa, COMESA）投资协定第 22 条同样参考 GATT 第 20 条，但又略有不同，除了在第（3）项中明确提到"旨在保护环境"外，还表现在不包括措施对于既定目标的必要性要求。[2]ECT 第 24 条规定的环境管制例外实质上重复了 GATT 第 20 条模式，但也拥有自身的特殊性。它将"征收与补偿"排除在外，这意味着环境与健康措施属于间接征收的范围。

在 BIT 方面，例如，美国 2012 年 BIT 范本在 2004 年范本的基础上规定："如果此类措施不是以专断的或不合理的方式实施，如果此类措施不构成伪装的国际贸易或投资限制，本条第 1（b）（c）（f）（h）和 2（a）（b）款项不应解释为阻止一缔约方采取或维持包括环境措施在内的措施：1. 确保遵从与本

① Article 17 of Asean Comprehensive Investment Agreement（2012）.

② Article 22.1 of the COMESA Investment Agreement（2007）.

条约一致的法律和法规所必需；2. 保护人类、动物或植物生命或健康所必需；3. 与养护有生命的或无生命的可用竭自然资源有关。"[1]

　　一般例外条款使得各国"保留一些可能因严格履行条约义务而受到影响或甚至损害的特权"。但也有学者认为，在缺乏一般例外条款的情形下，判例法承认，东道国为了公共目的而采取不同形式的监管并不违反投资协定义务。此时，若规定一般例外条款，明确列入合法公共政策目标清单，而且该条款大多附加一定的限制条件，如只能在必要和满足序言部分时才能被援引，有的协定还规定了事先通知义务，如上述 2002 年日本—韩国 BIT，有可能压缩国际投资协定自身存在的政策空间，或被仲裁庭进行狭义解释，因此其监管灵活性不如目前大多数的 IIAs。但笔者以为，这种所谓的"不确定性"是可以通过制度的完善加以弥补的，该条款本质上为利益平衡提供了明确清晰的条约依据，具有强制力保证且确定的条约效力，免除了特定条件下缔约国的条约义务，合理分配了外部环境变化带来的风险。

　　4. 不得降低或放松环境标准

　　为了避免各国竞相通过降低环境标准来吸引外资，防止企业因考虑环境成本偏好选择低环境标准的国家作为投资区域，导致出现污染"天堂"，鉴于此，不少国际投资协定都规定了"不得降低环境标准"条款。其已经发展为处理投资与环境、平衡经济利益最大化和生态社会和谐发展的重要法律工具。NAFTA 第 1114 条第 2 款规定："缔约方承认通过放松国内健康、安全及环境措施来鼓励投资的行为是不适当的。因此，各缔约方不应为鼓励在其地域设立、取得、扩张或保持投资者的投资而损抑或放弃，或意图损抑或放弃这种措施。如果一缔约方认为另一缔约方提供了这种鼓励，可以提出与之磋商，双方应针对避免此类鼓励进行协商。"[2] 日本在其 BIT 中的表述如下："缔约各

---

① 　Article 8 of the US Model BIT（2012）.

② 　Article 1114 of NAFTA（1994）.

方应避免通过放松其健康、安全或环境措施或降低其劳工标准，来鼓励另一缔约方或非缔约方的投资者的投资。为此，任何缔约方不应放弃或以其他方式减损此类措施或降低标准，以鼓励另一缔约方和非缔约方的投资者设立、收购或扩大投资。"[①]2010 年奥地利 BIT 范本使用了不同的用语："投资与环境：各缔约方认识到，通过削弱国内环境法来鼓励投资是不恰当的。"[②]

但像"认识到"和"应避免"等词语的模糊、无力，条款的行为义务而非结果义务，约束对象为缔约国而非投资者等问题都制约着该条款的进一步发展。

（二）程序层面：侧重于对法庭之友制度的考察

1. 法庭之友参与涉环境措施的投资仲裁实践

法庭之友（amicus curiae，又称第三方参与），是指独立于双方当事人的第三方以其独立身份通过提交书面意见或其他方式参与到仲裁或诉讼中。虽然其意图产生的结果可能与当事一方一致，但并非为当事方提供的证人、专家等。

投资仲裁庭最初拒绝第三方参与，因为仲裁程序与国内或国际法院程序存在差异。在"Aguas del Tunari SA 诉玻利维亚共和国"一案中，[③]来自世界各地的涉及健康、安全和环境方面的三百多个非政府组织要求提交法庭之友书面意见，均主张用水权利应属于玻利维亚人民。但仲裁庭认为，应依据系争条约决定是否接受法庭之友书面意见，其他国家的 BIT 涉及非政府组织可作

[①] Article 27 of the Japan–Uruguay BIT（2015）.

[②] Article 4 of the Austrian Model BIT（2010）.

[③] ICSID. Aguas dal Tunari SA v. The Republic of Bolivia, ICSID Case No. ARB/03/02［EB/OL］.（2005–10–21）［2022–10–06］. https://www.italaw.com/cases/57. 1999 年，在世界银行的要求下，玻利维亚政府开始进行水务私有化，投资者 Aguas del Tunari SA 在收购了当地自来水厂后，随即就把水费提高了两倍，此举导致了民众大规模的抗议和骚乱。为了安抚民心，玻利维亚政府因此取消了投资者的特许权，该公司认为此举构成了征收，于是向 ICSID 提起仲裁。

为法庭之友参与仲裁的规定对本案没有任何意义。通过审查荷兰—玻利维亚BIT，并未发现与法庭之友相关的条款，而且两国政府在该案中都对非争端当事方提交法庭之友书面意见表示明确拒绝，所以，本仲裁庭无权处理该事项。该裁决遭到了广泛批评，认为仲裁庭采取的做法将"剥夺公众的合理期待"。

近年来，投资者与国家之间的仲裁加大了对第三方参与的包容度，这可能是为了回应公众的持续施压和批评。NAFTA 各方明确支持这一转变：FTC发表了一份关于"非争议方参与的声明"，授权 NAFTA 第 11 章下的仲裁庭采用非约束性标准接受第三方的书面意见。[①] 虽然此声明只是不具有强制力的建议，却也为将来 NAFTA 体系下的国际投资仲裁庭接受"法庭之友"的参与提供了成文规定的支持，同时对 ICSID 仲裁规则在 2006 年的修订起到了推动和指引作用，根据新修订的仲裁规则，ICSID 仲裁庭拥有允许利益第三方在仲裁程序中提出书面意见的裁量权。此外，美国和加拿大的 BIT 范本包含了允许仲裁庭考虑授予第三方在投资仲裁中提交意见书的权利。[②]

在国际投资争端中给予第三方干预权的案例绝大多数涉及非政府组织和民间社会团体。这些团体寻求法庭之友的地位，以在争端的主题事项中如健康和可持续发展等代表公众利益。

Methanex 案是首件承认第三方"有权"作为法庭之友参与投资仲裁程序的案件。[③] 加州政府出于对资源环境和当地居民健康保护的目的禁止使用MTBE 作为汽油添加剂，这给甲醇（生产 MTBE 的重要原料）生产商的经济利益造成了严重影响。若干加拿大非政府组织，包括国际可持续发展协

---

① 　NAFTA Free Trade Commission, Statement of the Free Trade Commission on Non-Disputing Party Participation, Oct. 7, 2003, 16 W.T.A.M. 167（2004）（hereinafter, FTC Statement）.

② 　Article 39 of Canada Model BIT（2004）.

③ 　NAFTA. Methanex v. United States of America, Final Award（UNCITRAL）［EB/OL］.（2005-08-03）［2022-10-06］. https://www.italaw.com/sites/default/files/case-documents/ita0529.pdf,Part IV Chapter B,para.5.

会，向仲裁庭申请针对公众关注的重大法律问题提交一份法庭之友的书面意见，并要求查阅争端中的文件以及作为观察员身份出庭。该案仲裁庭审查了NAFTA 和 1976 年 UNCITRAL 仲裁规则的相关条款，并最终认定，某些条款暗示地指出仲裁庭享有允许或禁止法庭之友参与的程序性权力。具体而言，仲裁庭根据 UNCITRAL 规则第 15（1）条规定，指出："在不违反本规则的情况下，仲裁庭可以按照其认为适当的方式进行仲裁，前提是当事各方受到平等对待，并且在程序的任何阶段都给予当事方充分的机会陈述案件。"①

仲裁庭强调，该案件涉及公共利益问题，"不仅因为争端一方是国家"，而且因为它涉及公共服务供应和人类健康事项，并且法庭之友可以针对这些问题提出新的观点。② 但根据 1976 年 UNCITRAL 仲裁规则第 25 条第 4 款之不公开审理的规定，不接受第三方参加庭审和查阅资料。③ 仲裁庭指出，它无权允许案外第三方的任何实质性参与，而接受法庭之友书面意见并不会给争议双方增加其他的负担。④ 最终，仲裁庭不仅允许非政府组织提交书面意见，而且在裁决书中还引用了国际可持续发展协会所述的部分内容。

与以往涉及环境要素的国际投资仲裁支持外国投资者一方不同，Methanex 案考虑了东道国在基本公共领域的监管权，作出了对外国投资者不

---

① NAFTA. Methanex Corp. v. United States, Decision of the Tribunal on Petitions from Third Persons to Intervene as Amici Curiae［EB/OL］.（2001-01-15）［2022-10-06］. https://www.italaw.com/sites/default/files/case-documents/ita0517_0.pdf,paras.43-46.

② NAFTA. Methanex Corp. v. United States, Decision of the Tribunal on Petitions from Third Persons to Intervene as Amici Curiae［EB/OL］.（2001-01-15）［2022-10-06］. https://www.italaw.com/sites/default/files/case-documents/ita0517_0.pdf,para.49.

③ NAFTA. Methanex Corp. v. United States, Decision of the Tribunal on Petitions from Third Persons to Intervene as Amici Curiae［EB/OL］.（2001-01-15）［2022-10-06］. https://www.italaw.com/sites/default/files/case-documents/ita0517_0.pdf,para.42.

④ NAFTA. Methanex Corp. v. United States, Decision of the Tribunal on Petitions from Third Persons to Intervene as Amici Curiae［EB/OL］.（2001-01-15）［2022-10-06］. https://www.italaw.com/sites/default/files/case-documents/ita0517_0.pdf,para.27.

利的裁决。^①其中，法庭之友的作用无疑得到了彰显。本案为后来的国际投资仲裁案件对法庭之友参与问题提供了有益遵循。

在 ICSID 的背景下，白瓦特高夫有限公司（Biwater Gauff）诉坦桑尼亚案^②、苏伊士环境集团巴塞罗那水务股份公司（Suez, Sociedad General de Aguas de Barcelona S.A. and Vivendi Universal S.A.）诉阿根廷案^③（以下简称"Suez and Vivendi 案"）也允许非政府组织作为第三方进行有限参与。

Biwater Gauff 案为仲裁庭适用 2006 年 ICSID 新仲裁规则处理法庭之友问题的第一起案件。该案涉及坦桑尼亚首都达累斯萨拉姆的供水和污水服务私有化，以及随后坦桑尼亚政府终止与一家英国公司的供水服务合同。代表人权和可持续发展问题的五个非政府组织申请作为法庭之友参与仲裁程序，要求提交书面意见、查阅各方提交的关键文件、参与案件庭审。为了获得支持，非政府组织声称，从可持续发展的角度来看，该案仲裁程序涉及坦桑尼亚当地社区极为关注的问题，以及已经将供水或其他基础设施私有化的发展中国家所关注的各种潜在问题。^④根据 2006 年 ICSID 仲裁规则第 37 条第 2 款所规定的"赋予仲裁庭酌情允许第三方提交书面意见"，仲裁庭分析了法庭之友参

---

① 高波.投资者——国家仲裁中"法庭之友"的参与［J］.安徽农业大学学报（社会科学版），2010，19（3）：70.

② ICSID. Biwater Gauff（Tanzania）Ltd. v. United Republic of Tanzania, ICSID Case No.ARB/05/22, Procedural Order No. 5［EB/OL］.（2007-02-02）［2022-10-06］. https://www.italaw.com/sites/default/files/case-documents/ita0091_0.pdf.

③ ICSID. Suez, Sociedad General de Aguas de Barcelona S.A. and Vivendi Universal S.A. v. The Argentina, ICSID Case No. ARB/03/19, Order in Response to a Petition by Five Non-Governmental Organizations for Permission to make an amicus curiae Submission［EB/OL］.（2007-02-12）［2022-10-06］. https://www.italaw.com/sites/default/files/case-documents/ita0823.pdf.

④ ICSID. Biwater Gauff（Tanzania）Ltd. v. United Republic of Tanzania, ICSID Case No.ARB/05/22, Procedural Order No. 5［EB/OL］.（2007-02-02）［2022-10-06］. https://www.italaw.com/sites/default/files/case-documents/ita0091_0.pdf,p.7.

与的问题。[①]该仲裁规则第 37 条第 2 款要求仲裁庭除其他事项外，应考虑以下情形的参与程度："（a）非争议方提交的书面意见不同于争议当事方的观点、特殊知识或见解，协助仲裁庭确定与诉讼有关的事实或法律问题；（b）非争议方提交的书面意见将处理争端范围内的事项；（c）非争议方对诉讼具有重大利益。"

仲裁庭认为，符合规则第 37 条第 2 款的标准，允许非政府组织提交书面意见。[②]对于 NGOs 提出的其他请求，仲裁庭表示拒绝，原因是新仲裁规则第 32 条第 2 款规定只能在争端当事方同意的情形下方可参加庭审，另外仲裁庭认为第三方不需要通过查阅案件材料便提交有意义的意见书。[③]如同先前根据 UNCITRAL 仲裁规则裁决的案件一样，仲裁庭强调法庭之友无权享有任何实体性权利。值得注意的是，仲裁庭指出："允许这些实体在这些程序中提交此类意见是仲裁庭全面履行职权和确保对仲裁程序本身得到更广泛认可的一个重要因素。"[④]

在 Suez and Vivendi 案中，ICSID 仲裁庭也参照了关于法庭之友参与的新

---

① ICSID. Biwater Gauff（Tanzania）Ltd. v. United Republic of Tanzania, ICSID Case No.ARB/05/22, Procedural Order No. 5［EB/OL］.（2007−02−02）［2022−10−06］. https://www.italaw.com/sites/default/files/case−documents/ita0091_0.pdf,p.2.

② ICSID. Biwater Gauff（Tanzania）Ltd. v. United Republic of Tanzania, ICSID Case No.ARB/05/22, Procedural Order No. 5［EB/OL］.（2007−02−02）［2022−10−06］. https://www.italaw.com/sites/default/files/case−documents/ita0091_0.pdf,pp.14−15.

③ ICSID. Biwater Gauff（Tanzania）Ltd. v. United Republic of Tanzania, ICSID Case No.ARB/05/22, Procedural Order No. 5［EB/OL］.（2007−02−02）［2022−10−06］. https://www.italaw.com/sites/default/files/case−documents/ita0091_0.pdf,paras.62−68.

④ ICSID. Biwater Gauff（Tanzania）Ltd. v. United Republic of Tanzania, ICSID Case No.ARB/05/22, Procedural Order No. 5［EB/OL］.（2007−02−02）［2022−10−06］. https://www.italaw.com/sites/default/files/case−documents/ita0091_0.pdf,paras.51−52.

程序标准。① 本案投资者为阿根廷首都地区供水与污水处理系统运营商，认为阿根廷拒绝调整水价的行为违反了投资条约，因而提起仲裁。在该案中，共有 5 个代表人权和公共服务准入问题的非政府组织向仲裁庭提出法庭之友申请。与先前案件一样，他们也寻求获取案件材料、参与庭审和提交法庭之友书面意见。同样，仲裁庭并没有将参与权扩展到提交书面意见之外。② 仲裁庭分析，虽然 ICSID 相关条款对法庭之友的参与问题不置可否，先前的裁决也没有承认仲裁庭可以接受第三方提交的法庭之友书面意见，但是，该案仲裁庭认为 ICSID 公约第 44 条规定的 "自行决定程序问题"③ 与 UNCITRAL 仲裁规则第 15 条第 1 款在功能和目的上十分相似，均为仲裁庭考虑第三方法庭之友书面意见的程序问题留下了裁量空间。所以，仲裁庭有权在其认为适当的情况下接受法庭之友书面意见的提交。接着，仲裁庭参照了关于法庭之友参与的新程序标准，即新仲裁规则第 37 条第 2 款，最终允许法庭之友提交书面意见。虽然本案的裁判者认为法庭之友可以为诉讼带来新的视角，但他们也强调了不给争议各方因第三方广泛的干预而带来过分的负担。④

---

① ICSID. Suez, Sociedad General de Aguas de Barcelona S.A. and Vivendi Universal S.A. v. The Argentina, ICSID Case No. ARB/03/19, Order in Response to a Petition by Five Non-Governmental Organizations for Permission to make an amicus curiae Submission［EB/OL］.（2007-02-12）［2022-10-06］. https://www. italaw.com/sites/default/files/case-documents/ita0823.pdf,para.12.

② ICSID. Suez, Sociedad General de Aguas de Barcelona S.A. and Vivendi Universal S.A. v. The Argentina, ICSID Case No. ARB/03/19, Order in Response to a Petition by Five Non-Governmental Organizations for Permission to make an amicus curiae Submission［EB/OL］.（2007-02-12）［2022-10-06］. https://www. italaw.com/sites/default/files/case-documents/ita0823.pdf,para.14.

③ 公约第 44 条规定：任何仲裁程序应依照本节规定，以及除双方另有协议外，依照双方同意提交仲裁之日有效的仲裁规则进行。如发生任何本节或仲裁规则或双方同意的任何规则未作规定的程序问题，则该问题应由法庭决定。

④ ICSID. Suez, Sociedad General de Aguas de Barcelona S.A. and Vivendi Universal S.A. v. The Argentina, ICSID Case No. ARB/03/19, Order in Response to a Petition by Five Non-Governmental Organizations for Permission to make an amicus curiae Submission［EB/OL］.（2007-02-12）［2022-10-06］. https://www. italaw.com/sites/default/files/case-documents/ita0823.pdf,para.21.

对迄今为止各仲裁庭允许非政府组织参与投资仲裁的方式的审查表明，促使它们进行干预的理由是程序性的，而不是实质性的。鉴于诉讼程序中的公共利益，促进公众参与和透明度的必要性似乎影响了仲裁庭。同时，仲裁庭给予他们非常有限的权利，原因之一是他们认为这些第三方不能对纠纷实体产生实质性影响。

2. 法庭之友参与国际投资仲裁的利弊争议

对迄今为止法庭之友参与的审查发现，第三方的参与权仍然极其有限。总的来说，现行的投资仲裁法庭之友介入的制度和实践方法可以被归类为自由裁量，并且基本上没有正式化。因此，到目前为止，对于第三方参与可以给裁决及给整个国际投资制度带来何种利益，理论界和实务界仍存在不同的声音（见表4-1）。

表 4-1　支持和反对第三方参与的正论和反论

	正论	反论
支持第三方参与	符合公共利益	被诉国代表公共利益；NGOs 不负责任
	可以提供知识、专长和不同的观点	第三方可以直接向一方当事人提出申诉，也可以作为专家被召集
	消除公众对仲裁保密性的担忧（增加正当性）	不向公众负责的行为者的参与是否可以提高正当性值得怀疑
反对第三方参与	商业秘密	仍然可以保密
	增加时间和费用的负担	负担很小，并且可以通过关于制定参与的一套准则来控制；仲裁庭可以免费获得更多的信息（无需向法庭之友支付）
	泛滥	在世贸组织或其他领域中，或在最近的投资仲裁实践中，没有这方面的证据
	使争端"重新政治化"	更大的透明度和第三方的参与使得案件在公共领域的代表性更加平衡
	发达国家行为体比发展中国家行为体更有能力进行干预	发展中国家行为体已经介入了若干案件；发达国家行为体可以支持发展中国家行为体并提高其作为法庭之友的能力

　　尽管学界对法庭之友的参与有不同的评判，[①] 但是脱胎于国际商事仲裁的国际投资仲裁因当事一方为国家，且投资争议大多针对东道国的公共政策，所以国际社会越来越期待强化程序的透明度。作为透明度改革的重要载体，法庭之友可以在一定程度上弥补国际投资仲裁对公共利益的忽视，对抗制和仲裁员专业的缺陷，减少仲裁裁决的不一致性，以及回应全球治理的需要。但我们也不能矫枉过正，完全忽视仲裁的特性和优势。对此，可从以下方面加以平衡：第一，投资文本和仲裁文件应明确法庭之友参与的具体条件，减少因仲裁庭的自由裁量权所带来的不确定性。如对争端是否存在重大利益，在何种程度上对仲裁裁决的合理合法有着实质性贡献。第二，不能给争议双方带来不合理的负担和造成庭审迟延。在此基础上，我们认为，参与的形式不应仅仅为提交书面意见，也包括参与庭审，并进行口头辩论；查阅案件部分或全部材料。

　　除了上述涉及透明度的第三方参与问题，一些 IIAs 将环境问题排除在ISDS 之外，例如，2009 年加拿大—约旦 BIT 第 22 条规定："一缔约方的投资者可根据本节提交仲裁，主张另一缔约方违反了第 2 条至第 5 条第 6（1）段、第 6（2）段，第 7—10 条和第 12—18 条规定的义务，以及因此而遭受的损失或损害。"[②] 关于健康、安全和环境措施的第 11 条未被列入到第 22 条的可仲裁权利清单中。

　　而且，鉴于环境问题的专业性，美国、加拿大等国的 BITs 对环境保护在投资争端解决部分进行了程序性规定。以"专家报告"为题的条款，允许应

---

① 例如，有学者提到的"第三方参与可能会影响仲裁方的战略安排和当事人的意思自治"，笔者认为此观点值得商榷。第一，当事方通常通过选择仲裁规则的方式决定仲裁的程序，而仲裁庭也是根据其选定的仲裁规则决定是否允许第三方参与，因此从根本上讲，仲裁庭允许第三方参与的权利也是当事人的授权。第二，第三方参与仲裁本身不会影响当事人的实体权利，三方提供的事实和法律依据以及与当事方不同的视角会影响当事方实体权利的。

② Article 22 of the Canada–Jordan BIT（2009）.

争议一方请求或在双方同意的情况下，仲裁庭指定一名或多名专家针对一方行为引起的有关环境、健康、安全或其他科学问题的事实提供书面报告。

本章小结

东道国对环境风险的行政规制，往往引发投资者以违反投资待遇、构成间接征收为由提起国际投资仲裁。大部分仲裁庭参照 VCLT 第 31.1 条作出文义解释。但对于同一语词的解释如相似情形、公平公正待遇的内涵等却有着不同甚至对立的推理。在对那些适当考虑环境要素的投资仲裁案件进行梳理后，笔者发现，它们可被归类为一种"例外"。

当解释非歧视待遇的"相似情形"时，仲裁庭均具体融合了环境问题。一方面，遵循当今融入国际经济法的一系列解释，S.D. Myers 仲裁庭将相似情形的要求与被比较的投资者属于"同一经济或商业部门"这一事实联系在一起。根据该解释，仲裁庭分析的投资案件理论上可能存在相似情形，因此具有可比性。另一方面，仲裁庭提出了评估相似情形的第二种解释。这种解释认真考虑了能够使得东道国采取的不同待遇"正当化"的非经济因素。这也导致针对投资的可比性得出不同结论。仲裁庭的推论是基于存在"国家的合法目标"；换言之，通过"政府监管"来"保护公共利益"。当一项投资对重要公共目标构成风险，而另一项投资没有这种风险时，则两种情形不具有相似性。

第一种论点从两个投资者在同样经济或商业部门中运行的事实重构"相似情形"的含义。这一含义对应于融入国际投资法和 WTO 有关相似性的解释模式，证明了对非歧视的经济目标发挥作用。为总结法律语境中的相似性的含义，人们会参考投资所涉经济条件的类似之处。第二种论点只限于环境或其他处于危险根本利益的少数情形。其不具有作为确定"相似情形"含义的"积极"标准的作用，仅从否定角度排除相似性，从而"证实"国家行为的正当性。

在间接征收解释方面，近来某些裁定提出的管制性措施，似乎确实是仲裁庭创设的例外。尽管 NAFTA 第 1110 条在阐述合法征收时提到了追求公共目的、避免歧视、尊重正当法律程序和支付赔偿，但是仲裁庭的解释通过对前三个要求和第四个要求进行区分，主张只要在管制征收措施情形下，该措施遵守前三个要求即无须赔偿。

仲裁庭的这种解释创设了一种贬损现有规则的自治、独立的规范条款。这种新规范条款使一系列情形独立于该条文正式包罗的情形集合。这种操作通过复杂但更为正式的方式来实现。首先要（通过管制措施）确认情形子集（国家行为的形式如环境），然后根据第四点要求关联部分贬损规则（部分例外），并且最重要的是，排除该措施合法性要求（赔偿）。

第 1110 条的新含义（其中纳入例外）是正常解释的结果，但尚不清楚其能否被构想为一种新规则，因为在此情形下难以断言该规则属于根据统一的判例法观点对其作出解释的某一条约，也难以断言该规则自身不存在修改。Methanex 案与 Glamis 案仲裁庭似乎已经意识到这一点，因此引用习惯法规则来解决。但是这一立场无法令人完全信服。

根据国际法渊源的理论，条约规则可以贬损此前的习惯法规则。因此，除了强行法外，确认习惯法规则直接适用于条约规则将需要证明习惯法规则是条约规则的继承。但是在以上两个案件中，仲裁庭很难证明这点，因为 NAFTA 是于 1994 年才通过的。当然，这只是对符合现有习惯规则的条约规则进行解释的情况，但这种解释性标准应在无规则或规则模糊时适用。NAFTA 第 1110 条等对此进行明文规定。如果人们认为假定的习惯法规则在国际实践中没有得到明确的确认，将不具有说服力。

该习惯法规范过去和现在都没有在国际法中得以确立。两个仲裁庭的解释在某种意义上可谓"新鲜"，即该解释为既定规则增添了规范性要素，甚至创设了一条新规则。虽然国际法并没有像普通法体系中那样的造法机制，但是不同于多数国家的法律体系，习惯法确实是国际法的重要表现形式。因此正如各国所公认，适用国际法的仲裁庭在创造和定义习惯法的过程中举足轻重。在此情形下，仲裁庭创造性地解释《北美自由贸易协定》第1110条，在一定程度上创设新习惯法规范（关于征收和赔偿的基本规则例外）。

当仲裁庭解释公平公正待遇标准时，可以在 Unglaube 案的推论中发现GATT 第20条一般例外模式。该案支持将"尊重"东道国的公共政策作为公平公正待遇标准的一般解释标准，甚至确认了国家相应权利。类似于 WTO上诉机构对第20条的解释，Unglaube 案的仲裁庭强调国家保护其基本利益的权利优先于国家承担的国际商业义务。在维持投资者基本预期的同时，此类尊重适用于公平公正待遇原则的全部内容，可作为一种一般解释工具。而且，Unglaube 案的裁定并不限于一般性援引对公共政策的尊重，而是从广泛的公共目的领域中加以选择。如此，它唤起了如 GATT 第20条那样的一系列正当措施。最后，仲裁庭根据第20条引言的表述参考专断和不歧视的概念，审查没有滥用国家特权（以及没有滥用其责任）来平衡这种支持国家规制权的明确立场。

除文义解释外，仲裁庭在部分案件中还主动或被动地考虑了 VCLT 第31.3条（c）项。但对于该条的价值，仲裁庭仍有不同的理解。在 Santa Elena案中仲裁庭无视哥斯达黎加援引的一系列要求保护独特生态遗址的国际环境公约（包括世界遗产公约）；而在 SPP 案和 Chemtura 案中，仲裁庭运用体系整合解释，考虑了非商业价值的国际环境公约。理论上讲，体系整合解释能在国际投资制度框架内有效地协调环境和商业价值。仲裁庭甚至根据符合该解释模式的国际法理论，制定真正的"一体化理论"。但从实践来看，通过体系整合解释来解决非投资义务在投资制度中的融合性问题仍存在普遍严重障碍。

第一，第31.3条（c）项中的"相关""国际条约的时间范围""当事国间关系"语词限制了仲裁庭的自由裁量权，并且如果从法律条文的字面上就已经可以"理解"其通常意义，且不会在个案中产生不合理或荒谬的结果时，则不可以再对条文进行"解释"，所以仲裁庭在解释时仅可能使用该条款。

第二，国际投资仲裁制度决定了对包括环境保护在内的非投资义务的有限关注。仲裁庭担心若不适当行使自由裁量权，将成为一个无所不包的世界法院，使解决投资争议这一特定法律问题的机制遭遇很大的挑战。所以，仲裁庭需要审查东道国真实的公共政策意图，管制措施为该非投资条约义务所要求的行为，且执行的手段和方式符合比例原则。本质上说，这主要源于环境义务在投资仲裁下的制度性限制。国际法的碎片化或不成体系意味着只有当事方同意、承认或接受才是义务规则是否具有法律效力的判断标准；否则，由仲裁庭行使准立法的功能，推测与适用当事双方所可能同意用来解决争端的法律规则。所以，仲裁庭除了要采用 VCLT 第 31.3 条（c）项所揭示的体系整合解释方法，而且考虑环境保护这种"相关"的国际法规则之外，还必须将环境规则作为"当事双方同意"的法律规则，或"选择适用于争端实质部分"的法律规则，但这在"投资"争端中几乎是不可能的。

之所以会出现上述状况，主要原因在于传统 IIAs 是由发达国家主导，以促进和保护海外投资为其主要目标，片面强调对外资和外国投资者的保护和优惠。这严重背离了国际社会普遍认同的经济主权、公平互利和合作发展原则。随着中国、印度等新兴经济体的快速崛起和经济全球化的深入发展，国际投资格局早已突破以发达国家为资本输出国、发展中国家为资本输入国的单一刻板分类。越来越多的发达国家成为国际投资仲裁被诉方，开始思考重新定位 IIAs 的价值，而这也是作为资本输入国身份的大部分发展中国家希望改变的。在此背景下，对现有的国际投资法体制进行改革，在条款上对投资者和东道国的权利义务提供更为平衡的设计，建立更具有可持续发展的国际投资法体系，成为各国共同的诉求。

实践中，环境利益与经济利益的协调主要体现在以下方面：在实体方面，IIAs 对环境条款的纳入，包括在序言、明确规定监管权、例外条款、不得降低或放松环境标准等方面加以规定；在程序方面，法庭之友参与可以在一定程度上弥补国际投资仲裁对公共利益的忽视，对抗制和仲裁员专业的缺陷，减少仲裁裁决的不一致性，以及回应全球治理的需要。此外，还涉及将环境问题排除在 ISDS 之外和环境问题的"专家报告"等规定。

第五章 环境风险的合同规制：以国际上游油气合同为研究对象

第一节 国际上游油气合同概述

国际上游油气合同，是指资源国政府或国家石油公司同外国石油公司合作开发本国油气资源，依法订立的包括油气勘探、开发和生产在内的一种国际合作合同。它与一般商事合同的区别在于前者当事人一方为主权国家或国家机构。当涉及公众利益或紧急状态时，例如，提升国家整体经济发展或是面临经济危机时，作为合同当事方的国家基于公共利益保护需要，有可能违背合同中对外国投资者做出的特定承诺。[①] 鉴于此，订立合同的国家一方希望仍享有主权行使的空间，而投资者一方则极力避免公法对私法的侵入，以确保预期的经济利益不会受到严重影响。

有关国际上游油气合同的性质，特别是此种合同是否被视为特许协议或国家契约的争议与国家石油公司在合同中的角色密切相关。以下笔者将以中国与外国投资者之间的油气资源联合开采合同为例，阐述其性质。

作为国有企业的中国海洋石油总公司（以下简称"中海油"）在具备独立法人人格的同时，获得国家授予的勘探、开发、生产、销售区块石油专有权。

[①] VOSS J O. *The Impact of Investment Treaties on Contracts between Host States and Foreign Investors* [M]. Leiden, Boston: Martinus Nijhoff Publishers, 2011: 16.

根据联合开采合同，中海油"对外国公司几乎不承担任何实质性义务"，而是协助外国合同者在东道国的银行开户；加快办理外汇手续；获得办公空间和用品，解决住宿和通信；处理报关；获得可供分析的出口数据和样本的许可等。

中国学者认为，基于以下三点主要理由，联合开采合同不属于国家契约或"国际化"合同，而是国内法契约。"首先，中海油是独立法人，而非政府部门，并不以主权身份行事，因此所签订的合同不能被视为国家契约。其次，这些合同是在中国签订，经中国政府批准，但批准并不表示中国成为合同的一方。最后，这些合同按照有关法律法规的要求适用中国法律。"[①] 显然，作出区分是为了避免中国政府对由此产生的任何争议承担责任。

但是，中海油是国家专门授权与投资者订立协议，勘探、开发、生产和分销海洋石油资源的国有企业。这种通常由政府部门行使的石油资源专有权可能被视为具备 ILC 草案第 5 条下的"政府权力要素"。例如，Wintershall A.G. 等人诉卡塔尔政府案中，仲裁庭认为："虽然卡塔尔石油总公司根据卡塔尔法律属于独立法人，但其正充当塔卡尔政府代理人，因此其实施的所有行为都归于政府。"[②]UNCTAD 在国际投资协定报告中对国家契约的广泛界定似乎足以涵盖中海油订立的联合开采合同。[③]

早期的国际投资合同，多是以勘探开采自然资源为目的的特许协议。根据协议内容，外国投资者可以在特定期间内拥有东道国境内特定的土地，在此领域内开采出的自然资源，均属外国投资者所有；除此之外，外国投资者在特许协议的保障下，获得了类似于主权行使的能力，可在该特定土地内兴

---

① 余劲松.国际投资法［M］.北京：法律出版社，2014：85-86.

② BISHOP R D, CRAWFORD J, REISMAN W M. *Foreign Investment Disputes: Cases, Materials, and Commentary*［M］. Dutch: Wolters Kluwer Law & Business, 2014: 458-460.

③ 即便如此，也并不意味着必然适用国际条约，以及由国际投资仲裁机构加以解决，除非该合同争议属于国际投资协定如保护伞条款涵盖的范畴。此外，不少发展中国家允许当事方约定适用国际法和国际投资仲裁机构，排除当地救济。

建任何设施或勘探开发，而外国投资者则需要依照所开发自然资源的数量，给予东道国一定比例的金额。

到了现代，国际投资合同已经具有不同的样貌，因为国家日益重视对公共利益的保护，外国投资者具有的专业经验或是经济实力，能帮助东道国实现保障社会利益的目标。此外，经济的发展和社会的进步使得自然资源的需求急速上升，发展中国家所蕴含的自然资源，同样也是促使投资合同迅速发展的因素之一。由此可知，当代投资合同的共同特征趋向多样化及专业化，高度专业的经济操作成为契约关系中的重要事项，以及使投资合同中的权利义务关系能适度的达到平衡状态。总体来看，国际上游油气合同分为租让制合同、产品分成合同（Production Sharing Contract, PSC）、服务合同等模式。

各种合同模式都有利弊，有它使用的特定历史背景、政治、经济和法律因素，只有利而无弊的合同是不存在的。不论资源国还是外国投资者，都需要对其进行成本收益分析。一般来讲，资源国政府希望通过合同设计，能最大限度地获得经济收益、参与管理、尽快了解该领域的市场运作、获得技术和设备的转让、带动当地就业、提高工人技能、保护环境等。而外国投资者主要从经济的角度考虑可能阻碍其经济利益实现的政治风险，如战争或武装冲突、征收、禁止自由转移利润、提高税收、修改法律法规、履行要求限制等。无论哪种合同模式，其基本构成一般包括经济条款、管理条款和法律条款。基于行文主题需要，以下将重点讨论环境保护条款和稳定条款的适用。

第二节　与环境风险规制有关的合同条款

发展中国家和经济转型国家上游油气领域的环境规制主要聚焦于国内立法和国际条约。相比之下，较少关注国际石油公司与石油生产国之间谈判达成的涉及环境风险防控相关内容的合同。①

一、环境标准和环境影响评估

大多数国际油气合同都包含有关适用于该项目的环境标准的部分。主要表现为以下五种形式：①仅参照国内环境法；②仅参照国际行业标准；③同时参照国内法和国际行业标准；④参照国内法和／或国际行业标准，以及国际环境协定；⑤制定针对具体项目的环境标准。

从公共政策的角度来看，显然有必要参照国内环境立法。然而，许多发展中国家的石油和天然气部门的环境监管仍处于起步阶段，因此，合同仅参照国内立法是不可取的。实践中各方也很少采用这种形式。1995 年秘鲁合同仅涉及国家立法："承包商有义务遵守'有关碳氢化合物活动的一系列环境条例'的规定和条款，如经修订的第 046-93-EM 号行政法令，'环境与自然资源法'第 613 号法令和其他相关规定。"1997 年阿尔及利亚合同是为数不多的仅涉及国内环境立法的条款："在进行油气业务时，作业者应遵守阿尔及利亚现行环境保护方面的法律和法规。"

在一些合同中，各方提到了国际行业标准，但未提及国内环境法的适用。例如，1994 年孟加拉国合同规定："承包商除了履行合同其他规定的义务外，还应……在进行石油作业时，根据国际石油行业普遍接受的标准采取必要措施，防治污染，保护作物、渔业资源以及人员安全和健康……"

参考国际行业标准的优点在于，在某些情况下，它们可能严于国内立法或涵盖国内立法中未涉及的具体问题。此外，随着时间的推移，参考国际标

---

① GAO Zhiguo. *International Petroleum Contracts: Current Trends and New Directions* ［M］. Boston: Graham & Trotman/Martinus Nijhoff, 1994: 213. 高之国认为，环境问题在他所审查的油气合同中没有得到足够的重视。鉴于国际油气合同通常不向公众披露，笔者仅能对有关国家的油气合同范本和特定合同进行审查。本书的目的不是提供各国石油作业环境规制的全貌，而是关注合同如何可能支持环境保护。

准允许有关投资的环境管理制度某些内容的变化，从而提供一种围绕合同稳定性要求的方法。然而，鉴于其固有的模糊性，仅提及行业标准也存在严重不足。"良好的油气行业实践"[①] 这一术语经常用于环境标准条款（以及下面进一步讨论的其他类型的规定），但却很少被定义。东帝汶产品分成合同范本罕见地对此提供了明确定义："'良好油气实践'是指谨慎和勤勉的经营者采取全球石油行业通行的做法和程序，主要目的是：a）保护石油和天然气资源，利用适当的方法和工艺，以技术和经济上可持续的方式最大限度地回收碳氢化合物，并控制储量下降；b）操作安全，采用促进职业安全和预防事故的方法和程序；c）保护环境，采取对环境影响最小的方法和程序进行石油作业。"[②]

但是，该定义无法提供更多见解。如何判断"谨慎和勤勉的经营者"？2002 年柬埔寨合同中也有类似的定义，该合同规定："良好的石油工业实践意味着从事国际石油业务的人员拥有相应的技能，遵守普遍接受的国际石油行业标准，包括合理的环境规定。"

哪些标准中包含"国际石油工业普遍接受的标准"？这存在许多潜在的标准来源。例如，美国石油协会（API）的成员"承诺"根据一套 11 项环境原则管理其业务。但是，这些原则中的大多数都是模糊的，例如"减少总排放和废物产生"的承诺。其他潜在标准来源包括石油工业国际勘探与生产论坛（当前称国际油气生产商协会，The International Association of Oil & Gas Producers, IOGP）、澳大利亚石油生产和勘探协会以及国际标准化组织（International Organization for Standardization, ISO）等机构制定的指南。国际石油谈判代表协会考虑在与东道国政府进行文书谈判时采用示范环境条款和标准，但因太具争议性最终放弃了该想法。

---

① 　WORIKA I L. *Environmental Concepts and Terms in Petroleum Legislation & Contracts: A Preliminary Study* [M] //GAO Zhiguo. *Environmental Regulation of Oil and Gas*. London: Kluwer Law International, 1998: 393, 398–402.

② 　Model Production Sharing Contract Under the Petroleum Act of East Timor.

正如有学者所指出的，石油行业中存在的指导原则使得无法确定一个可以被明确视为"良好"实践的指南，而且"国际石油公司的实际做法因公司而异，因此实践中难以确认最佳实践。"[①]

对此，部分合同指定了可适用的行业标准来消除这种模糊性。例如，1997 年哈萨克斯坦与投资者财团之间的 PSC 列出了以下内容：石油工业国际勘探与生产论坛关于健康、安全和环境管理系统的指南，国际钻井承包商协会安全和环境指南，国际地球物理承包商协会的安全和环境指南，和美国政府工业卫生学家会议对工作环境中化学物质的限值。以上列举内容是对良好油田实践的一般参考的改进。但仍然存在指南公众获取、报道以及监测和执行等问题。另外，将行业准则纳入具有法律约束力的合同是否影响其自愿性是值得商榷的。也许这将高度依赖于具体准则的措辞。例如，如果行业指南使用诸如"尽最大努力"或"合理措施"之类的语言，那么很难想象只需通过插入合同就可以将其转化为硬标准。

大多数合同都同时包含国内环境法和国际行业标准。但很少提到在发生冲突时如何协调这两类标准。一些合同建立了一种效力等级。例如，2004 年巴西特许协议示范文本第 21.1 条规定，行业标准旨在作为国内立法的补充："特许企业应通过自行承担费用和风险的方式，采取一切必要措施，保护水库和其他自然资源，保护地表或地下的空气、土壤和水，遵守巴西的环境立法和规定，以及在未规定时，采用石油行业最佳实践。"[②]

相比之下，1994 年阿塞拜疆合同中的下述条款则确保国内环境规定不比国际行业标准更严格："承包商应遵守现行和未来的阿塞拜疆有关公共健康、

---

① WAWRYK A S. Adoption of International Environmental Standards by Transnational Oil Companies: Reducing the Impact of Oil Operations in Emerging Economies [J]. *Journal of Energy & Natural Resources Law*, 2002（20）：431.

② Concession Agreement for the Exploration Development and Production of Oil and Natural Gas of Brazil（2004）.

安全和保护以及环境恢复的一般法律或法规，只要这些法律法规不严于当时的国际石油行业标准和做法。"①

除国内法和行业标准外，少数石油和天然气合同还包含了国际环境协定。例如，利比里亚 PSC 范本第 6.5 条规定："承包商承诺根据利比里亚环境保护和管理法和所有国际环境协定开展石油作业。"②但这种对国际环境法的全面提及是否具有象征意义？多边环境协定通常为"软法"，在对私人行为体产生任何影响之前，它们还需要转化成国内法。③此外，除了一些海洋污染方面的条约涉及海上作业外，很少有环境协定处理有关石油勘探和生产管理的具体问题。④对此，1994 年毛里塔尼亚 PSC 范本在提及国际环境法方面立场明确，其中第 6.6 条中指出："承包商应采取一切必要的预防措施，防止污染勘探区域的周边海域，并遵守 1954 年《防止海洋石油污染公约》及其修正案，以及为实施而制定的文本。"⑤

环境影响评估和相应的管理计划已成为许多领域投资项目的主要要求。⑥根据国家立法或 IFC 和保险公司的政策规定，它有可能成为环境治理的有力工具，并确保在项目规划的最初阶段确认潜在的环境影响，从而使其得到预防或减轻。但最近由世界银行委托进行的石油生产国环境治理调查发现："大

---

① Agreement on the Joint Development and Production Sharing for the Azeri and Chirag Fields and the Deep Water Portion of the Gunashli Field in the Azerbaijan Sector of the Caspian Sea（1994）.

② Model Production Sharing Contract of Liberia（2009）.

③ LEE C. Basle Accords as Soft Law: Strengthening International Banking Supervision［J］. *Virginia Journal of International Law*, 1998（39）：3-4.

④ GAO Zhiguo. *Environmental Regulation of Oil and Gas in the Twentieth Century and Beyond: An Introduction and Overview*［M］//GAO Zhiguo. *Environmental Regulation of Oil and Gas*. London: Kluwer Law International, 1998: 56.

⑤ Model Production Sharing Contract of Mauritania（1994）.

⑥ World Bank. Environmental Governance in Oil-Producing Developing Countries［EB/OL］.（2010-06-17）［2022-10-20］. http://siteresources.worldbank.org/EXTOGMC/Resources/336929-1266963339030/eifd17_environmental_governance.pdf.

部分环境影响评估程序的重点似乎都是限于石油和天然气项目的批准阶段，而不是涵盖整个项目周期来最大限度地减少环境和社会影响。"[①]

在石油和天然气部门，通常要求在与国家签订合同后完成环境影响评估，然而，环境影响评估条款的形式之间存在很大差异，从简单指出是否存在要求到详细说明环境影响评估应涵盖的内容，由谁准备，何时提交等。

例如，1994 年印度 PSC 有关环境影响评估的规定如下："承包商应在生效日期的 120 天内，由政府批准的拥有环境专业知识的人员按顺序进行环境影响研究：a）在研究时确定合同区内以及毗邻地区的环境、人类和当地社区、野生生物和海洋生物等通常情形；b）根据本合同进行相关石油作业时，确定对合同区内以及毗邻地区的环境、人类和当地社区、野生动植物和海洋生物的可能影响。"该条款关于"通常情形"的第一个要素，通常被称为"基线评估"。此方面的环境影响评估程序实际上符合国际石油公司的最佳利益，因为他们不希望对开始运营前存在的环境损害承担责任。因此，合同中经常提到基线评估并不令人惊讶。

一些合同提到了向所有分包商提供环境影响评估和环境管理计划的必要性。少数合同还要求针对环境影响评估举行公开听证。

二、进入保护区与获取自然资源

当石油作业位于野生动物保护区、公园或具有文化或生物意义的区域时，其尤其具有争议性。非政府组织长期认为，这些地区应禁止开采，但大多数政府并不准备放弃利用这些地区被赋予的潜在经济机会。例如，2006 年马达加斯加海上 PSC 范本第 37.6 条规定："如果合同区域的一部分位于自然保护区内，则经营人应根据国际石油行业普遍接受的环境实践，采取必要措施，

[①]　D' Appolonia SpA, Environmental Governance in Petroleum Producing Countries: Findings from a Comprehensive Survey, World Bank: Washington, DC. September 2009.

尽量减少对这些自然保护区的负面影响。"①

2004 年乌干达 PSC 也对此保持宽容的态度，但同时警告称："如果乌干达境内外负责任第三方对任何国家公园或野生动物保护区的石油活动及其对环境或野生生物的影响提出抗议，则政府和被许可方应举行会议以确定应采取何种行动应对。"②鉴于该条款仅指出投资者和政府会面的义务，因此有理由怀疑该规定的实际效果。

2007 年印度 PSC 范本的第 14.13 条对此作出了更为严格的规定："如果合同部分区块位于某些国家公园、国家级湿地、生物保护区和其他生物敏感区域，则不允许通过这些区域的通道。但是，如果仅有通过这些区域才可以到达这些区域之外特定地点的通道，则应获得有关当局的许可。"

另外，石油作业在建设阶段需要物质材料，在整个运营过程中需要大量的水和电。虽然许多业务在能源供应方面是自给自足的，但可能需要从合同区域内外获得其他自然资源。

从环境 / 社区权利以及经济发展的角度来看，许多政府只关注他们从石油生产中获得的潜在收入，并在油气合同条款中随意地放弃其他有价值的自然资源。例如，2007 年莫桑比克示范性特许协议第 27.8 条规定了投资者有权"钻探和自由用水并蓄水"。③2006 年伊拉克库尔德斯坦地区政府 PSC 范本第 2.8 条规定更为宽泛，承包商有权"自由使用位于石油业务合同区内外的沙、水、电和任何其他自然资源"。④

样本中的一些合同在自然资源获取问题上未做任何安排，少数合同的条款比上面提到的更细致。例如，1994 年埃塞俄比亚的一份合同规定，承包商

---

① Model Offshore Production Sharing Contract of Madagascar（2006）.

② Draft Production Sharing Agreement for Petroleum Exploration, Development and Production in the Republic of Uganda（2004）.

③ Exploration and Production Concession Contract of Mozambique（2007）.

④ Production Sharing Contract in the Kurdistan Region of Iraq（2008）.

应"在部长批准的情况下，有权在合同区域内为了作业用途而用水，但承包商不得剥夺任何土地、家庭或牲畜等用水"。1994 年孟加拉国的一份合同更进一步要求承包商为其使用的自然资源，如水资源支付费用。[①]

三、应对突发事件

在许多石油和天然气合同中，各方已经认识到可能发生泄漏或其他事故和紧急情况并应该进行规划应对措施。因此，作为环境影响评估的一部分或独立于环境影响评估，承包商通常需要制订应急响应计划。

一些油气合同还涵盖紧急情况的三个要素：通知、回应以及未能回应的后果。在审查的石油和天然气合同中，通知仅限于向政府（而不是当地社区或更广泛的公众）通报情况。在回应方面，要求通常含糊不清（例如，"采取谨慎措施"）或仅规定参照良好的油田实践。但是，样本中的有些合同还规定，如果承包商没有及时采取行动应对紧急情况，政府有权自行应对，并向承包商收取由此产生的费用。例如，2002 年加纳 PSC 协议的第 17.7 条："如果承包商没有及时采取行动控制，清理或修复任何污染或损坏，加纳国家石油公司可依情形向承包商发出合理通知后，根据公认的石油行业惯例采取必要的行动，并且由承包商承担第 17.5 条规定下的此类行为的合理成本和费用。"[②]

四、拆除和补救

当整个石油作业即将结束时，还需完成很多后续工作。在陆地上，需要堵塞井口并拆除结构，移除材料并最终回收或处理。还可能需要对当地环境进行补救（例如，去污和再植被）。海上设施在拆除工作方面更为复杂，[③] 国际

---

① Model Production Sharing Contract of Bangladesh（2008）.

② Petroleum Agreement, Republic of Ghana（2006）.

③ Environmental Resources Management, 2009, Sustainable Decommissioning of Oil Fields and Mines, World Bank: Washington D.C.

法在这一区域对石油和天然气工业产生最直接和最重要的影响。①

在审查的合同中发现关于拆除和补救的条款通常不具体。例如，1997 年贝宁 PSC 写道："在合同结束时，承包商必须根据石油行业的良好实践采取措施，以恢复石油作业所处的环境和石油作业场地至合同生效日期时的初始状态。"②虽然这条规定看起来非常严格（因为它建议场地应恢复到"原始状态"），但对良好油田实践的一般性提及会削弱其实施效果。根据世界银行最近委托的一份报告，在拆除计划中缺乏指南的具体内容是石油生产国普遍存在的问题。

除此之外，一些公司为了最大限度地降低成本仅进行表面补救。为此，确保按计划执行拆除和补救的方法是使用履约保证金或储备基金等财务机制。坦桑尼亚在其 2008 年 PSC 范本第 20 条中建立了该制度："为了履行其根据第 18 条规定对坦桑尼亚石油开发公司（以下简称 TPDC）未收购的所有资产和设施进行现场清理和废弃的义务，公司、政府和 TPDC 应在开始商业生产时的两年内，订立协议以设立废弃成本储备基金。该协议应根据以下内容处理从成本油中扣除的基金的管理和使用：a.TPDC 和公司应根据普遍接受的石油行业惯例，在行业平均成本的基础上，善意地估算现场清理和抛弃的成本；b. 存入基金的款项应由 TPDC 和公司指定存入坦桑尼亚境内高信誉银行的美元长期有息账户；c. 如果在本协议到期或其他终止情形出现时，TPDC 决定进行现场清理和抛弃活动，则这类资金加上所有应计利息应支付给 TPDC，因此公司将免除任何有关场地清理和废弃作业的进一步的义务和责任；d. 如果在本协议到期或其他终止情形出现之前的 60 天内，TPDC 未能告知承包商 TPDC 决定进行现场清理和废弃作业，此类资金加上所有应计利息应支

---

① GAO Zhiguo. *Environmental Regulation of Oil and Gas in the Twentieth Century and Beyond: An Introduction and Overview* ［M］//GAO Zhiguo. *Environmental Regulation of Oil and Gas*. London: Kluwer Law International, 1998: 58.

② Oil Exploration and Exploitation Contract of Benin（1997）.

付给承包商，然后，承包商应根据普遍接受的石油工业惯例进行所有此类操作；e.如果上述c和d中的储备金不足以支付清理和抛弃的费用，则此类差额应由承包商支付。如果储备金超过所产生的费用，则该超出部分将归还给TPDC。"①

第三节　阻却环境风险规制的稳定条款

一、稳定条款类型

2008年，在负责商业和人权事务的秘书长特别代表和在国际金融公司主持下进行的一项研究（以下简称SRSG），探讨了稳定条款在实践中的作用，尤其是该条款对东道国和公司的人权遵守记录产生负面影响的可能性。研究报告将稳定条款定义为"投资者与东道国之间就项目实施期间东道国法律变更的问题做出约定"的合同条款。②它确定了三种类型的现代稳定实践。（见表5-1）。

---

① Model Production Sharing Agreement of Tanzania（2008）.

② SHEMBERG. Stabilization Clauses and Human Rights, IFC/SRSG Research Paper［EB/OL］.（2009-5-27）［2022-10-22］. http://www.ifc.org/wps/wcm/connect/9feb5b00488555eab8c4fa6a6515bb18/Stabilization%2BPaper.pdf.

表 5-1　稳定条款的类型

稳定条款类型	内涵	范例
冻结条款	东道国承诺在签订投资合同后不再进行任何继后立法，或使合同中的项目不受新通过法律的约束	伊朗与英伊石油公司的特许协议规定，政府不应取消特许权，合同中约定的条款不应被未来一般或特别立法，或任何机构的行政措施，或任何其他行为所改变
经济平衡条款	通常指东道国后续立法若打破了合同双方的经济平衡，则须恢复至合同生效时的初始状态	埃及与杰伊汉石油公司的 PSA 规定：如果因为东道国的法律在税收、健康、安全与环境方面发生变化，而使得经济平衡被破坏或者受到直接、间接的负面影响，国家当局应当采取一切可用的措施去修复本项目合同建立之初的经济平衡
现代混合型稳定条款	要求东道国必须使投资者恢复到法律修改之前的经济地位，且该条款明确表明了排除继后立法也是达到如此目标的一种方式	加纳与加纳壳牌石油公司的协议规定，双方同意在协议有效期内，如遇与石油工业相关的财政和经济政策发生变化，以致实际影响到该协议的根本经济和财政基础时，可以对本协议条款进行修改或再协商，以期合理考虑投资者的投入资本和随之产生的风险。但在石油开采区域内自投产以后 5 年内不得修改法律

　　除了冻结条款外，传统的稳定条款还包括隐形条款，又称禁止单方面改变条款。通常是指在未经合同双方当事人一致同意的情况下，不对合同进行单方面修改。由于它为双方提供了可供讨论的程序机制，因此更具有协商一致的司法性质。例如，阿联酋与三家日本公司达成的特许协议对稳定条款规定如下：双方应一致同意修改或取消协议条款。又如，卡塔尔政府与 Holcar 石油公司的协议第 33 条规定：在不影响本政府行使主权的情况下，该协议规定条款的任何撤销、修改或增加都需经双方一致同意。[①] 其与冻结条款的主要区别在于，冻结条款使投资者免受因东道国改变法律或制定新法等立法行为干预，而该条款旨在防止东道国单方面行使行政权以变更或修改合同。所以，

---

① CAMERON P D. *International Energy Investment Law: The Pursuit of Stability* [M]. Oxford: Oxford University Press, 2010: 74.

前者是针对东道国法律的稳定，后者意在限制东道国对合同进行单方面修改。

在科威特政府诉美国独立石油公司（Aminoil）仲裁案后，[①]公开的大多数案件难以寻觅稳定条款的踪影。20 世纪 80 年代初，学者们开始讨论正在变化的国际投资交易环境。以下是稳定条款自 20 世纪 80 年代初处于休眠的主要原因。第一，第三世界国有化浪潮的结束。东道国对该时期大型投资项目的国有化措施锐减。第二，苏联的解体及解体后国家对外国投资的白热化竞争。很多发展中国家开放并允许外资进入之前极力保护的重要行业。第三，仲裁庭一如既往地支持稳定条款的合法有效性和维持程度的效果。

但某些因素触发了新一代稳定条款即经济平衡条款的出现。最主要的因素为油气价格的飙升与新兴经济体对自然资源的强烈需求共同导致了资源民族主义论点的升温。另外，投资者—国家间仲裁案件数量的剧增，发展中国家在资金、必要技能和技术上的完善，采掘业服务型公司的增多，新政府重新考量那些明显不公平或课以繁重限制义务合同条款，以及金融危机等也被视为投资合同中稳定条款重现的重要原因。

实践中根据各方起草的协议及国内立法，不同的经济平衡条款可能会细化。例如，合同当事方不遵守和保护健康、安全和环境常常被认为构成合同经济均衡范围的有效合法例外，据此情形，投资者不应期待恢复原初状态。鉴于项目领域、各方需求和地理位置的不同，实践也会有所差异。然而，无论哪种经济平衡条款类型都拥有一个重要共同点：它们并不阻止东道国改变法律，而是在某种程度上建立一种保护框架，以寻求解决此种改变对初始交易的经济影响。

传统的稳定条款始终坚持交易的确定性和可预见性。但在应对新形势时

---

① 　Ad hoc Arbitral Tribunal. Government of Kuwait v. American Independent Oil Co, Award ［EB/OL］.（1982-03-24）［2022-11-02］. https://www.trans-lex.org/261900/_/ad-hoc-award-kuwait-v-the-american-independent-oil-company-21-ilm-976/. 本案中，仲裁庭认为，如果科威特政府实施了国有化而使得投资者利益落空或产生实质性影响，则需给予赔偿。

所表现的固有缺陷，使得其无法成为当前当事方的优先选项。而且冻结条款和隐形条款与东道国国家立法主权存在直接冲突，还限制了双方达成新的约定。正如有学者在 20 世纪 70 年代末指出，"发展中国家与跨国公司间的主要冲突来源于跨国公司对契约关系稳定性和可预见性的极度关注，与东道国对更为灵活的合同制度安排的持续需求，而且两者间的利益对立"。[①] 显然，这种优先考虑投资者权利的传统稳定条款最终无法满足各方期待。

与传统稳定条款相比，经济平衡条款具有以下优势：首先，经济平衡条款并未干预东道国立法主权。当东道国违反合同时，除在谈判未果时可要求支付经济赔偿外，东道国对适用于合同的法律进行后继修改或立法也是可能的，只要积极采取措施来恢复合同经济利益的平衡。其次，经济平衡条款较好地融合了长期投资合同中的稳定性和灵活性。冻结条款如诉诸仲裁会导致合同关系的崩溃，而经济平衡条款则因仲裁员所起的作用，而使得合同关系及其所规范的石油投资项目仍持续存在。最后，经济平衡条款平等地适用于国家与投资者。当一方认为丧失了合同平衡时，投资者与国家（双方）都可要求重新谈判或调整合同条款。由于市场波动和价格的不稳定性，国家与投资者倾向于采取更加务实的态度，聚焦项目的均衡而非固守法律的稳定。

当然，也有学者否认经济平衡条款是一种新类型，也不认为该条款优先于传统类型的稳定条款。[②] 我们无法期望经济平衡条款能避免国际仲裁的发生。双方都无法保证通过重新谈判程序能针对油气合同的修改细节达成一致，尤其类型为不特定经济平衡条款和可协商经济平衡条款。例如，东道国会趁机要求对整个合同或其中东道国认为不满意的部分进行再协商，从而实质影响

[①]　COTULA L. Reconciling Regulatory Stability and Evolution of Environmental Standards in Investment Contracts: Towards a Rethink of Stabilization Clauses [J]. *Journal of World Energy Law & Business*, 2008（1）: 158.

[②]　WALDE T, NDI G. Stabilizing International Investment Commitments: International Law Versus Contract Interpretation [J]. *Texas International Law Journal*, 1996（31）: 230.

外国投资者的议价能力。即便是约定经济平衡条款，东道国也可能拒绝执行这一规定，特别是若东道国在合同生效日期后，颁布了一项法律废除了任何先前的稳定条款。例如，当与投资者签订协议的是东道国国有公司而非国家时，在无法证明国有公司行为归于国家的情况下，投资者只能获得公司的有限责任赔偿。

二、稳定条款效力的理论争议

学界关于稳定条款的效力问题一直存有极大争议。采取否定说的学者主要从经济主权论[①]、合同主体论[②]、越权论[③]、情势变更论[④] 主张稳定条款的无效。采取肯定说的学者主要从主权限制论[⑤]、契约神圣论[⑥]、期待利益保护论[⑦] 主张稳定条款的有效。

笔者以为，稳定条款的有效性与合同准据法选择确定有着密切联系。不同油气合同的准据法可能不同，稳定条款的法律效力自当有所区别。因此，离开准据法而空泛地论证其在国内法和国际法上的法律效力既无意义，也缺乏依据。从广义上看，国际法（包括但不限于 BIT）和国内法都可作为确定

---

① "经济主权论"认为，对外资进行征收和继后立法是一种行使主权的表现。

② "合同主体论"将国际能源投资合同中东道国国家石油公司直接订立的稳定条款效力加以否定，不能约束东道国的继后立法行为。

③ "越权论"认定签订国际能源投资合同的政府机构或国家石油公司对外作出不予继后立法承诺的违法性。

④ "情势变更论"指当发生与合同订立时重大变更的事由时，允许当事人免除履行责任或变更履行。

⑤ "主权限制论"认为，承诺不进行征收或不继后立法也是一国行使主权的体现。

⑥ "契约神圣论"认为，稳定条款是东道国或其国家石油公司向外国投资者做出的承诺。从合同神圣、禁反言、善意等一般法律原则出发，东道国违反稳定条款义务在国际法下是无效的。

⑦ "期待利益保护论"认为，外国投资者基于对东道国主权的信任，对该合同所包含的权利及产生的预期利益具有合理期待。

稳定条款法律效力的依据。[①]

（一）国内法

东道国法律曾经在大量的石油特许协议中得以适用。[②] 一般通过以下两种途径选择国内法作为准据法。第一，当事人意思自治单独或与其他法律共同适用。第二，若没有选择特定法律，仲裁员通过相关联结因素的指引，也会指向东道国法律。若东道国法律排他性地适用于合同，有关国家缔结和履行合同能力的宪法和法律规定对稳定条款的法律效力及其执行有着重要的法律意义。

一些国内法建立了能使稳定条款丧失法律效力的基本原则。例如，在英国法中，合同不能阻止国家对当前现状行使必要功能。[③] 我们没有理由束缚政府未来因公共需求而执行活动。合同不能妨碍在关乎国家福利方面上的行动自由。英国法中的该项原则适用于那些将英国普通法作为其国内法范畴的国家。因此，这些国家的司法机构可能认定稳定条款无效。

这表明，作为一种法律概念，稳定条款存在固有缺陷。稳定条款的法律效力在事项和方式上依赖于该国规范适用层级。稳定条款的合法基础在于其或石油合同是否获得法律授权。当一国国内法认可合同中稳定条款，即若东道国立法明确承认稳定条款时，那么难以质疑其在国内法中的法律效力。但需注意的是，主权者给予的权利可能由其行使主权而被收回。即尽管根据当

---

① PETER W. *Arbitration and Renegotiation of International Investment Agreements*［M］. London: Kluwer Law International, 1995: 163–164. 虽然作为国家契约准据法的国内法，可能包括投资者本国和第三国国内法，但从建立稳定条款法律效力认定机制的可行性和国家契约的普遍实践来看，其准据法主要是国家当事人一方的国内法以及该国缔结、参加的国际条约及其他国际法渊源。

② BARTELS M. *Contractual Adaptation and Conflict Resolution: Based on Venture Contracts for Mining Projects in Developing Countries*［M］. London: Kluwer Law and Taxation Publisher, 1985: 22.

③ MANIRUZZAMAN A F. State Contracts with Aliens: The Question of Unilateral Change by the State in Contemporary International Law［J］. *Journal of International Arbitration*, 1992（9）: 141.

前国内法，稳定条款合法有效，但未来效力还得依赖于政府的立法权。它并不能阻碍国家立法回溯性取消和废除已授予的权利。如果根据国内法被赋予的稳定保障随后被认定为无效怎么办？与此相关，如何保护财产权免遭直接或间接征收？笔者以为，稳定条款并不能实现双方依照国内法稳定协议的目的。有学者认为，为了真正反映合同意思自治以实现稳定条款功能，在尊重双方准据法选择的同时，该条款应被视为受国际法支配的一项独立义务，无需考虑支配合同整体的法律是什么。[①] 该学者将其类比于仲裁条款，但这两类条款不可同日而语。仲裁条款属于解决法律争议的程序性规定。而稳定条款是为了冻结那些合同生效后适用于该合同的国内法规定，阻止东道国单方面改变与协议有关的法律体系。

虽然通常东道国坚持适用其本国法作为协议的准据法，但外国投资者一般都会想方设法地纳入一个能使国际法得以适用的条款，从而使合同"国际化"，最终试图排除东道国国内法院做出稳定条款无效的解释。最近 20 年，大量国际上游油气合同准据法共同选择国际法与东道国法。

（二）国际法

尽管国际法为外国投资者与东道国间的关系或冲突提供了外在法律保护，但投资者最好在合同中明确选择国际法，否则即便申请国际仲裁，仲裁庭也只有在没有明确约定东道国内法的情况下，可能适用有关国际法。国际法下的稳定条款法律效力审视应关注两个主要概念：契约神圣和国家对自然资源的永久主权。

1. 合同的"国际化"

这类学者认为，当国际法被确定为协议准据法时，其产生某些诸如契约

---

① CURTIS C T. The Legal Security of Economic Development Agreements［J］. *Harvard International Law Journal*, 1998（29）: 347–348.

神圣等国际规范。① 据此，对违反包括稳定条款在内的任何合同义务，国家都将直接承担国际法项下的国家责任。② 若双方选择国际法作为准据法没有问题，但在某些案件中，双方并未明确阐述应适用哪种法律或选择东道国法律。当争议发生时，由仲裁庭决定法律适用问题的解决。此时，他们经常裁定合同具有国际性，传统上看，当签订国际上游油气合同时，外国投资者试图通过规定稳定条款、仲裁条款和法律选择条款使合同"国际化"。但稳定条款的使用是否真的能使协议国际化？那么国际法原则和国内法原则能否同时适用于此协议？讨论这些问题之前，我们应首先审查何为"国际化"（又称为去地方化或去本土化）。

目前，对"国际化"一词仍没有明确具体的定义。但德士古海外石油公司（Texaco）案的裁决对此进行比较令人满意的说明："在我们所了解的唯一其他法律秩序即国际公法这个层面上看，国家和外国私主体间的合同具备国际化特征。这并不意味着国家契约应完全等同于国家间的往来关系而被视为条约或由国际公法规制。它仅仅表明双方可选择国际法维护权利。"③ 该界定阐明了"国际化"的功能性意义，结束了协议是国际协议还是条约的争论。批评者认为外国投资者不具有国际法人格。国际法尤其条约法通过类比适用，以及考虑到与投资者签订的国家契约与政府间协议的重大差别，④ 因此国际上游油气合同不属于条约或政府间合同。

外国投资者试图通过合同国际化理论，寻求高于国内法效力等级的外在

---

① 何力. 中国海外投资保护与国家契约问题［J］. 江西社会科学，2010（6）: 19.

② WALDE T, NDI G. Stabilizing International Investment Commitments: International Law Versus Contract Interpretation［J］. *Texas International Law Journal*, 1996（31）: 243–244.

③ Ad hoc Arbitration. Texaco Overseas Petroleum Co. v. Libya, Int'l Arbitral Award［EB/OL］.（1977–01–19）［2022–11–02］. https://www.trans–lex.org/261700/_/texaco–overseas–petroleum–company–v–the–government–of–the–libyan–arab–republic–yca–1979–at–177–et–seq–/.

④ WALDE T, NDI G. Stabilizing International Investment Commitments: International Law Versus Contract Interpretation［J］. *Texas International Law Journal*, 1996（31）: 242.

力量捍卫稳定条款的法律效力。合同中稳定条款以及其他条款的融入表明双方意图使协议受国际法原则支配，而并非绝对受国内法管制。因此，国际法支持稳定条款的法律效力和主权国家使用条款自行限制权利。Texaco 案指出："没有什么可以阻止国家在行使其主权时不可逆转地受特许条款约束，以及赋予特许权难以控制的权利。"[①] 因此，仲裁庭承认合同中稳定条款合法有效。

上述仲裁裁决表明，国际上游油气合同的稳定条款具有国际化特征。这意味着投资者使用稳定条款的目的已经实现，即当争议发生时投资者不仅仅需要东道国国内法，且此时若双方未明确选择东道国法律，则稳定条款可使协议国际化。

若合同包含有稳定条款，那么合同完全受国际法支配还是受国内法与国际法共同约束？换句话说，合同国际化理论是否阻止合同受一个及以上法律制度支配？油气合同的国际化表明其并不完全受国际法支配。相反，其可能受当地法约束，除非该法与国际法相冲突。反之亦然，例如，在 Revere Copper 案中，仲裁庭认为协议具有国际性，对其所适用的法律并非完全仅为牙买加国内法，还包括国际法原则。[②]

关于稳定条款能否使国际上游油气合同"国际化"这一问题仍存争议。尽管合同国际化理论遭受猛烈批评，但不少仲裁庭都已承认稳定条款能使合同国际化。对合同国际化的批判主要认为其侵犯了东道国国家主权。

2. 永久主权原则

东道国和一些学者认为，永久主权原则赋予东道国政府单方面改变和 /

---

① Ad hoc Arbitration. Texaco Overseas Petroleum Co. v. Libya, Int'l Arbitral Award［EB/OL］.（1977-01-19）［2022-11-02］. https://www.trans-lex.org/261700/_/texaco-overseas-petroleum-company-v-the-government-of-the-libyan-arab-republic-yca-1979-at-177-et-seq-/.

② HANSEN T B. The Legal Effect Given Stabilization Clauses in Economic Development Agreement［J］. *Virginia Journal of International Law*, 1988（28）：1020.

或终止先前协议。^①其依据来源于联合国大会的一系列声明："尽管已作出任何安排，但作为永久象征的主权，国家从未丧失对领土范围内资源勘探开发现状或方式改变的能力。"该观点的核心是根据永久主权原则，东道国并未仅仅因合同中的约定义务而放弃了主权权利。一国既可订立含有稳定条款的合同，也可在未来行使永久主权时通过其他立法废除和终止该合同。有学者认为，该原则属于国际法中的强行法规范。一国达成的任何限制其主权的协议均自行无效。^②

根据有关自然资源永久主权的第 1803 号决议第 1 条第 1 款的规定："各国人民及各民族行使其对自然财富与资源的永久主权，必须为其国家的发展着想。"第 4 条也声明国家因公用事业、安全或国家利益，有权国有化或征收财产并给予适当补偿。第 8 条提及主权国家或在主权国家间所自由缔结的外国投资协定应诚意遵守；各国及国际组织均应依照宪章及本决议所载原则，严格审慎尊重各国人民及各民族对其自然财富与资源的主权。^③此外，联合国大会 1974 年通过的《各国经济权利和义务宪章》进一步宣称各国有权依照国内法和国家目标对国际投资进行规制，且不得强迫国家给予投资以优惠待遇。^④

据此，自然资源永久主权可被视为一项国际法原则。尽管如此，但其阐明的原则与同样具有约束力的稳定的国家契约并不相悖。正如仲裁员杜派（Dupuy）在 Texaco 案中所言："一项稳定性协议并未限制作为合同方国家的权利。协议达成后，国家在仍享有永久主权的同时，作为特定合同当事方自

---

① HANSEN T B. The Legal Effect Given Stabilization Clauses in Economic Development Agreement [J]. *Virginia Journal of International Law*, 1988（28）: 1024.

② SORNARAJAH M. *The Pursuit of Nationalized Property* [M]. Netherlands: Martinus Nijhoff Publishers, 1986: 126.

③ 联合国大会第 1803（XVII）号决议. 自然资源永久主权 [EB/OL].（1962-12-14）[2022-03-10]. https://www.un.org/zh/documents/treaty/files/A-RES-1803（XVII）.shtml.

④ 联合国大会第 3281（XXIX）号决议. 各国经济权利和义务宪章 [EB/OL].（1974-12-12）[2022-03-10]. https://www.un.org/zh/documents/treaty/files/A-RES-3281（XXIX）.shtml.

愿限制主权的行使。承担这种限制本身恰是另一种行使主权的表现形式。"①

第 1803 号决议有关"主权国家或在主权国家间所自由缔结的外国投资协定应诚意遵守"的规定，以及经济权利与义务宪章有关"善意履行国际义务为国际经济关系基本要素之一"的表述意味着，其认识到永久主权与自愿承担约定义务具有一致性。该宪章起草工作组组长称，善意履行国际义务构成该宪章包括征收在内的一切条款的基石。

有学者强调，联合国大会决议是否为国际法，依赖于决议的表述、受支持程度以及始终如一的国家实践。各种因素表明 20 世纪 70 年代早期的联合国大会决议并未反映主要国家的法律确信。仲裁员 Dupuy 将经济权利与义务宪章看作政治宣告而非法律声明。② 事实上，宪章并不以法律形式呈现。在宪章起草过程中，专家们否决了受到发展中国家广泛支持的将"编纂和制定国际经济新秩序规则作为宪章基本目的"的这一提法，而是将其修改为"本宪章基本目的为促进建立国际经济新秩序"，即便如此，宪章也并未获得国际社会的普遍认同。

禁止各国订立国家契约的国际强行法倡导，可能来自对发展中国家政府在与跨国公司的交易中处于劣势地位的顾虑。确定西方资本主义国家的投资者过去在其殖民地获得特许地位，因此不可能存在公平交易。但当前发展中国家与外国投资者的谈判是建立在丰富经验和独立自主的基础上，且当它们认为时机成熟时，有意愿且有能力适用本国法律。在 Aminoil 仲裁案中，科威特政府认为协议中的稳定条款因"殖民化"色彩而不具有法律效力，但仲

①　Ad hoc Arbitration. Texaco Overseas Petroleum Co. v. Libya, Int'l Arbitral Award［EB/OL］.（1977-01-19）［2022-11-02］. https://www.trans-lex.org/261700/_/texaco-overseas-petroleum-company-v-the-government-of-the-libyan-arab-republic-yca-1979-at-177-et-seq-/.

②　Ad hoc Arbitration. Texaco Overseas Petroleum Co. v. Libya, Int'l Arbitral Award［EB/OL］.（1977-01-19）［2022-11-02］. https://www.trans-lex.org/261700/_/texaco-overseas-petroleum-company-v-the-government-of-the-libyan-arab-republic-yca-1979-at-177-et-seq-/.

裁庭认为科威特已经批准，并且独立后通过重新谈判扩大了这些条款，因此否决了该论点。[①]

从经济角度看，发展中国家处于劣势地位。因为国外经验和资金的需要，他们订立国家契约。但这并不意味着这些安排是不合理的。若有必要，政府可聘请外部顾问，如联合国跨国公司中心等协助评估他们的自然资源及其与外国公司的关系。在大多数情形下，特定项目竞争投标者们为政府获得最佳选择提供了一个广阔的市场。

在任何有关国家契约的重大仲裁案件中，当事国似乎都未对协议的公平与公正存有争议。通过不断重新谈判，已逐渐倾向于政府利益。由于在很大程度上对国家执行这些协议手段相对困难，一旦投资特别是风险确定，东道国迅速掌握谈判主导权。只要新条款留给投资者可接受的空间回报，政府可以实现对其有利的谈判结果。只有当政府的新安排不合理时，公司才被迫提起仲裁如科威特、伊朗及利比亚征收案。届时曾经存在于协议中的任何相关因素都需被排除。

稳定的国家契约代表了缔约当事国针对投资的预期利益确定未来灵活性和成本合理性的一种判断。即当一国接受含有稳定规定协议下的义务时，它基于最大利益判断仅受自己设定的规则约束。希望在协议中保留未来修改可能性的政府可以通过摄入重新谈判条款或其他定期审查机制实现目的。显然，这些条款和协议其他条款共同约束了双方。

---

① Ad hoc Arbitral Tribunal. Government of Kuwait v. American Independent Oil Co, Award［EB/OL］.（1982-03-24）［2022-11-02］. https://www.trans-lex.org/261900/_/ad-hoc-award-kuwait-v-the-american-independent-oil-company-21-ilm-976/.

三、稳定条款效力的典型实践：Burlington 诉厄瓜多尔

（一）基本案情[①]

2001 年，美国康菲石油公司旗下的伯林顿资源公司（Burlington Resources）及其合作伙伴法国佩朗科公司（Perenco）与厄瓜多尔签订了开发厄瓜多尔亚马逊地区特定区域（第 7 和第 21 区块）的产品分成合同。根据该合同，作为合同方的外国投资者承担整个勘探开发期间的所有风险和成本，并获得石油产品分成。但随着 2005 年国际油价的飙升，厄瓜多尔试图与 Burlington 重新谈判协商相关条款。但当谈判失败后，厄瓜多尔采取了一系列措施。

2006 年 4 月 19 日，厄瓜多尔颁布了"第 42 号法令"，对包括 Burlington 资源公司在内的私人石油公司开始征收 50% 的石油"暴利税"（即私人石油公司必须上缴 50% 的超额收益[②]）。2007 年 10 月 18 日，662 号总统令将之前第 42 号法令规定的税率从 50% 上调至 99%。包括 Burlington 在内的外国投资者，要求厄瓜多尔国家石油公司通过合同中规定的修正系数来调整其在协议中的石油参与份额，以减少上述行为对企业造成的不利影响。然而，厄瓜多尔及其本土国家石油公司对此未做回应。

2008 年，因 Burlington 资源公司拒绝缴纳税收，厄瓜多尔扣押并拍卖了其产品份额以收取逾期税费。随后，Burlington 基于投资无利可图而中止运营。作为回应，厄瓜多尔占有了 Burlington 区块并以部级条例终止了

---

① ICSID. Burlington Resources Inc. v. Republic of Ecuador, ICSID Case No. ARB/08/5（formerly Burlington Resources Inc. and others v. Republic of Ecuador and Empresa Estatal Petróleos del Ecuador）［EB/OL］.（2009–06–29）［2022–11–02］. https://www.italaw.com/cases/181.

② 此超额收益，是当石油价格不可预见地上涨并且该价格超过了在订立合同时的国际油价（基础油价），私人石油公司因此获得的超额收入。此 50% 的比例是建立在基础油价以上，50% 的销售所得为厄瓜多尔所有，剩余部分按照原 PSCs 中的公式进行分配。

协议。Burlington 根据美国—厄瓜多尔 BIT 将案件提交至 ICSID 仲裁庭。2012 年 12 月 14 日，该仲裁庭裁定，厄瓜多尔违反了 BIT 第 3 条的规定，拍卖 Burlington 资源公司在第 7 和第 21 区块的份额和物理接管这两个区块的行为构成间接征收。

（二）关键性的合同稳定条款

针对保证合同稳定的条款，仲裁庭列举了以下内容。第 7 区块产品分成合同中的税收变更条款。其中，有关税收制度变更的第 11、12 条规定：当出现修改税收制度或者创建或删除本合同中无法预见的新税项或者就业需求等情形时，应重新调整产品分成比例，以吸收因增加或减免税收或就业贡献负担带来的影响。这种安排将由双方根据"碳氢化合物法改革法"适用条例第 31 条规定的程序进行分配。

该款条例须结合合同第 8.6 条和第 15.2 条解读。其中，第 8.6 条是对经济稳定性方面的规定：如果厄瓜多尔或国家石油公司采取以下任何对本合同经济产生影响的行动，则应重新调整产品分成比例，以吸收经济负担：a）修改税收制度（第 11、12 条）……。而对出现特殊情况，第 15.2 条是对合同修改的规定：当适用于本协议的税收制度被改变时，为了恢复合同经济，合同双方通过事先同意，针对适用于本协议的税收制度被改变等事项进行协商和执行合同修正案。第 21 区块产品分成协议也对此作了类似规定。与第 7 区块有所不同的是，前者在税收变更条款中强调该项调整需经过行政委员会批准，即它的程序机制更为复杂和烦琐。

仲裁庭认为，变更条款确实为税收稳定条款。它进一步从两个层次解读该条款。第一，上述规定均包含强制性用语，要求各方重新调整以吸收税收增加或减少而对合同经济的影响。这些安排表明一旦出现影响合同利益的税收制度的变更，上述条款必须启动。第二，根据相关条款，调适的目的是

"吸收税收增加或减少的影响"以及"恢复合同经济"。该目的将避免税收增加或减少改变双方合同签署时的经济基础。一旦一方在增加或减少税收时拒绝启动修正程序，该目的将无法实现。因此，税收变更条款的目的表明，各方意在使该项调整具备强制性。

基于上述原因，仲裁庭指出：当一项税收影响了第7和第21区块合同利益时，运用修正系数进行调整是一项强制性义务。这种修正系数须在一定程度上吸收税收对产品分成协议利益的影响，即该修正系数必须将合同经济恢复至税收变更前水平。

作为一项约定经济平衡条款，Burlington 案产品分成合同也含有合同修改的具体程序机制。而且，合同修正案的谈判与执行被设计为强制性。正如有学者在20年前就已预测：广泛且日益新颖的稳定承诺在仲裁中重现。很显然，本案投资者在与厄瓜多尔签订合同时，采取了各种谨慎措施。

总之，仲裁庭清楚地阐明了上述提及的经济平衡条款并非仅为重新谈判条款，而确实为一种含有强制性修正系数的稳定条款，因为该条款中使用的所有词语均反映了内容的强制性。一个精心设计的稳定条款最终给予了投资者所期待——双方仍有义务适用修正系数以平衡税收变更对合同利益的影响。

综上所述，尽管有些学者因经济平衡条款中的重新谈判并非要求"达成一致"，而只是"同意协商"，而对此效果表示怀疑，但 Burlington 案表明了税收稳定条款具有法律效力，并且成功地证实了经过精心设计的经济平衡条款能抵御东道国的"无理取闹"。

仲裁庭将本案产品分成合同中两个层面的经济平衡条款（修正系数的适用及其估值程序）视为强制性，且由东道国承担责任，即便提出不同意见的仲裁员也对此表示认同。仲裁庭也因充分落实了第7和第21区块产品分成协议中的经济平衡条款而受到赞扬——厄瓜多尔必须吸收所有的税收影响并将合同的均衡恢复到税前水平。当仲裁庭裁定修正系数应当经由双方一致同意估算时，说明其整体且恰当地理解了稳定条款的法律意义。这样的裁决为已在大型项目中融入经济平衡条款的投资者提供了更多信心。

事实上，在目前所有涉及国际油气合同稳定条款的仲裁案件中，仲裁员都没有质疑稳定条款作为特别法承诺的有效性。例如，在阿吉普公司（AGIP）诉刚果案中，仲裁庭试图将稳定条款作为国际法的一部分；①东方木材公司（LETCO）诉利比里亚案的仲裁庭指出，必须遵守这些条款；②在CMS天然气运输公司诉阿根廷案中，仲裁庭注意到国际法下的稳定条款讨论十分普遍，并声称这些条款确保了投资者可以适当援引的权利。③

四、稳定条款与环境风险规制的冲突解决

（一）稳定条款对环境治理的潜在影响

东道国与外国投资者在针对国际投资合同进行协商的过程中，之所以同意规定稳定条款，除了希望外国投资能带动国内的经济发展，创造良好的投资环境外，也因为外国投资者可能会将国际上最先进或最有效的科技引进到本国，将投资活动造成的负面效应降到最低，东道国不需将外国投资带来的经济效益，用以弥补境内因投资活动造成的危害。但外国投资者此种意愿不明显或无法感知时，可能产生两种情况：外国投资者确实将最先进或最有效

---

① ICSID. AGIP v. The Popular Republic of Congo, ICSID Case No. ARB/77/1, Award［EB/OL］.（1979-11-30）［2022-11-20］. https://jusmundi.com/en/document/decision/fr-agip-s-p-a-v-peoples-republic-of-the-congo-sentence-friday-30th-november-1979#decision_5488,para.726.

② ICSID. Liberian Eastern Timber Corporation（LETCO）v. Republic of Liberia, ICSID Case No. ARB/83/2, Final Award［EB/OL］.（1986-03-31）［2022-11-20］. https://jusmundi.com/en/document/decision/en-liberian-eastern-timber-corporation-v-republic-of-liberia-award-monday-31st-march-1986#decision_1051,para.343.

③ ICSID. CMS Gas Transmission Company v. Argentina, ICSID Case No. ARB/01/8, Award［EB/OL］.（2005-05-12）［2022-11-20］. https://www.italaw.com/sites/default/files/case-documents/ita0184.pdf,para.151.

的科技引进东道国，或是外国投资者借投资名义，将母国认为已经过时或是具有污染性质的技术倾销到东道国。若是前者，外国投资引进的技术，将能有效降低投资活动对环境造成的损害，并将此种技术予以传递，外国投资者可因此改善原本对环境造成不良影响的技术，使东道国不需同样经历发展的必经过程——承担工业化产生的环境破坏，也可大幅降低，甚至完全抵销规模经济①带来的负面效应，但在转移技术时，也应考虑国内的投资者是否有能力承担或吸收最先进或最有效的技术；若是后者，则会对东道国境内的环境造成明显威胁，同时也使得外国投资者利用此种危害环境的技术，再度从东道国获取不当的利益。即在东道国运用已经过时的技术遭受到环境危害，而需要其他技术以清理排除危害时，外国投资者便可将最先进或最有效的技术，通过各种手段出售至东道国，借机赚取更大的利润。

具体而言，稳定条款对环境治理的潜在影响表现在以下方面。

1. 降低了灵活性

当薄弱的环境条款与稳定措施相结合时，将长期存在着低标准适用的风险。虽然合同很少会像在殖民时期那样持续 70 年或更长时间不变，但它们仍然是长期的。例如，含有续签条款的 30 年合同并不罕见。投资者面临的高成本和高风险证明了合同持续时间长是合理的。尽管如此，我们也应认识到合同的这一方面可能会给东道国带来麻烦，因为国际和国内政治环境，政府优先事项以及政府本身在这段时间内都会发生变化。灵活应对变化在环境政策制定领域尤为突出。正如有学者所说："环境管理是一项动态活动，逐步提升面对有关环境及其人为威胁方面的认识，以及改变这些威胁严重性的看法。

---

① 尤其在自然资源开采领域，若扩大生产规模造成过度生产时，反而会因为成本需求量大增，加速资源的消耗。

随着这些环保技术的出现，政策必须进行调整以反映新的需求。"①

除了来自底层（社区）提高环境标准的压力外，政府也必须履行其在多边环境协定下的国际承诺。综上所述，某些合同中的稳定条款明确涵盖了国家根据其国际义务发展的规定。虽然科图拉（Cotula）认为各国不能"排除"其在国际条约中的承诺，但这种稳定条款可能导致东道国为了遵守不断发展的国际规范而不得不向投资者支付补偿。② 里德（Leader）总结了政府因此类合同承诺而面临的两难困境，达成此类协议的贫穷国家因此被置于一个艰难的选择：他们完全在国内法律秩序中执行他们所承诺的国际规范——投资者也不例外，从而因其损失的利润支付补偿；允许项目危害当地民众，同时违反了国际标准。③

即使稳定条款不排除将新的环境法规直接适用于投资项目，但它们也可能影响政府制定政策的选择，即"政策工具箱"中的工具数量。例如，财政事项的稳定也可以涵盖基于市场的环境措施。虽然目前发展中国家使用诸如环境征税的措施尚不普遍，但更多地使用这种机制已成为全球趋势，如果稳定条款限制了监管机构可用的工具范围，那么这可能影响政策的有效性或降低效率。

2. 降低了政策一致性

如果国际投资合同在特定时间冻结了某个项目的环境框架，那么同一行业的不同项目可能会受到完全不同规则的管理，从而导致政策的不一致。国

---

① MOLTKE V K. *International Investment and Sustainability: Options for Regime Formation* ［M］// GALLAGHER, WERKSMAN. *The Earthscan Reader on International Trade and Sustainable Development*. London: Earthscan, 2002: 357–358.

② COTULA L. Reconciling Regulatory Stability and Evolution of Environmental Standards in Investment Contracts: Toward a Rethink of Stabilization Clauses ［J］. *Journal of World Energy Law and Business*, 2008 （1）: 172.

③ LEADER S. Human Rights, Risks, and New Strategies for Global Investment ［J］. *Journal of International Economic Law*, 2006（9）: 690.

内投资者不太可能获得类似外国投资那样被一套单独的规则所涵盖的稳定性。正如奥托和科德斯（Otto and Cordes）所指出的，试图使合同豁免于后续法律正常运作的稳定条款，给东道国带来了严重的现实和法律问题。如果立法自由裁量权的限制得到有效保障，在 10 年甚至 30 年后，该项目可能会在截然不同于管理所有其他经济活动的法律制度下运作。此外，不同的项目可能在不同的投资条款下运作。从政治、经济、行政和法律的角度来看，这一结果的可接受性是有问题的。当合同冻结了当地投资者无法获得的优惠条件时，可能会引起更大的关切。

国际投资合同会给监管者带来巨大的行政负担。在环境管理问题上，许多发展中国家目前缺乏监管外国投资者的成熟机制。为每个投资项目建立"飞地"的合同可能会对环境机构本已有限的监督和执法能力造成进一步的压力。

3. 降低了责任

合同的保密性导致政府和外国投资者的责任减少。正如有学者指出："如果不对外国投资合同进行公开审查，民众就无法判断政府是否以其最佳利益行事并有效地追求或实现公共政策目标。他们也不可能妥善地让政府承担外国直接投资的后果。"同样，一项全球见证报告指出，欠缺透明度和合同审查具有严重影响："它限制了民间社会的参与，缺乏问责制，为腐败行为提供机会。" [1]

米兰达（Miranda）认为，投资合同的制定中缺乏透明度和问责制对投资者来说也存在问题，因为它可能会加剧民间社会对外国投资项目的反对。[2] 如果非政府组织或当地民众施加了足够大的压力，政府可能会被迫重新谈判合

---

[1]　Global Witness. Heavy Mittal? A State Within a State: The Inequitable Mineral Development Agreement between the Government of Liberia and Mittal Steel Holdings NV［R］. London: Global Witness, 2006: 41.

[2]　MIRANDA N. Concession Agreements: From Private Contract to Public Policy［J］. *Yale Law Journal*, 2007(117) : 531.

同，或在极端情况下，彻底终止它。一些案件中，这导致了长期和极高投入成本的仲裁程序，同时也给相关企业带来了大量负面影响。

（二）冲突解决的可能解释路径

当前，可持续发展原则是国际社会的首要目标，也是正在形成的习惯国际法规范，仲裁庭在解决稳定条款与东道国环境风险规制的冲突时有充分的理由承认这一原则。并且，克服它的不精确性和灵活性可通过考虑所有相关因素的个案处理。每一个个案都将在很大程度上取决于有关事实的具体情况，以及不同类型和范围的稳定条款。它们通常是为某个行业或项目量身定制，并赋予特定的条款和条件。笔者旨在阐明一般意义上的不同解释，以便在一项严格的稳定承诺中引入平衡因素，保障国际环境标准的实施。

1. 关于隐含"遵守国际法例外"的论点

一些学者建议，解决稳定承诺与合法政策目标之间的冲突的一种方式是将社会和环境公共利益监管排除在稳定条款的范围之外。该论点认为，稳定条款隐含地受到"遵守国际法例外情况"的限制。由于"国家主权受到实现基本人权的国际义务的限制，东道国不能损害可能受投资项目影响的个人和团体所拥有的人权"，[1] 因此稳定条款不能"阻止东道国采取善意行动逐步实现人权"，[2] "各国不得违反国际法规定的义务而订立合同。"[3]

---

[1] COTULA L. Reconciling Regulatory Stability and Evolution of Environmental Standards in Investment Contracts: Towards a Rethink of Stabilization Clauses [J]. *The Journal of World Energy Law & Business*, 2008（1）: 172.

[2] COTULA L. Reconciling Regulatory Stability and Evolution of Environmental Standards in Investment Contracts: Towards a Rethink of Stabilization Clauses [J]. *The Journal of World Energy Law & Business*, 2008（1）: 172.

[3] COTULA L. Reconciling Regulatory Stability and Evolution of Environmental Standards in Investment Contracts: Towards a Rethink of Stabilization Clauses [J]. *The Journal of World Energy Law & Business*, 2008（1）: 173.

大多数国家都必须遵守八项核心人权条约中的至少一项。这同样适用于有关环境保护的原则和标准。已得到国际法广泛承认的里约宣言原则2，强调各国有义务不损害环境。在比利时诉荷兰的莱茵铁路公司仲裁案中，仲裁庭提及国际环境法的各自发展，指出国家有义务"防止或至少减轻"环境损害。

然而，从严格的法律意义上讲，稳定条款并不妨碍各国采取公共利益措施。只不过在环境监管时需要对他们的承诺支付赔偿。所以根本问题在于，广泛的赔偿承诺可能会挫败国际法保护或要求的促进公共利益的东道国监管。而且，"国际法"是一个非常模糊的法律概念，具有很大的不确定性。

2. 关于"基本重要性"的国内法的论点

投资者与国家之间的合同关系往往被"提升"为将国际法作为"合同的准据法"，因此，VCLT可能成为解释的参考。其中第27条规定，国际条约缔约国不得援引其国内法的规定作为其不履行条约义务的理由。但第46条规定了"明显违反并涉及基本重要性的国内法规则"这一例外。

对投资者与国家关系而言，有学者认为："勤勉的投资者在与东道国签订合同之前应当了解到具有基本重要性的国内规则。"[1] 在涉及宪法原则，例如基本权利，或国家已承诺或受其约束的得到广泛承认和确立的国际法标准的情况下，这可能是"绕过"稳定条款所固有的国际法义务的途径。如果基本的宪法原则受到影响，则违反"基本重要性的国内法规则"，例如，政府在未经宪法规定的议会同意的情况下签署了一项具有广泛稳定承诺的国际投资合同。[2] 然而，有人认为："根据大多数发达的法律制度，只要有关合同是有

---

[1]　COTULA L. Reconciling Regulatory Stability and Evolution of Environmental Standards in Investment Contracts: Towards a Rethink of Stabilization Clauses ［J］. *The Journal of World Energy Law & Business*, 2008（1）: 165.

[2]　COTULA L. Reconciling Regulatory Stability and Evolution of Environmental Standards in Investment Contracts: Towards a Rethink of Stabilization Clauses ［J］. *The Journal of World Energy Law & Business*, 2008（1）: 165.

效订立的，并且不违反公共政策，合同的约束力就应得到承认。"① 在 Revere Copper 诉 OPIC 案中，仲裁庭强调，有利于外国国民的承诺具有约束力，且独立于议会或政府的权力。②

3. 关于演进的"新规范和标准"的论点

演进解释是另一种弱化稳定条款的方法，属于可持续发展领域中情势变更的一种特殊形式。在盖巴契科夫—拉基玛洛（Gabcikovo-Nagymaros）水坝工程案中，③ 国际法院指出，在可持续发展领域，"过去二十年中，许多文书提出了新的规范和标准。这种新的规范和标准应在国家考虑新的活动和在继续进行以前就已开始的活动都应加以考虑。"④ 其他法庭，如 WTO 上诉机构在美国龟虾案和仲裁庭在莱茵铁路公司案中，在可持续发展方面均采取了类似的演进解释方法。在 Gabcikovo-Nagymaros 案中，国际法院指出，冲突各方有义务重新谈判协议，以对所涉环境问题找到一个"令人满意的解决办法"，即使这些问题最初不是条约的主题。⑤ 因此，"演进解释"弱化了条约必须遵守这一原则。

这种做法可以转化为投资者和国家之间的合同义务。对稳定条款而言，问题是基于"新标准和规范"的法律变化超出稳定承诺的范围的程度。一方

---

① ICSID. Letco v. Liberia, ICSID Case No. ARB/83/2, Final Award［EB/OL］.（1986-03-31）［2022-11-19］. https://jusmundi.com/en/document/decision/en-liberian-eastern-timber-corporation-v-republic-of-liberia-award-monday-31st-march-1986#decision_1051.

② American Arbitration Association. Revere Copper & Brass, Inc. v. OPIC, Award［EB/OL］（1978-08-24）［2022-11-19］. https://jusmundi.com/en/document/decision/en-revere-copper-and-brass-inc-v-overseas-private-investment-corporation-award-thursday-24th-august-1978#decision_5463.

③ ICJ. Gabcikovo-Nagymaros（Hungary v. Slovakia）, Judgment［EB/OL］.（1997-09-25）［2022-11-19］. http://www.icj-cij.org/docket/files/92/7375.pdf.

④ ICJ. Gabcikovo-Nagymaros（Hungary v. Slovakia）, Judgment［EB/OL］.（1997-09-25）［2022-11-19］. http://www.icj-cij.org/docket/files/92/7375.pdf.para.140.

⑤ ICJ. Gabcikovo-Nagymaros（Hungary v. Slovakia）, Judgment［EB/OL］.（1997-09-25）［2022-11-19］. http://www.icj-cij.org/docket/files/92/7375.pdf.para.140.

面，可以认为这些规范属于公认的国际法标准，因此投资者不能合法地假定东道国不执行这些规范。但另一方面，尚不清楚属于"新标准和规范"范围的规范，因而可能受到"演进"解释的支配。这种法律确定性的缺乏违背了投资者对稳定的需求。毕竟，稳定条款正是为了防范这种演进风险。在Gabcikovo–Nagymaros 一案中，国际法院采取了协商一致的办法，以摆脱条约必须遵守与公共利益领域新建立和广泛承认的标准之间的两难境地。国际法院基于国际协议承认了这一主张，但仍然裁定，与背景有关的新规范应同时得到尊重。法院的结论是，协议双方需要在可持续发展概念的背景下达成一个"令人满意的解决办法"。

但谈判的成功取决于双方的善意。如果双方没有达成协议，放弃谈判，或者恶意阻挠谈判，情况如何？国际法院认为，"当事各方有义务以确保谈判有意义的方式开展活动，而当任何一方坚持自己的立场而不考虑对其进行任何修改时，则无法实现相应的目标"。国际法院没有澄清如果谈判失败后产生的后果。在国际投资合同中，如果双方当事人不能达成一致，那么载有平衡条款的谈判条款规定了仲裁裁决。

4. 关于善意和投资者尽责的论点

作为一项一般法律原则和一般国际法原则，善意原则允许公平、灵活地解释法律。为了实现保护的利益，合理和真诚地行使一项权利，是适当和必要的。同时，应以与义务相符的方式行使权利，而不是为其中一方争取不公平的利益。因此，以损害另一缔约方条约利益的方式行使该权利是不合理的，不符合条约义务的善意履行。

例如，在 MTD 股权私人有限公司和 MTD 智利公司诉智利案中，仲裁庭根据公平公正待遇标准设立了有关投资者合理期待的尽职调查要求。[①] 它认为，

---

① ICSID. MTD v. Chile, ICSID Case No. ARB/01/7, Award［EB/OL］.（2004–05–25）［2022–11–26］. https://www.italaw.com/sites/default/files/case–documents/ita0544.pdf,para.178.

"合理期待"的概念是以各种（善意）义务为基础，包括："a. 避免不合理行为的义务；b. 在充分了解风险的情况下进行投资的义务；c. 以合理方式开展活动的义务。"虽然公平公正待遇标准内容难以追溯，但不可否认，它表达的是一种公平。公平公正待遇标准在国际投资法中的作用类似于民法体系中以"善意一般条款作为一项总的原则来填补规范的空白和指引具体条款的正确解释"①。所以，公平公正待遇标准的实质内容在一定程度上将与更广泛背景下的善意原则的含义重叠。从国际公法的角度来看，善意原则作为一项国际法原则和解释工具，也可以独立于公平公正待遇标准而直接援引，从更广泛的角度审查投资者的合理期待。因此，它也可能影响公平公正待遇标准的运用。

尽管存在特定承诺，但我们可以考虑投资者在人权义务或国际环境标准方面的尽责，至少在公平公正待遇标准适用方面如此。比如，东道国在订立合同时已受到不同国际协定的约束，或者遵守国际社会广泛承认或某些构成国际法基本标准的国际义务，此时投资者若希望该国不遵守义务，那么可以援引缺乏善意这一理由。甚至可以将这一推理适用于东道国对广泛承认的国际义务的事后遵守，并以此为基础逐步改进社会和环境监管。②此时，投资者不应期待国家因实施广泛公认的符合公共利益的国际标准而获得补偿。

此外，国际法的新发展表明，投资者有责任在开展业务时不损害人权。的确，私人行为者不受国际法下的人权约束。然而，根据联合国前商业和人权特别代表约翰·鲁吉（John Ruggie）阐述的框架以及联合国工作组在其基础上继续开展的工作表明，国际法正在出现一种新的企业尊重人权责任标准。越来越多的公司，主要是大型跨国企业，承诺遵守这一标准。因此，投资者

---

① RUDOLF D, CHRISTOPH S. *Principles of International Investment Law* ［M］. Oxford: Oxford University Press, 2012: 122.

② COTULA L. Reconciling Regulatory Stability and Evolution of Environmental Standards in Investment Contracts: Towards a Rethink of Stabilization Clauses ［J］. *Journal of World Energy Law & Business*, 2008（1）: 158.

对东道国旨在履行人权义务的措施，如核心劳工权利、环境保护、国际劳工组织关于有限工作时间、健康和安全的标准等提出质疑的主张，可以被视为违反善意背景下的"禁反言"。在国际标准得到广泛承认的其他公共利益领域同样如此。

然而，这并不意味着与人权或环境公共利益有关的每一项公共措施都自动免于赔偿。当需要解决不同法律之间的冲突时，善意原则要求在法律解释中平衡不同的权利和义务关系。即对于那些投资者依据合同、国际投资法或国家的其他国际义务所享有的合法权益能否被公权力所限制时，需要考虑不同法律层面（私人、国家、区域、国际）的不同权利。

当两项相反的权利发生冲突时（如投资者的权利和受东道国措施保护的其他权利），比例原则成为善意背景下的一项共同解释原则，协调不同规范之间的冲突，以便在既定的背景下使得两种相互关联或合法的观点都能取得最佳效果。一项措施相对于其目标的适当性、必要性和合理性的标准，在法律上体现了对同等重要以及具有法律约束力的不同原则，如环境保护与投资保护的平衡或优化。从这个意义上说，比例原则可以作为一种解释工具，实现ILC 所描述的国际法"政策冲突"不成体系的一致性。[1] 它也可以成为防止冲突的决策工具，供各国政府以平衡的方式设计政策措施，包括在可持续发展领域。[2]

5. 关于协调解释的论点

ILC 关于国际法不成体系问题研究报告提出的协调法律解释原则，表达了在环境和人权规制领域寻求东道国和投资者合法权利之间平衡的解释目

---

[1]　KOSKENNIEMI M, Fragmentation of International Law: Difficulties Arising from the Diversification and Expansion of International Law, Report of the Study Group of the International Law Commission, A/CN.4/L.682, 13 April 2006, para. 24.

[2]　BUNGENBERG, GRIEBEL, HINDELANG. *International Investment Law and EU Law* [M]. Berlin: European Yearbook of International Economic Law, 2011: 271.

标。报告强调：是否存在冲突以及如何处理冲突取决于对相关规则的解释方式。不同规则通过解释似乎可以相容。因此，在稳定条款和与其他东道国义务的潜在冲突方面，要么通过"立法干预"阐明这些条款的范围，要么通过体系整合解释寻求"淡化"冲突。ILC 报告提到"相互支持"和"协调解释"的技术，"推定各当事方意图不违背公认的国际法原则或先前对第三方的条约义务。"① 关于此，可以运用常见的法律解释路径，最大限度地寻求对不同冲突规范的协调解释和相互支持。② 其中包括"通常含义、当事人意愿、合理期待、善意和嗣后实践，以及'目的和宗旨'和'有效解释原则'"或"通过以下三项标准来实现优先权：a. 特别法；b. 后法；c. 强行法、对一切的义务和联合国宪章第 103 条"。③ 协调解释的一个重要来源是 VCLT 的规定，例如，提及人权和联合国宪章的序言或寻求国际法一致性的第 31 条。上述探讨的解释途径可被视为对与稳定条款有关的政策冲突加以协调解释的具体切入点。

然而，国际投资仲裁庭如何在政策冲突案件中运用协调法律解释原则并没有一个现成的标准。在面对与公共利益监管有关的政策冲突时，将稳定条款简单地视为一种凌驾于其他解释之上的特别法，还是将其视为在基本权利和原则相互冲突背景下的一种平衡的权利，这取决于法律推理的方法。目前，法律解释和法律推理在很大程度上受到投资仲裁庭组成的影响，尤其是仲裁

---

① KOSKENNIEMI M, Fragmentation of International Law: Difficulties Arising from the Diversification and Expansion of International Law, Report of the Study Group of the International Law Commission, A/CN.4/L.682, 13 April 2006, para. 38.

② KOSKENNIEMI M, Fragmentation of International Law: Difficulties Arising from the Diversification and Expansion of International Law, Report of the Study Group of the International Law Commission, A/CN.4/L.682, 13 April 2006, para. 412.

③ KOSKENNIEMI M, Fragmentation of International Law: Difficulties Arising from the Diversification and Expansion of International Law, Report of the Study Group of the International Law Commission, A/CN.4/L.682, 13 April 2006, para. 412.

员对投资法的解释方式。为了使协调法律解释在国际投资法中得到有效运用，有必要在国际投资合同中确定指导性解释原则和方法，加强法律的确定性和可预见性。

本章小结

对于国际上游油气合同的性质，国内外学界一直存有争议。针对有学者提出"此类合同不属于国家契约或'国际化'合同，而是国内法契约"这一观点，笔者认为，应从签订方主体身份以及是否履行政府职能或充当政府代理人这个角度进行判断。这意味着国有企业虽为独立的法人，但若国内法明确赋予了其本应由政府享有的权力时，国有企业和外国投资者所订立的合同不应认定为纯粹的国内商事合同。

不同的合同模式反映了当事双方在当时历史条件下对各种要素的成本收益分析。与外国投资者主要考虑经济利益不同，东道国还需考虑它的社会效益，如通过最佳技术手段避免或尽可能减少勘探开采对环境的破坏。基于此，部分合同对环境风险防控进行不同程度的规定，如设有环境标准、环境影响评估、进入保护区、获取自然资源、气体燃烧、应对突发事件、拆除和补救等条款。与此相关的是，不少合同还规定有稳定条款，以减轻或避免那些对项目经济效益产生负面影响的东道国行动。虽然与传统的稳定条款相比，经济平衡条款并未干预东道国立法主权，但同样需要采取措施恢复合同经济利益的平衡。而现代混合型条款只是对上述两者的融合。毫无疑问，稳定条款的效力在一定程度上决定着投资者投资的意愿，和东道国吸引外资的筹码。对此，学术界有两种截然相反的观点：否定说的学者从经济主权论、合同主体论、越权论、情势变更论主张条款的无效；肯定说的学者从主权限制论、契约神圣论、期待利益保护论主张条款的有效。笔者以为，离开准据法而空泛地论证其在国内法和国际法上的法律效力既无意义，也缺乏依据。

在国内法层面，若东道国立法明确承认稳定条款时，那么难以质疑其在国内法中的法律效力。但需注意的是，主权者给予的权利可能被其行使主权而被收回，即它并不能阻碍国家立法回溯性取消和废除已授予的权利。在国际法层面，外国投资者试图通过合同国际化理论，寻求高于国内法效力等级的外在力量捍卫稳定条款的法律效力。若合同包含有稳定条款，则合同完全受国际法支配还是受国内法与国际法共同约束？换句话说，合同国际化理论是否能阻止合同受一个及以上法律制度支配？油气合同的国际化并不表明其必然完全受国际法支配。相反，其可能受当地法约束，除非该法与国际法相冲突。另外，自然资源永久主权原则与同样具有约束力的稳定的国家契约并不相悖，因为这是作为合同当事方的国家或国家实体作出的自愿限制。

实践中，无论是 Burlington 诉厄瓜多尔案还是早期其他仲裁案例，仲裁庭都直接或间接承认了稳定条款的法律效力。所以，可以期待该条款对东道国环境治理具有以下潜在影响。在灵活性方面，贫穷国家陷入一个艰难的选择：要么修改国内法律以减缓当地社区的压力或履行在国际规范下的承诺，从而对投资者支付补偿；要么允许项目危害当地民众，同时违反了国际标准。在一致性方面，如果国际投资合同在特定时间冻结了某个项目的环境框架，那么同一行业的不同项目可能会受到完全不同规则的管理，从而导致政策的不一致。在责任方面，合同的保密性降低了政府和外国投资者的责任。

但即便如此，也可以通过个案的具体事实，和不同稳定条款的类型和范围，运用协调解释、演进解释、善意和尽责等解释方法对稳定条款和东道国环境风险规制加以平衡，保障国际环境标准的实施。当然，目前这主要取决于不同仲裁庭的认知水平，以及由此运用的法律推理方法。因此，为了加强法律的确定性和可预见性，有必要在国际投资合同中确定指导性解释原则和方法。

第六章　中国企业境外投资环境风险的规制路径

自中国提出"走出去"战略以来，中国海外投资环境保护问题备受国外媒体和国际非政府组织关注，对我国企业和国家形象产生影响。

随着"一带一路"倡议的不断推进，境外投资活动的环境影响将进一步增强，所面临的环境社会风险也将更为显著，尤其是在环境治理和社会保障制度薄弱的国家和地区。如何有效防控境外项目的环境社会风险和消极影响，已成为影响境外投资项目可持续性的关键，也反映了对人类命运共同体理念的践行。

第一节　中国对外投资协定的再定位

中国对外投资协定经历了从"严格限制"到"全面开放"再到"注重平衡"的发展过程。[①] 但总体来看，投资体系仍存在形式多样、结构不一、内容多元等问题。基于此，本书从合理限制投资待遇条款和适当纳入环境条款方面对中国对外投资协定加以统一完善。

---

① 例如，中国—澳大利亚 FTA 明确排除了最惠国待遇条款在 ISDS 中的适用。其第 11 条直接规定：基于维护公共健康、安全、环境、公共道德或秩序等合法公共利益的目的，东道国所采取的非歧视性措施不受 ISDS 的管辖。

一、合理限制投资待遇条款

（一）在协定中明确投资待遇的内容或解释标准

鉴于国际投资仲裁实践对非歧视待遇和公平公正待遇的解释路径不尽相同，较为可取的方法是，在条约中明确它们的内容和范围。针对非歧视待遇而言，为避免仲裁庭在解释"相似情形"这一术语时可能出现的不确定性，可以考虑在协定中明确规定仲裁机构解释时需要考虑的一些要素，包括对第三方当事人和本地社区的影响、对当地或国内环境的影响、投资的产业，以及有关措施的目的等标准。[1] 例如，CPTPP 投资章节第 9.4 条关于国民待遇的解释脚注，明确了在认定"相似情形"问题上仲裁庭应依据个案分析，综合考量，包括根据是否符合合法的公共利益目标区分投资者或投资。[2] 这在一定程度上限制了仲裁庭的自由裁量权，避免其对非歧视待遇条款的宽泛解释侵蚀东道国的公共政策空间。《美国—墨西哥—加拿大协定》（The United States-Mexico-Canada Agreement, USMCA）第 14.5 条也做了类似规定。[3]

针对公平公正待遇而言，其核心是禁止歧视和专断。因此，可以考虑将已被国际社会普遍接受或认可的某些规则或具体要素如正当程序、拒绝司法等明确作为该条款的要求予以限定。

例如，CPTPP 第 9.6 条第 4 款规定："一成员国采取或不采取的某项可能与一投资者预期不相符措施这一事实本身，并不构成违反该条，即使因此而导致本协定项下的投资遭受损失或损害。"第 9.6 条第 5 款则规定："一缔约方未提供、更新或维持一项补贴或拨款，或修改或取消补贴或拨款这一事实

---

[1] Article 17.2 of the COMESA Investment Agreement（2007）.

[2] Article 9.4 of CPTPP（2018）.

[3] Article 14.5 of Agreement between the United States of America, the United Mexican States, and Canada（2020）.

本身，并不构成对该条的违反，即使因此而导致本协定项下的投资遭受损失或损害。"① 因此，在出现上述两种情形时，投资者将不能以东道国的行为违反"最低待遇标准"为由主张损失。这是对公平公正待遇在适用上的限制。

CETA 投资章节对该条款做了封闭式列举，指出拒绝司法、根本性违反正当程序、明显专断、定向歧视（如针对特定种族或宗教信仰）和虐待（如胁迫、强制和滋扰）五种具体类型构成了东道国对公平公正待遇义务的违反，并包括规定了缔约方可以共同订立新的公平公正待遇义务的兜底条款。②

（二）在协定中规定投资待遇条款适用的例外

如本书第四章所述，当前包括中国在内的很多国际投资协定都在征收和补偿方面赋予东道国合理的规制空间，即缔约国在通常情况下因健康、环境、劳工保护需要所采取的措施不属于征收。

在最惠国待遇方面，鉴于该条款在国际投资法领域的传导性和多边化，有必要在实体和程序上均加以限制。例如，2016 年斯洛伐克—伊朗 BIT 将保护健康、安全和环境采取的措施，保护国内外公认的劳工权利采取的措施，消除贿赂、腐败所采取的措施作为一种缔约方合法公共利益目标的实现方式，而排除在最惠国待遇条款之外。③ 此外，也有协定从时际法角度限制该条款的适用，明确规定该条款不得适用于缔约方先前签署的所有协定中赋予投资者的更优惠待遇。与"公共利益目标"相比，它更为直接，无须分析相关措施是否保护了东道国的"公共利益"。例如，2012 年 SADC 投资协定范本起草委员会建议，范本应排除该条款适用于"在本协议之前生效的双边投资协定或者自由贸易协定中规定的特许权、优惠、豁免或其他措施……"④ 2015 年加

---

① Article 9.6 of CPTPP（2018）.

② Article 8.10 of the Comprehensive and Economic Trade Agreement between EU and Canada（2017）.

③ Article 4.3 of Iran–Slovakia BIT（2016）.

④ Article 4.2 of SADC Model Bilateral Investment Treaty Template with Commentary（2012）.

拿大—布基纳法索 BIT 明确指出，该协定中的最惠国待遇条款不适用于协定生效前已经生效或签署的所有双边或多边协定给予的待遇。CPTPP 投资章节第 9.5 条明确规定最惠国待遇条款不适用于争端解决，[①] 以限制仲裁庭对最惠国待遇条款的扩大性解释。

在公平公正待遇方面，众多的中国 BITs 中唯有中国—马达加斯加 BIT 规定将环境内容纳入公平公正待遇条款。其指出："……出于安全、公共秩序、卫生、道德和环境保护等原因采取的措施不应被视作障碍。"[②]

（三）加强缔约国对协定解释权的控制

一般而言，当经过缔约方授权的仲裁庭对国际投资协定的解释违反其立法意图或现行目标时，缔约方也得承受裁决带来的不利后果。已有的国际投资仲裁实践表明，仲裁庭的条约解释权在不断扩张，经常对相同或类似规定作出不一致的裁决，这在一定程度上挤压了东道国的自主规制权，造成东道国与私人利益保护之间的失衡。

授权仲裁庭解决东道国和投资者之间因投资引发的法律纠纷并不意味着割断缔约方与条约的关系。根据一般国际法，缔约方有权对投资协定的含义作最终的解释。但目前中国还没有在投资协定中充分地行使这一权力。笔者以为，可以成立由各缔约方代表组成的投资协定委员会，负责监督投资协定的实施情况，特别是仲裁庭对案件的审理，包括关注其对具体条款的解释。若发现不同仲裁庭对同一条款如公平公正待遇作出不一致甚至相矛盾的解释时，应及时发布一项联合解释。而根据 VCLT 第 31.3 条（a）项之规定，仲裁庭有义务考虑该嗣后解释。此外，也可以在仲裁程序中建立一个"初步提交程序"，允许仲裁庭根据条约的条款要求委员会作出权威性的解释，以此来作为裁定案件的基

---

① Article 9.5 of CPTPP（2018）.

② Article 3.2 of China–Madagascar BIT（2007）.

础。通过这些程序的设置来强化和捍卫缔约方作为投资协定"监护者"的角色定位，防止投资协定中涉及公共利益的内容被错误地解释。而且，当国内的投资政策发生调整时，这一制度可以起到"安全阀"的作用，减少或避免被众多外国投资者指控。

实践中，例如，CETA 第 8.31 条和《跨大西洋贸易与投资伙伴关系协定》（Transatlantic Trade and Investment Partnership Agreement, TTIP）投资章节草案第 3 节第 13 条对适用法和解释规则作出规定，二者均要求仲裁庭在解释本投资协定时，应遵照 VCLT 及可适用于缔约双方的其他国际法原则及规则。而且针对可能引起投资重大关切的条约解释，CETA 和 TTIP 投资章节草案均规定服务和投资委员会可以把缔约方达成的协定解释推荐给联合委员会，一经联合委员会采纳，该解释将适用于本协定下的所有仲裁庭。[①]

二、适当纳入环境条款

笔者在此提出建立有利于环境保护目标实现的 BITs，促使中国 BITs 制定战略的转型。笔者以条款的类型、效用为基点，以及结合其他国家实践，尝试从东道国监管权和企业社会责任履行方面提出建议。

（一）强化缔约方的监管权

1. 明确缔约国调整环境法律和政策的"主权权利"

投资者依据 NAFTA 相关实体条款提起了大量的涉环境投资仲裁案件，其中大多数案件中所反映的核心问题是，东道国规制权行使的合法性。东道国虽然辩称，制定、采取或修改其环境法律、法规和政策的权利属于习惯国际法的主权，但鉴于在条约中没有明确体现该项权利，也没有明确规定环境法的概念和具体涵盖的国内立法范围，所以实践中仲裁庭往往通过自由裁量

[①]　Article 8.44 of the Comprehensive and Economic Trade Agreement between EU and Canada（2017）.

权做出偏袒投资者一方的条约解释，认为东道国的管理性措施构成间接征收，或违反了投资待遇条款。

所以，为了明晰环境保护和投资保护之间的界限，更好地实施环境保护法律法规，有必要明确"环境法"的范畴，如 CPTPP 在第 20 章中明确了"环境法"的定义，[①]包括双方共同参与的多边环境条约，并确认了缔约方"制定、采取或修改其环境法律和政策的主权，为缔约方制定和调整有关环境保护的管理性措施提供了清晰的条约法依据。而第 2 条确立的"高水平的环境保护和环境法律的有效实施"的目标[②]则为仲裁庭做出利益平衡的条约解释指明了方向，最大限度地消解了管理性措施在制定和实施过程中的争议。

2. 加强国家间环境规制合作

一些投资条约会引入有关促进环境保护和环境领域一般合作的条款。例如，"缔约方认识到它们之间的合作为改善环境保护标准提供了更多的机会。"[③]

FTAs 更有可能纳入这种合作，因为它们的调整范围比单纯地促进和保护外国投资更为广泛。欧盟与格鲁吉亚之间的联合协议使用了全面的准确的用语："第 301 条环境：各缔约方应发展和加强在环境问题上的合作，从而促进可持续发展和绿色经济长期目标的实现。可以预见的是，加强环境保护将为格鲁吉亚和欧盟的公民和企业带来利益，包括通过改善公共卫生，保护自然资源，提高经济和环境效率，以及利用现代、更清洁的技术，促进更具可持续性的生产方式。合作应以平等互利为基础，并考虑到缔约方在环境保护及其多边协议存在的相互依存关系进行。"[④]

ECT 第 19 条环境方面写道："为了实现可持续发展并考虑到在国际协定

---

① Article 20.1 of CPTPP（2018）.

② Article 20.2 of CPTPP（2018）.

③ Article 7.3 of the Belgium/Luxembourg–Colombia BIT（2009）.

④ Article 301 of the EU–Georgia Association Agreement（2016）.

下的其他环境义务，每一缔约方在适当考虑安全的情况下，应努力以一种经济上有效的方式尽量减少发生在其区域内外的有害环境影响。为此，每个缔约方应以成本效益的方式行事。每个缔约方在其政策和行动中，应努力采取预防措施，以防止或尽量减少环境退化。缔约方同意在其管辖领土上，在适当考虑公共利益并且不对能源领域的投资或国际贸易造成扭曲的情况下，原则上由污染者承担包括跨界污染在内的污染成本。为此，缔约方应在制定和实施能源政策时考虑到环境因素。"[①]从性质上看，该条属于软法。各缔约方虽然接受了能源领域的活动应当遵循"可持续发展"理念，但直到目前这一理念仍然只具有劝告性而没有规范性。另外，虽然各缔约方被要求减少其领土范围内能源领域的所有作业给国内或国外带来的有害环境影响，并且缔约方在履行其环境义务时必须遵守预防原则和污染者付费原则，但它们仍缺乏强制性，各缔约方只需要"努力"地"以经济上有效的方式"而且"以成本效益的方式"来减轻这些负面的环境影响，履行其环境义务。尽管如此，该条款仍然有助于指导仲裁庭在解释条约其他条款时加入对环境的考量，而且这些条款可为东道国与母国在环境相关事项上的制度合作提供充分的基础。随着可持续发展理念在国际投资法体系的不断拓展，可以仿照 CPTPP 的"环境章节"，对与环境相关的问题进行统一规定，促进投资条约规制跨国企业环境责任规范的体系化发展。

3. 处理好国际投资协定与国际环境公约的关系

与传统的 BITs 相比，FTAs 最有可能提到国际环境协定，因为它们通常旨在实现各种目标的广泛协定。例如，2011 年 EFTA—香港 FTA 在其环境章节中包含以下用语："多边环境协定与环境原则：各缔约方重申致力于有效执行符合多边环境协定的各自国内法律和惯例，以及遵守第 8.1 条所述国际文书

---

① 国家发展计划委员会.能源宪章条约（条约、贸易修正案及相关文件）［M］.北京：中国电力出版社，2000：19.

所反映的环境原则。"①但这只是宣示性的表述，而且该FTA也并未对投资章节和环境章节进行协调，一旦FTA所载义务与国际环境协定中的义务之间发生冲突，解释者可能并不完全清楚应优先考虑哪些义务。

相比之下，NAFTA第104条"与环境公约的关系"可以被视为真正的冲突条款，因为它明确了本协定列举的多边环境协定下的义务与NAFTA义务之间的效力等级，并规定当两者发生冲突时，前者优先。②其后美国FTA虽然也在"环境"专章中特别说明该自由贸易协定与环境协定的关系，但它们之间的效力等级没有加以明确规定。一方面，各方承认多边环境协定在全球和国内环境保护中的重要作用和各自实施这些协定对实现多边环境协定目标的重要性，以及各方将继续努力寻求加强多边环境协定和贸易协定之间的相互支持关系的途径。另一方面，各方承诺将来针对环境事项或关于贸易规则与多边环境协定义务关系的谈判进行协商。这只是承认多边环境协定及其实施的重要意义，并没有实质上解决投资协定与环境协定之间的关系。

通常情况下为了更大的确定性，应划分不同义务之间的效力等级，而不是将其交由仲裁庭决定。然而，最近关于条约解释的学术研究推进了所谓的相互支持理论。这一理论的兴起可以追溯到贸易协定与多边环境协定之间相互作用的讨论。③尽管其内容尚未完全确定，但相互支持理论加强了国际法不同部门（贸易和环境制度）之间的积极和建设性互动，其更多地关注于所追求的类似或共同目标（如可持续发展），而不是局限于调整不同具体领域的国

---

① Article 8.5 of the EFTA-Hong Kong FTA（2011）. 协定第8.1条列举了1972年《斯德哥尔摩人类环境宣言》、1992年《里约宣言》、1992年《21世纪议程》和2002年《约翰内斯堡可持续发展执行计划》。

② Article 104 of the NAFTA（1994）. 但同时规定，若成员国有多种同等有效且合理的方式来遵循这些义务，成员国应该选择其中最不违反NAFTA的其他条款的方式。

③ DE CHAZOURNES L B, MBENGUE M M. *Mutual Supportiveness in an Era of Fragmentation*［M］//HESTERMEYER H P, SEIBERT-FOHR A, STOLL P T, et al. *Coexistence, Cooperation and Solidarity.* Leiden: Martinus Nijhoff Publishers, 2012: 1616-1617.

际条约。^①与隐晦地承认可能出现规范性冲突的"协调"概念不同，相互支持不认可不同条约制度之间存在冲突，而是寻求国际法律体系的一致性，从而超越冲突的逻辑。对此，各国在谈判新的国际协定时必须考虑到现有的国际文书。这种事前协调可能会在具有类似或共同目标的不同国际文书中产生事后同步的效果。既然不同的国际文书追求相似或共同的目标，那么没有必要在环境条约和其他国际协定之间建立效力等级。

虽然该理论尚未从贸易／环境大幅转移到投资／环境制度，但可以在最近的 FTAs 中找到。例如，2007 年韩国—美国 FTA 第 20.10 条提到了相互支持："关于多边环境协定：a. 各缔约方认识到，某些多边环境协定在全球和国内层面的环境保护方面发挥着重要作用。各缔约方进一步认识到，本章和联合国非洲经济委员会可以为实现此类协定的目标做出贡献。因此，各缔约方应继续寻求方式，以加强它们同时作为缔结或参加方的多边环境协定和贸易协定的相互支持。b. 为此，各缔约方应酌情就共同关心的环境问题的谈判进行磋商。c. 如果缔约方在本协定下的义务与某一适用协定之间存在任何不一致，则该缔约方应设法平衡其在两项协定下的义务，但这并不妨碍该缔约方采取特定措施履行适用协定下的义务，只要该措施的主要目的不构成对贸易的变相限制。"^②但这种措辞被批评为相互支持的实施空间受到相当大的限制，因为它是以程序性用语的方式起草的，并且只是寻求两国同时为成员方的协定的相互支持。最后，该 FTA 为违反国际环境协定提供了补救措施，第 20.2 条规定："环境协定：缔约方应通过维持和实施法律、法规和所有其他措施，以履行附件 20-A（"涵盖协议"）所列的多边环境协定项下的义务。"^③

---

① DE CHAZOURNES L B, MBENGUE M M. *Mutual Supportiveness in an Era of Fragmentation*［M］//HESTERMEYER H P, SEIBERT-FOHR A, STOLL P T, et al. *Coexistence, Cooperation and Solidarity.* Leiden: Martinus Nijhoff Publishers, 2012: 1623, 1625.

② Article 20.10 of the Korea-US FTA（2007）.

③ Article 20.2 of the Korea-US FTA（2007）.

（二）促进企业社会责任和投资者环境义务

尊重环境既可以通过规定东道国的国际义务，也可以通过纳入投资者的企业社会责任或环境义务条款得以实现。与"例外条款"不同，该条款通过投资者一侧来重新平衡投资者与东道国之间的关系。事实上，包括跨国公司在内的所有私营部门有责任为公平和可持续的社区和社会的发展作出贡献，这体现了对《2030 年可持续发展议程》有关"私营部门应在实现可持续发展目标上发挥重要作用"的具体落实，同时这也符合权利与义务相称的原则。因为传统的投资条约不仅单方面地赋予投资者针对国家的"起诉权"，而且规定了大量超出惯国际法有关外国人待遇的实体条款。最后，虽然外国投资者在原则上必须遵守东道国的法律法规，但很多发展中国家的企业社会责任标准或较低，或缺失，所以若 BIT 不包含可以直接规制其活动的企业社会责任条款，将无益于环境保护。

具体实践中，加拿大和挪威已提议将企业社会责任更直接地纳入到 IIAs。2004 年加拿大 BIT 范本在其实体内容中包含了企业社会责任条款："每一缔约方应鼓励在其领土或在其管辖范围内经营的企业通过实践和内部政策等方式自愿纳入国际公认的企业社会责任标准，例如已得到缔约方认可或支持的涉及劳工、环境、人权、社区关系和反腐败等问题的原则声明。"[①] 2013 年贝宁—加拿大 BIT 第 16 条规定："缔约方应鼓励在其领土内或受其管辖的企业自愿将国际公认的企业社会责任标准纳入其实践和内部政策，如经缔约方认可或支持的原则声明。这些原则涉及劳工、环境、人权、社区关系和反腐败等问题。"[②] 奥地利 2010 年 BIT 范本在其序言中提到了企业社会责任："我们坚信，OECD 跨国公司指南中所载的负责任的企业行为可以促进企业与东道国之间的互信；强调所有政府和民间行为者都必须遵守联合国和经合组织

---

①   Article 16 of Canada Model BIT（2004）.

②   Article 16 of Benin–Canada BIT（2013）.

的反腐败努力，特别是联合国反腐败公约；注意到联合国全球契约各项原则。"①CPTPP 在投资一章第 9.16 条规定了企业社会责任："各缔约方重申每一缔约方鼓励在其境内或管辖范围内的企业自愿将公司社会责任的国际公认标准、指引和原则纳入其内部政策之中的重要性。"②此外，加拿大与蒙古、③尼日利亚与新加坡④等双边投资条约也规定了企业社会责任。

迫在眉睫的问题是企业社会责任对投资者产生的是约束义务还是仅为积极倡导？例如，在以上表述中，企业社会责任条款不会直接为投资者创造法律上可执行的权利和义务，⑤而国家是这类企业社会责任条款所列义务的主要对象。这意味着一方面，缔约国需要根据其国内法律和政策采取必要行动，以确保公司遵守企业社会责任标准。如果国家不提倡和鼓励企业遵守这些标准，那么原本国家规定的法律效果体现有限。但另一方面，包含投资者间接义务的这类企业社会责任条款表明，缔约国有望确保"投资者的经营活动遵守某些国际公认的企业社会责任标准"，在此情形下，投资者不能指望适用于东道国的较低的环境或人权标准。它并未禁止企业自行对国际文件如 OECD 跨国公司指南、联合国全球契约 10 项原则或国际劳工组织三方宣言等约束性援引。正如 2017 年 UNCTAD 世界投资报告所强调的，这种提法"标志着可持续性在投资者与国家关系中的重要性，它能够使投资者适应其可持续发展方面的责任，并作为指导 ICSID 仲裁庭解释的来源"。但无论如何，上述条款

---

① Preamble of the Austrian Model BIT（2010）.

② Article 9.16 of CPTPP（2018）.

③ Article 14 of Canada–Mongolia BIT（2016）.

④ Article 11 of Nigeria–Singapore BIT（2016）.

⑤ TITI A. *The Right to Regulate in International Investment Law*［M］. Baden–Baden: Nomos and Dike, 2014: 105, 107–111.

仍属自愿，并未明确成为习惯国际法规则。[1] 进一步的条约起草将阐明具有法律约束力和可仲裁性的企业社会责任标准。

另外，有些投资条约规定了投资者的直接环境义务。阿根廷—卡塔尔BIT 第 12 条指出，投资者应"努力自愿将国际公认的企业社会责任标准纳入其商业政策和实践"[2]。该表述并不比上述提到的鼓励投资者将企业社会责任规范纳入其业务更为准确。它没有具体规定企业社会责任标准，只是提到这些标准应为"国际公认"。有一些国际文书规定有国际公认的企业社会责任标准，其中最突出的是 OECD 指南、全球契约、联合国指导原则、联合国负责任投资原则和 ISO26000 社会责任。然而，这些文书所体现的原则的不同的侧重取决于它们寻求解决的私人行为者。遵约机制也呈现多样化，有些提供了更严格的监督机制。因此，如下文即将提到的摩洛哥—尼日利亚 BIT，在协定中提及更具体的企业社会责任标准，可能为外国投资者应寻求遵守的企业社会责任标准提供更好的指导。

加纳 2008 年 BIT 范本在其第 12 条中提出："缔约一方国民和企业在缔约另一方领土内的责任：1.缔约一方国民和企业在缔约另一方境内，应受东道国现行法律、法规的约束，包括劳动、卫生和环境法律法规。2.缔约一方国民和企业在缔约另一方境内，应尽可能通过与当地社区的密切合作，鼓励人力资本的形成，加快当地能力建设，创造就业机会，提供员工培训和技术转让。3.缔约一方国民和企业在缔约另一方境内，应按照适用于外国投资者的有关准则和其他国际公认标准行事。"[3]2005 年 IISD 的 BIT 范本和 2008 年SADC 的 BIT 范本提出了类似的方法，引入了对投资者的约束性义务以尊重

---

[1]　MILES K. *Soft Law Instruments in Environmental Law: Models for International Investment Law* [M] //BJORKLUND A K, REINISCH A. *International Investment Law and Soft Law*. Cheltenham: Edward Elgar, 2012: 96.

[2]　Article 12 of Argentina–Qatar BIT（2016）.

[3]　Article 12 of the Ghana Model BIT（2008）.

环境法。其中，IISD 范本第三部分名为"投资者和投资的义务与责任"，包含 8 个条文，分别是：一般义务（第 11 条）、投资准入前的影响评估（第 12 条）、反腐败（第 13 条）、投资准入后义务（第 14 条）、公司治理与实践（第 15 条）、公司社会责任（第 16 条）、投资者给东道国造成损害时的赔偿责任（第 17 条）、本部分与争端解决的关系（第 18 条）。[①] SADC BIT 范本受到 IISD 范本的影响，在第三部分将投资者和东道国的义务放在一起，突出了在东道国与投资者间实现平衡的意图。该范本有关投资者义务的大部分条款在设计上与 IISD 的建议近似，在新增加的内容中比较重要的部分，例如，符合关于人权、环境和劳工的最低标准规定等。[②]

反映新一代国际投资协定的 2016 年摩洛哥—尼日利亚 BIT 有很多涉及投资者义务的进步条款。例如针对投资者的企业社会责任条款，要求投资者进行环境和社会影响评估并适用预防原则的准入前义务；要求投资者遵守环境和劳工标准的设立后义务；投资者禁止腐败行为的义务；以及关于投资者责任的规定。该 BIT 第 24（1）条规定："投资者必须遵守东道国的法律和法规，投资者及其投资应努力通过高度的社会责任为东道国和当地社区的可持续发展作出最可行的贡献。"[③] 第 18 条在"维持环境管理体系如 ISO 14001，维护东道国人权，以及按照 1998 年国际劳工组织《基本原则和工作权利宣言》所要求的核心劳工标准行事"等方面做了进一步补充。[④] 所以，第 24 条和第 18 条使用的语言确定了投资者必须遵守的企业社会责任准则。

参照具体的企业社会责任准则是在起草企业社会责任条款方面向前迈出

[①]　Part 3 of the IISD Model International Agreement on Investment for Sustainable Development（2005）.

[②]　Part 3 of the SADC Model BIT（2012）. 根据 SADC 范本第 15.3 条，投资者及其投资不得以不符合东道国和母国所承担的保护人权、环境和劳工的国际法义务的方式开展投资活动，当东道国与母国在上述事项上承担的义务水平不同时，以保护水平较高者为准。

[③]　Article 24 of Morocco–Nigeria BIT（2016）.

[④]　Article 18 of Morocco–Nigeria BIT（2016）.

的重要一步，目的是促进投资者更好地遵守相关准则。例如《关于多国企业和社会政策三方原则宣言》，针对如何执行"社会政策和包容性、负责任和可持续的工作场所实践"向跨国公司提供了行为准则。特别是 2017 年更新的宣言鼓励跨国公司"为经济和社会进步以及实现人人有体面工作做出积极贡献；并尽量减少和解决其各种业务可能带来的困难"。当投资者不遵守上述声明中的规定时，并且如果与投资者提出的索赔和投资争议有关时，仲裁庭可以考虑这种不遵守的行为。

除了明确规定投资者的义务外，摩洛哥—尼日利亚 BIT 第 20 条还澄清，违反投资者的义务可能导致承担国内法院规定的责任。题为"投资者责任"的第 20 条规定："如果投资者的行为或决定在东道国造成重大损害、人身伤害或死亡，投资者应在其本国司法程序中就其与投资有关的行为或决定承担民事责任。"[1] 该责任条款背后的法理是，对于外国投资事项，母国有"义务"进行干预，以确保其跨国公司按照要求其承担责任的新标准行事。这一假设是基于母国有对跨国公司在海外的活动行使法律控制的这一事实。实际上较少国家的法院在某些案件中对在国外经营的公司的侵犯人权行为行使管辖权。

类似于摩洛哥—尼日利亚 BIT 第 20 条，SADC 制定的 BIT 范本第 17（2）条有关责任条款的规定："关于投资者的民事责任以及在东道国境内因其行为、决定或不作为所造成的损害，母国应确保其法律制度和规则允许或不妨碍或不适当地限制被害人向国内法院提起诉讼。"[2] 该规定旨在为母国法院消除被害人提出索赔的程序或管辖障碍。

根据上述范本和条约实践，当跨国公司违反投资者义务条款时，可能承担以下法律后果。第一，将丧失受投资条约保护的利益。如 IISD 范本第 18 条规定，当投资者严重且持续地违反其重要义务时，可以禁止投资者利用条

---

① Article 20 of Morocco–Nigeria BIT（2016）.

② Article 18 of the SADC Model BIT（2012）.

约规定的争端解决程序针对东道国提出请求的权利。第二，根据投资者违反条约义务的程度，相应地抵消其请求，具体表现为减轻东道国对投资者的赔偿责任。但投资者违反义务与减轻东道国赔偿额之间的对应比例，在很大程度上需要由仲裁庭来判断确定，具较大随意性，其可接受程度与仲裁裁决的推理密切相关。例如，仲裁庭在对超级"帝王条款——公平和公正待遇"进行解释时，可以从投资者和东道国两个维度分析是否均尽到相应义务，如投资者在投资决定作出时的尽职调查，充分知晓投资风险，以及以合法、适当的方式开展经营等。^①若投资者未尽到上述义务，同时东道国也被认定违反了"公平和公正待遇"条款时，仲裁庭应相应减轻东道国的赔偿责任。例如，在MTD v. Chile 案中，投资者因未合理做到尽职调查而遭受商业损失，仲裁庭即决定按一定比例减少投资者可以获得的赔偿数额。^②第三，投资者义务的规定，在一定程度上能够影响仲裁庭的自由裁量权，使得其解释更为周全，较好地平衡投资者经济利益与东道国公共利益。

第二节　国际投资合同相关条款的改进

一、排除或限制稳定条款

虽然本书在第五章提到的不同的解释方法可以用来处理稳定条款与国家环境风险规制的冲突，但这些方法在特定案件中发挥作用的程度，主要取决于仲裁员的法律推理。正如 ILC 关于不成体系问题的报告所指出的，"解决冲

---

① MUCHLINSKI P. "Caveat Investor"? The Relevance of the Conduct of the Investor Under the Fair and Equitable Treatment Standards［J］. *The International and Comparative Law Quarterly*, 2006（55）：530.

② ICSID. MTD Equity Sdn.Bhd. and MTD Chile S.A. v. Republic of Chile, ICSID Case No. ARB/01/7, Award［EB/OL］.（2004-05-25）［2022-12-15］. https://www.italaw.com/sites/default/files/case-documents/ita0544.pdf,para.243.

突和解释共存。是否存在冲突以及如何处理冲突取决于对相关规则的解释方式。"① 因此，除了关注仲裁庭解释外，从规范层面看，笔者以为可排除或限制稳定条款在合同中的应用。

（一）排除稳定条款

当前，稳定条款对某一法律或有利的商业环境的"冻结"，而不考虑投资者的责任和公众需求的合理性，给不同利益相关者带来不利影响。

第一，从投资保护的角度来看，由于解释的不一致，这种稳定条款可能达不到其预设的法律确定性和稳定性。一方面，这将取决于仲裁员在面对政策冲突案件时，对稳定条款在多大程度上实现其稳定承诺的解释方法，对于那些范围和措辞广泛的稳定条款，如约定不利影响、重大不利变化或影响等，仲裁庭有很大的解释空间。② 另一方面，对稳定承诺的孤立解释或适用可能导致"合法性不足"，并导致民间社会的抗议和当地的骚动。③ 企业依赖全面的稳定承诺，可能意味着掩盖风险，进而因当地抗议、相关诉讼，与当地政府的关系破裂，以及全球媒体和社交网络的宣传，而使其投资安全、声誉和品牌遭受巨大的负面影响。明智的公司更应该考虑社会因素，将可持续发展作为其负责任的商业行为的一部分。例如，与当地社区、政府和其他利益相关者保持良好的关系；寻求可替代的争端解决和重新谈判来处理问题，而不是坚持达成广泛的承诺。因此，对于那些将社会责任作为一种差异化因素，甚

---

① KOSKENNIEMI A, Fragmentation of International Law: Difficulties Arising from the Diversification and Expansion of International Law, Report of the Study Group of the International Law Commission, A/CN.4/L.682, 13 April 2006, para. 38.

② MANIRUZZAMAN A F. The Pursuit of Stability in International Energy Investment Contracts: A critical Appraisal of the Emerging Trends [J]. *Journal of World Energy Law & Business*, 2008（1）: 121.

③ ECHANDI R. *What Do Developing Countries Expect from the International Investment Regime?* [M] //ALVAREZ J E, SAUVANT K P, AHMED K G, et al. *The Evolving International Investment Regime: Expectations, Realtities, Options*. Oxford: Oxford University Press, 2011.

至是一项商业条件的公司而言，他们不仅赢得了良好的声誉、品牌信任，而且相应地不断扩大市场份额。这也是如今企业在海外投资时为何越来越多地践行国际公认标准。

第二，需要反思的是稳定条款在当今是否仍应成为保护投资的必要手段。与 19 世纪末 20 世纪初缺乏国际法的投资保护相比，当前，通过习惯国际法和广泛发展的国际投资协定网络，国际投资保护标准有了坚实的基础。大多数国际投资协定通常具有类似的投资保护标准，例如，非歧视、征收、最惠国待遇和公平公正待遇等条款。广泛的投资保护法网络体系在通过仲裁裁决平衡投资者和公众利益时，通常允许灵活和善意的法律解释。仲裁裁决甚至表明，公平公正待遇标准已经隐含了一定程度的稳定性作为投资者的合理期待，[①]一些条约明确将投资稳定作为公平公正待遇标准的目标。[②]

作为特别法的稳定承诺与国际投资法的公平公正待遇标准之间的主要区别在于，后者善意的非歧视性管制不会触发赔偿，而稳定条款的存在可以因此得到赔偿。根据稳定条款，对不公平和专断对待的赔偿转变成对包括日常监管在内的措施的赔偿。此外，仲裁庭可能将不遵守合同稳定承诺视为剥夺了合同权利，从而构成国际投资协定下的间接征收。

所以，国际投资合同中的稳定条款意味着对投资者商业利益的更广泛保护，特别当通过保护伞条款或法律解释上升到条约保护时。显然，它超出了最初的功能设计——保护投资者免受东道国国有化和专断对待。对投资者商业利益的全面保护也超出了国家和投资者之间合理的风险管理分配。在这种背景下，改变条件的风险由东道国独自承担。正如 EDF 诉罗马尼亚案的仲裁员指出："我们不应以一个过于宽泛和开放的解释方式来理解合理期待。公平

[①]　MANIRUZZAMAN A F. The Pursuit of Stability in International Energy Investment Contracts: Acritical Appraisal of the Emerging Trends [J] . *Journal of World Energy Law & Business*, 2008（1）: 121.

[②]　RUDOLF D, CHRISTOPH S. *Principles of International Investment Law* [M]. Oxford: Oxford University Press, 2012: 122.

公正待遇可能意味着对经济活动法律监管的'虚拟'冻结。除非国家向投资方作出具体承诺或陈述，否则投资者不得将投资协定作为一种保险，以防范东道国法律和经济框架发生任何变化的风险。这种期待既不合法也不合理。"①

投资者不能仅仅因为在海外投资就期待完全摆脱作为受"经济寿命演变"约束的企业公民的社会地位。② 根据习惯国际法，各国政府必须为更广泛的公共利益自由行事。企业的经济条件自然取决于对不断变化的生活和治理条件做出反应的国家监管。投资保护涉及公共领域的风险管理，所以，期待免受任何商业风险的投资者从一开始就没有适当地管理风险。③

这并不意味着不考虑损害外国投资者利益的不公平待遇和东道国的专断行为，而是应该避免超越东道国和投资者之间合理利益的适当平衡，和忽视可持续发展、公平竞争等善治的核心原则。"没有风险的企业"扭曲了市场效率，抑制了渐进式监管，加速了"企业的道德风险"。正如摩西·赫希（Moshe Hirsh）评论公平公正待遇标准所说："面对相互竞争的利益，并意识到完全接受任何一种需求都将既不高效也不公平，投资仲裁庭和决策者努力在东道国政府的监管灵活性和外国投资者的法律预见性之间取得适当的平衡。"④ 因此，如果通过合同的全面稳定条款，将"平衡点"设定为"充分保护"投资者既有的商业利益，而不考虑东道国的任何合理的监管变更，那么交易将很难"有效或公平"。投资者也将因条款的"冻结"而无法享受东道国监管改进所带来的利好。

---

① ICSID. EDF v. Romania. ICSID Case No. ARB/05/13, Award［EB/OL］.（2009–10–08）［2023–01–08］. http://www.italaw.com/sites/default/files/case–documents/ita0267.pdf,para.216.

② ICSID. EDF v. Romania. ICSID Case No. ARB/05/13, Award［EB/OL］.（2009–10–08）［2023–01–08］. http://www.italaw.com/sites/default/files/case–documents/ita0267.pdf,para.217.

③ ICSID. MTD v. Chile. ICSID Case No. ARB/01/7, Award［EB/OL］.（2004–05–25）［2023–01–08］. http://www.italaw.com/sites/default/files/case–documents/ita0544.pdf,para.178.

④ HIRSCH M. International Law Forum, The Hebrew University of Jerusalem, Research Paper［EB/OL］.（2013–06–01）［2023–01–08］. http://papers.ssrn.com/sol3/papers.cfm?abstract_id=2272952.

综上所述，稳定条款"冻结"了立法，既阻碍了社会和环境领域的法律发展和法律适用，也不符合投资者的利益。而且政策冲突型案件如果按照冻结条款的思路来裁决，不考虑国际人权和环境标准，会使社会认为是对企业寻租的认可，抗议投资法的继续运行，从而损害了国际投资法治的形成。

（二）环境保护作为稳定条款的例外

不少学者认为，将环境保护作为稳定条款的例外，既能实现环境标准的演进，又能确保投资环境的稳定。[①] 从人权的视角看，国际投资合同不只是投资者和东道国之间的双边关系，而是投资者、东道国以及作为人权享有者的团体和个人之间的多方关系。东道国在向投资者作出承诺时，不得损害个人和团体的人权。因此，稳定条款的合法有效范围应以不损害第三方人权和阻止东道国采取保护人权的善意行动为限。这就要求将人权例外明确或含蓄地纳入稳定条款，即东道国政府促进人权实现的规制将不在稳定条款之列。

国际上有关稳定条款适用例外的著名实践是巴库—第比利斯—杰伊汉管道项目事件（Baku-Tblisi-Ceyhan，以下简称 BTC 项目），该项目国际财团为了回应民间的抗议活动，防止合同稳定条款对公众关切的措施的最终影响，单方面做出了"人权承诺"。承诺书第 2 款（d）项规定，对于相关东道国政府为履行人权（包括《欧洲人权公约》）、劳工或健康、安全和环境国际条约所采取的合理行动，BTC 财团"不得根据'经济平衡'条款要求赔偿；第 2 款（a）项排除了针对东道国基于人权、健康、安全和环境方面的措施提出的更具一般意义上的索赔，但条件是"须为东道国为缔约方的国际劳工或人权条约所合理要求"的国内规制，并且"国内法不严于项目协议中提到的欧盟最高标准，包括相关欧盟指令（'欧盟标准'），项目协议中提到的世界银行集

---

① LEADER S. Human Rights, Risks, and New Strategies for Global Investment ［J］. *Journal of International Economic Law*, 2006（9）: 675, 681–684.

团标准，以及可适用的国际劳工和人权条约中的标准"。① 这是一项正式宣言，旨在将反映东道国公众对环境、人权和安全关切的稳定承诺措施排除在外。② 虽然该人权承诺是一项单方面声明，但它具有正式约束力，未经东道国同意，不得撤销。③

可以说，BTC 项目的人权承诺创造性地在确保投资环境的稳定和使东道国能够通过立法实现人权或环境目标之间取得了平衡。它没有废除 BTC 投资合同中包含的范围宽泛的稳定条款。但是，投资者承诺不援引这些条款反对任何真正追求人权或环境目标的监管措施。为了防止东道国滥用例外，如东道国可能并非真正为了保护人权或环境，或与公共利益保护之间仅存在最低限度的联系，该项目将国际条约作为界定政府行为是否属于承诺所规定的"例外"的基准。

另外，1997 年 AGIP/British Petroleum/Etal–Kazakhstan "Kashagan" 产品分成合同④规定了非常广泛的经济平衡条款，但同时包含有关环境保护监管变化的一项具体例外，条件是这些变更符合国际环境标准，并且非歧视性的适用（第 40.2 节）。根据这一条款，投资者免受大多数监管变化的负面经济影响，但需要确保在遵守不断变化的国际环境法标准所需的监管变化不会影响稳定条款的适用。与 BTC 的承诺不同，Kashagan 产品分成合同没有进一步澄清将用作环境监管基准的相关国际标准。鉴于国际环境法若干原则在其内容

① The Baku–Tbilisi–Ceyhan Pipeline Company. BTC Human Rights Undertaking［EB/OL］.（2003–09–22）［2023–01–08］. http://subsites.bp.com/caspian/Human%20Rights%20Underaking.pdf,para.2（a）.

② COTULA. Regulatory Takings, Stabilization Clauses and Sustainable Development, OECD VII Global Forum on International Investment［EB/OL］.（2008–03–27）［2023–01–28］. http://www.oecd.org/dataoecd/45/8/40311122.pdf.

③ The Baku–Tbilisi–Ceyhan Pipeline Company. BTC Human Rights Undertaking［EB/OL］.（2003–09–22）［2023–01–08］. http://subsites.bp.com/caspian/Human%20Rights%20Undertaking.pdf,para.6.

④ The 1997 AGIP/British Petroleum/Etal–Kazakhstan "Kashagan" Production–Sharing Agreement, Section 40.2.

和可以被视为习惯法的程度方面存在相当大的争论，这可能成为当事方之间的争议来源。那些精通于商法而非环境法的国际仲裁员将如何解释和适用这类条款，以及这些条款在协调投资环境的稳定和环境标准的演变方面能产生的实际差异，仍有待观察。但不管怎样，环境保护在稳定条款中的明确例外规定，一定会引起投资仲裁庭对东道国公共利益的关注，只不过在解释和推理的方式上会有所区别。

通过对上述案例的考察，未来的稳定条款限制可从以下方面加以考虑。起草的稳定条款只涵盖歧视性法律。换言之，所有新的法律，包括财政法、环境法等，都应适用于所有投资者，确保这些法律在适用上没有歧视性。这类条款模式已经在给予稳定条款的少数经合组织国家使用。[①]但这种限定于歧视性法律的做法并不完全符合东道国所处的情势和环境，因此还需考虑在此之外如何授予稳定条款，这就有必要在援引稳定条款之前进行稳定条款影响评估（以下简称 SCIA），以确保识别、评估拟议的稳定条款对以可持续发展为目标的东道国法律的潜在影响，并在可能的情况下予以缓解。

SCIA 应允许所有相关政府部门、机构和公众积极参与。相关政府部委和机构参与是因为，稳定条款限制了多个不同政府部门的监管权，但在条款被授予前没有征求它们的意见。因此，为了确保稳定条款不会对其履行职能施加不合理限制，应当征求其意见并获得同意。在哥伦比亚，投资者在申请稳定协议时，必须明确他们希望稳定的具体法律或章节，这有助于确定具体的咨询机构。若这一要求被纳入到 SCIA，那么可以根据投资者提议稳定的法律如何影响职能的履行来确定相关部委或机构。

此外，公众参与也是 SCIA 的关键要素。环境问题的最佳处理做法是在

---

① 　SHEMBERG A. Stabilization Clauses and Human Rights［EB/OL］.（2009–05–27）［2023–01–08］. http://documents.worldbank.org/curated/en/502401468157193496/pdf/452340WP0Box331ation1Paper01PU BLIC1.pdf,paras.83–92.

所有公民的参与下进行处理。鉴于稳定条款不仅制约环境保护，同时影响社会发展和经济增长，一旦授予，这些合同可能保密数十年，并束缚未来政府的手脚，所以作为直接受到投资项目不利影响的利益相关者，公民有理由参与这一条款的批准过程，特别是当政府无法动用财政资源来追求国家的可持续发展目标时。

有人可能会对公民是否有技术和法律能力有效地参与拟议的 SCIA 表示质疑。然而，发展中国家经验表明，公民通过民间组织和宗教团体采取行动，对实际和潜在的稳定条款提出了积极和建设性的回应。在某些情形下，他们的参与有助于消除稳定条款或缩小其范围。因此，公众的参与可以确保拟议的稳定条款符合透明度和正当程序要求，从而防止不必要或不合理的稳定条款得到批准。而且，他们的参与有利于政府达成一项更公平、更平衡的协议。事实上，大多数关于秘密授予的稳定条款的争议并不是仅仅因为授予了稳定条款，而是对于投资者过于慷慨。所以，在一些更多透明度和问责制导致消除或减少稳定条款范围的情况下，这些变化还包括调整合同，以增加东道国利益。

对投资者而言，他们也将受益于 SCIA，因为在秘密和存疑情况下谈判的合同具有内在的不稳定性。这些合同加深了公众对腐败和不公平条款的看法，并常常导致要求取消或重新设计。最终，政府要么被迫采取行动，要么被投票罢免。因此，从投资者的角度来看，获得一份更为持久的合同，与合同产生过程的合法性密切相关。

当东道国决定授予稳定条款并以透明的、负责任的方式进行时，它应保留一些灵活性措施，以减轻条款所施加的限制。投资利益不应凌驾于个人的基本人权和社会公共利益之上，无论是东道国抑或投资者都有责任确保稳定条款的界限。但同时也需要防止出现新的不平衡和不可预期而带来的投资收缩，基于此，稳定条款的具体设计应符合环境标准适度原则、东道国善意规制原则和共同负担原则。

二、明确环境保护条款

（一）合同规制方法的利弊

在不参照基本的国家环境立法的情况下评估具体合同是很困难的。涉及国内法，但对环境问题未作更多说明的一国合同，甚至优于包含几页参考国际环境标准的另一国合同。从环境治理的角度来看，合同中确实存在一些易识别的不合理条款，例如，严格的稳定条款和对气体燃烧或进入保护区过度宽松的规定。但是，改善合同的努力是否应仅仅是确保不破坏环境，还是应该进一步支持环境保护？环境治理专家是否应该更多地关注合同作为潜在的政策工具？

历史上，一些国家采用"合同方法"进行环境监管的主要原因是缺乏关于该主题的国家立法。虽然大多数发展中国家现在都为该领域制定了某种形式的环境政策框架，但据世界银行委托进行的一项调查表明，在大多数情况下，这一框架"基本上是理论上的"。世界银行的报告特别关注到许多国家存在对石油和天然气项目的监测和执法不力，以及阻止信息披露。但对样本合同的审查发现其并没有填补监管空白。监督、执行和信息披露的根本缺陷没有得到补救，并且可能因标准合同实践进一步加剧。

那些赞成在发展中国家和经济转型国家采用合同方法进行环境监管的人提出了另外两个论点。一种论点认为，立法必然是一般性的，因此不能像合同那样处理特定项目的环境问题。例如，科恩（Cohen）在讨论采矿协议时认为："通过在具体的项目协议中制定环境管理机制，最不发达国家可以促进小规模的合资企业，维持和改善其外国投资环境，并同时解决特定项目和一般性的环境问题。"[①] 第二个论点是，合同的执行比国家法律的执行更容易。例

[①] COHEN M. A New Menu for the Hard-Rock Cafe: International Mining Ventures and Environmental Cooperation in Developing Countries [J]. *Stanford Environmental Law Journal*, 1996(15): 163.

如，弗洛雷斯（Flores）认为："私法简化了对跨国公司的执法。任何违规行为都将通过仲裁庭裁定为直接明了的合同索赔诉求。政治和社会问题不起主导作用。"①

关于特殊性的论点在理论上可能是有效的。但是，如上述对油气合同的审查所示，在实践中，合同在涉及环境保护问题时没有具体的规定。

将合同作为环境监管工具还存在其他问题。其中主要的困难是合同，特别是那些涉及某种形式的利润分享的合同，体现了政府方面的重大利益冲突。换句话说，对生产效率产生负面影响或增加运营商成本的环境规制将对政府的"获得"产生直接影响。

最后，油气合同以及所有其他国家—投资者协议都面临着不公开披露这一基本问题。政府对合同保密的标准理由是，披露将对其未来谈判中的议价能力产生负面影响。然而，正如国际货币基金组织指南指出的那样，合同条款很可能在签署后很快在业内广为人知。②石油和天然气公司可以通过私人关系或昂贵的订阅服务途径获得合同。③

除了使市民社会能够审查其政府同意的内容之外，合同披露还可能对官员和公司代表如何"预先"进行谈判产生一些影响，因为这会增加揭露不当行为的可能性。合同条款的透明度将阻止政府对环保问题讨价还价，进而提高标准的可执行性。正如有学者指出的那样，社会在监督发展中国家的公司活动方面发挥着非常重要的作用。④如果公众不知道合同哪些内容已达成一致

---

① FLORES M. A Practical Approach to Allocating Environmental Liability and Stabilizing Foreign Investment in the Energy Sectors of Developing Countries [J]. *Colorado Journal of International Environmental Law and Policy*, 2001（12）: 152.

② IMF. *Guide on Resource Revenue Transparency* [M]. Washington DC: IMF, 2007: 14.

③ 例如，Barrows 公司出版的《基本石油法和特许权合同》系列可以付费订阅，http://www.barrows-company.com.

④ GRAHAM D, WOODS N. Making Corporate Self-Regulation Effective in Developing Countries [J]. *World Development*, 2006（34）: 868–883.

意见，那么他们就无法监督合规情况或迫使政府或公司履行其承诺。

保密是合同中容易纠正的一个问题，近年来在这方面有一些重要的发展。针对"采掘业审查"，IFC 的社会和环境可持续性政策指出："因此，IFC 要求：对于重要的新采掘业项目，客户公开披露其向东道国政府支付的项目费用（如特许权使用费、税收和利润分享），以及公众关注的关键协定的相关条款，例如国际投资合同和政府间协定。"而且阿塞拜疆、东帝汶和利比里亚等少数政府也选择公布所有上游油气合同。

（二）改善环境风险的合同管理

1. 明确可持续发展目标

合同各方可在投资项目的目标（无论自然资源开发还是基础设施建设）中申明促进东道国及其人民的可持续发展，有意避免或尽量减少对环境和民众的伤害，最大限度地提高项目的环境、社会和经济效益。

合同各方可以列出最能支持其可持续发展愿景的国际和国内文件、倡议、可持续发展目标或东道国可持续发展计划。合同还可以确定项目拟遵循的相关国际条约，例如，《巴黎气候协定》《生物多样性公约》或国际劳工组织《关于土著和部落人民的第 169 号公约》。

该目标声明可以放入合同的序言或项目的定义部分，或者作为一个独立的"目标"条款，说明项目的总体可持续发展目的。无论出现在哪部分，双方都应明确同意根据本声明理解合同。当项目出现合同中未考虑的新问题，特别是与项目的环境、社会或经济发展方面有关的争议时，该声明将很有价值。

指南一：阐述合同的可持续发展目标

1. 合同应在序言或"目标"条款中明确说明，项目旨在支持东道国的可持续发展目标，特别是东道国社区的环境、社会和经济可持续发展。

2. 合同应具体列出其将寻求支持的主要国际协议或标准以及可持续发展目标。

3. 合同应包含一项声明，明确说明应以最能确保实现目标意图的方式进行解释和运用。

示例文本：可持续发展目标

矿山开发协议范本（以下简称 MMDA），序言：

鉴于本协定的目标是以促进采矿投资条件长期稳定的方式开发矿产，并在公平框架内生产和使用不可再生自然资源，促进国家及其社区的可持续发展。

鉴于本协议各方认为，当项目在保护该国自然环境及其生态系统生产力，以及管理不利的环境影响以减轻或消除其至可接受水平，并补偿任何剩余影响的情况下，项目可以开发、运营和关闭。

---

2. 开展环境尽职调查

尽职调查是识别和管理项目环境风险和机遇的一项重要活动（也被称为"非经济"尽职调查，以区别于财务尽职调查）。合同中环境条款的质量在很大程度上取决于此类尽职调查的效果。投资者应意识到投资项目的环境责任和机会可能来自：国内法律法规，国际协定或国际组织的国际标准，公认的行业标准，环境与社会影响评估（以下简称 ESIA），包括气候变化影响评估、健康影响评估、人权影响评估，环境许可证或执照，与受影响社区和其他利益相关者的磋商意见。

（1）ESIA 在尽职调查中的作用

ESIA 是投资者和政府前期尽职调查过程的关键部分。它识别拟建项目的潜在积极和消极环境和社会影响，提出具体措施来管理、最小化或避免负面影响，并在环境和社会管理计划（以下简称 ESMP）中加强积极影响。ESIA 过程应涉及与受影响社区和其他利益相关者的不断协商，特别是在涉及重要地方发展或土著居民的项目中。ESIA 过程为决策提供信息，并指导合同中包含的关键要素、目标和具体责任。ESIA 的范围应与拟议项目的潜在影响和风险一致。

本书涉及的 ESIA 过程将综合方式将环境影响评估与社会影响评估有机地结合，以便它们能够相互通报、消除重复、增进协同。ESIA 可以根据项目的需要，针对特定主题（如气候变化、人权、生物多样性等）进行独立评估。如果这些评估过程正在进行或将在以后发生，则合同应确定执行这些过程的责任方，明确规定政府批准流程，并要求执行调查结果和建议。（ESIA 也可以从其他可能在 ESIA 之前进行的研究中受益，如战略影响评估、部门评估、区域评估和累积影响评估，但这些可能是其他机构而不是合同方的责任）

一些项目聘请专家或专家小组来确定 ESIA 或补充评估的质量，或在实地监测管理活动和结果。如果此类评估不需要任何政府机构的批准，或者当评估的技术性很强且政府缺乏审查能力时，这将是一种有用的机制，前提是专家具备相关环境和社会领域的能力，并独立于项目行事。

合同各方都有积极参与尽职调查的责任。在项目准备期间，作为可行性研究的一部分，订约当局应启动或积极监测项目投资者发起的 ESIA 过程，以便能够具体识别环境和社会风险和机遇，并告知 ESMP 的内容。还应明确规定与 ESIA 相关的公众协商过程的责任和监督。合同明确规定私人经营者应负责制定更详细的项目管理计划以实施 ESMP。

ESIA 的结果应是一套具体的 ESMP，然后将其纳入合同，促使项目符合国内法要求、其他规范性标准和尽职调查流程。尽职调查过程中需要解决的一个关键方面是 ESIA 后应遵循的过程的正确顺序，以及将过程结果转化为法律义务。未能明确这一顺序导致了多起国际仲裁。

许多国家法律规定的环境和社会评估、批准、执照和许可的典型顺序如下所示。

环境和社会评估、批准、执照和许可的流程

1. 可行性研究；

2. ESIA + ESMP；

3. ESIA + ESMP 的批准；

4. 环境执照 / 许可证；

5. 环境和社会管理体系和方案；

6. 执行监测和报告。

一是可行性研究。探讨拟议项目的实用性，并充分详细地描述项目。这个过程将产生一份项目说明，该项目说明将作为许多过程的基础，包括 ESIA 过程和环境许可过程（见第 4 项）。可行性研究将受益于其他平行的上游进程，例如，灾害和气候变化风险研究、替代分析以及累积、区域、部门或战略环境评估，这些在大型项目、跨界项目、敏感地区拟议项目以及多个项目的投资方案中尤为重要。

二是 ESIA 将确定评估时的"基线"环境和社会条件，识别项目的所有潜在负面和正面环境和社会影响，并建议如何通过 ESMP 避免或减轻负面影响，增强正面影响。与受影响社区和其他利益相关者的协商，有助于验证评估过程预测的影响，并确定其他影响。该过程可由项目发起人（订约当局或私人经营者）聘请的专家执行。

三是如果 ESIA 和 ESMP 提供了足够的详细信息，则可以将其提交给相关政府部门或机构（例如，环境部，或国家行业部门，如涉及采矿项目的矿业部）。

四是 ESIA 的批准应在颁发环境许可证或执照之前或同时进行。许可证或执照将基于项目说明，应包括 ESMP 的关键要求，并可为项目附加条件。此外，根据不同国家要求，可能需要针对特定部门的其他相关许可，如渔业、林业或海洋资源开发。只有在颁发了所有必要的许可证和执照后，项目才应被视为获得最终批准，从而才能开始施工。

五是通常由私人经营者将 ESIA 和 ESMP 的结果转化为工程和运营管理系统和计划。私人经营者将根据项目的技术规范提出详细的管理方案，与上述第 2 和第 4 项一致，并将通过适当的管理系统应用这些方案，为实施管理方案留出足够的人力和财力资源。一些详细的方案和计划，如矿山关闭计划，只有在项目细节确定后才能制订。

六是项目的建设、运营、监测、报告和关闭应符合 ESIA、ESMP、环境许可证和管理计划（包括上述第 5 点中提到的关闭计划）。

这一顺序广泛适用于大多数国家。在一些国家，可能会有额外的步骤，如预可行性研究阶段，以及与 ESIA 过程相关的更复杂的规则，而其他国家可能会依赖合同来规定所有要求。投资者需大体熟悉东道国法律规定的 ESIA 和环境许可的法律要求和事件顺序，并清楚与上述流程相关的合同签署节点。

如果合同是在上述第 5 阶段之后签署的，并且所有步骤都按正确的顺序进行，则合同应规定私人经营者承诺按照 ESMP 以及环境和相关许可建设和运营项目。这些文件可以列在合同中，如果数量太多或内容太长，可以在附件中提及。项目是否也应符合 ESIA 的其他要求将视具体情况而定。一般来说，其主要目的是根据商定的项目描述拟议项目的潜在影响，其本身并非合规文件；相反，它构成了 ESMP 的基础。

如果合同是在第 5 阶段之前签署的，或者未按评估和批准顺序进行或遗漏，则合同应规定：(ⅰ) 在执行适当的 ESIA 和 ESMP 之前，不得开始任何施工活动，直到主管部门或机构批准、环境许可证和其他必要许可证已颁发、私人经营者已建立了符合 ESIA 和 ESMP 以及环境许可条款的适当环境和社会管理系统和方案；（ii）如上所述，私人经营者应依法承诺按照 ESMP 以及环境和社会管理系统和方案运营项目。

（2）运营阶段"尽职调查"

尽管环境尽职调查通常与项目的准备阶段相关，但由于项目发展过程中会发生变化，因此尽职调查也应是定期和持续进行。随着新问题的出现或新活动的提出，ESMP 以及管理系统和方案应不断更新。私人经营者应依靠其管理系统中的变更管理流程灵活调整其 ESMP，以适应任何变化的情况，并根据需要制定纠偏行动计划，解决不良绩效。

如果在施工或实施过程中需要重大更改，项目应补充 ESIA，根据拟议的更改与利益相关者协商，必要时修改许可证，并更新管理计划。订约当局必须批准此类补充 ESIA。由于这些变更是实质性的，合同应预见到这种变化的情况，并提供补充 ESIA 流程和相关批准，包括环境部或其他负责机构的默认批准，除非有正当理由反对变更。纠偏行动计划应由专家审查，由订约当局批准并公布，且不应降低初始计划中规定的标准。

作为尽职调查和合同义务的后续行动，各方还应履行各自的职责，监测项目的环境和社会绩效，并在项目的各个阶段与另一方保持密切沟通。缔约方应根据项目特定的环境和社会问题商定关键绩效指标，并积极使用此类指标报告项目的可持续性绩效。

指南二：在合同签订前和运营阶段进行环境和社会尽职调查

1. 确定在合同签订前阶段进行的尽职调查的范围，并找出不足（如有），确保尽职调查过程不会因匆忙签订合同而受到限制。

2. 特别注意 ESIA 的过程，以便 ESIA 之后的批准和许可事项按照正确的顺序进行。

3. 要求至少遵守 ESMP 以及环境和相关许可作为合同义务；如果文件中存在漏洞或评估、批准和许可的顺序不正确，在合同执行前进行补救，如果不可能，则在合同中规定适当的顺序和纠正措施。

4. 确保 ESMP 实施成本是项目总成本的一部分，并定期调整预算以满足技术升级和其他变化的需求。

5. 明确规定订约当局有责任批准以任何实质性方式改变基本义务的项目计划，并防止降低标准。

6. 提供对 ESMP 实施计划的持续运营阶段审查，以及在项目生命周期内对其进行必要的调整。

3. 管理环境影响

投资项目往往对环境和民众产生负面影响，因此需要在投资合同中予以特别关注。当被问及投资项目的主要环境义务时，大多数投资者认为是，遵守东道国环境法，以及 ESIA 要求。有些人还可能提到遵守某些国际标准（如多边开发银行的保障政策或绩效标准，或赤道原则）。但是这些要求是不完整的，并且没有产生有效减轻、最小化、避免或补偿项目负面环境影响的实质性和程序性义务。

与社会影响相比，环境影响更为人所知，范围从污染和资源效率到对海洋及其生物多样性和其他资源的影响问题，具体取决于项目位置和行业。在涉及具体义务时，应考虑的常见污染和资源效率问题包括：①向空气、水和土壤排放污染物；②有害和无害废物的产生；③有害物质和农药的使用、运输和处置；④水和能源等资源的使用；⑤与建筑材料（沙子、混凝土、木材、钢材等）相关的供应链问题；⑥温室气体排放。

必须通过使用最佳可用技术和良好操作实践以及良好的危险物质管理技术，最大限度地减少污染物的排放和资源的使用。应对温室气体排放进行估算、缓解、跟踪和公开报告。项目应遵守有关这些问题的国际协定以及相关的国家法律。详细的管理协议应通过 ESMP 和项目管理计划进行管理。

对生物多样性的主要影响包括：①栖息地和其他项目活动的破坏导致生物多样性丧失；②对生态系统的破坏，包括人类和其他生物所依赖的生态系统服务；③生物自然资源可持续管理的实践。

生物多样性和生态系统服务必须通过避免对关键区域的干扰、最大限度地减少栖息地破坏和栖息地恢复来保护。由于合同标的物的技术性质，生物多样性评估和管理计划经常用于控制对生物多样性的影响。这个过程可能需要大量的准备时间，因为基线信息收集需要一个或多个再生或年度周期，以便描述基线并充分告知缓解措施。缓解管理措施因栖息地类型和所涉及的生态系统服务而有很大差异，可能包括栖息地恢复或复垦、在项目区域内预留空间、生物多样性走廊的建立和各种管理技术。由于必须在景观层面评估生物多样性和生态系统服务（远远超出项目边界），因此通常需要与当地、国家和国际利益相关者以及保护专家合作。在某些情况下，项目现场的生物多样性丧失可能会被其他地方的生物多样性保护所补偿（使用"同类或更好"的原则）。

跨界影响，例如，对跨越国界的河流的影响、蔓延到邻国的污染、流行病或流行病的潜在传播以及项目依赖但不受控制的设施的影响（如与发电厂相关的专用输电线路）也应在 ESIA 过程中予以酌情考虑。

ESIA 和 ESMP 理论上旨在解决项目的负面和正面影响。然而，在实践中，它们往往专注于前者，无法深入了解如何实现和增强潜在的积极影响，从而为东道国的可持续发展做出贡献。① 在环境方面，项目活动可以为恢复土地、土壤和水源，空气质量，保护和恢复生物多样性和生态系统服务等提供机会。这些积极的环境影响可以帮助项目管理，甚至抵消负面影响（例如，生物多样性补偿）。

指南三：管理负面和正面影响的强有力的环境义务

1. 强有力的环境义务超出了遵守法律或国际标准的要求，或执行 ESIA 的义务。义务应基于对潜在负面和正面影响的准确理解。

2. 审查 ESIA，以了解项目和 ESMP 对拟议管理措施的潜在负面影响。确定需要管理负面影响的具体计划。

3. 除 ESMP 外，合同还应明确要求实施具体缓解措施或计划或第三方协议。

4. 虽然 ESIA 不是为确定项目经济影响的特定目的而量身定制的，但也可以为当地经济和社会发展规划提供有价值的信息。

示例文本：ESIA要求

塞浦路斯共和国产品分成合同范本（2012 年）（环境条款摘自若干章节）：

"与生产程序有关的措施应确保符合石油行业最佳环境保护实践，并符合相关法规。

被许可方将在任何勘探工作开始前进行初步环境影响评估研究，在任何开采工作开始前进行全面环境影响评估，两者都将符合塞浦路斯共和国碳氢化合物许可计划战略环境评估的规定和环境当局的相关意见，以及指令 85/337/EEC 的相关规定。

如果公司宣布一项发现为商业发现，应在该声明后的 4 个月内向政府提交：根据相关环境立法编制的全面环境影响研究，涵盖那些按照相关环境法规应事先获得批准的合同区内外拟议开发的任何相关设施或基础设施。

---

① FLYVBJERG B. *Over Budget, Over Time, Over and Over Again: Managing Major Projects* [M] // MORRIS P W G, PINTO J K, SODERLUND J. *The Oxford Handbook of Project Management*. Oxford: Oxford University Press, 2013: 321–344.

MMDA，第 2.4.2 条：环境评估和环境管理计划

（注：环境管理计划的目标是防止项目对环境造成任何不必要和不适当的退化；保护公众健康和安全，特别是矿区人民的健康和安全；保持水量和水质；确保矿区内的影响在该区域内得到控制；在采矿作业结束时对场地进行修复以防止场外影响；确保矿区可被后代安全和有益地使用。）

公司应根据环境评估和工程经济学分析基本原则，并考虑到良好的行业实践，包括 IFC 绩效标准 1，编制环境管理计划（如果由公司编制，则由公认具有国际采矿业专业知识的独立环境咨询公司验证）。应国家要求，环境管理计划应以项目区域受影响社区可了解的语言和形式公开，并应放入本协议第 30.1 节确定的文件中。环境管理计划应在矿山计划发生任何重大变更之前进行更新。环境管理计划应包括：

i. 如可行性研究中所述，公司拟采用减轻项目进一步不利后果的措施；

ii. 项目所有环境方面的管理、修复、恢复和控制计划，不涉及公司不应承担的所有历史环境问题，包括：A. 避免、最小化、缓解、恢复和抵消（如适用）对矿区内生物多样性影响的计划；B. 防止、尽量减少或减轻对河流和其他饮用水的不利环境影响，并确保此类污染不会对人类或动物生命或鱼类或植被造成不必要的伤害或破坏的计划；C. 改善项目区域自然资源管理和保护的机会；D. 考虑到经济和商业上可行的技术，避免或尽量减少项目温室气体排放的计划；E. 有效管理土壤资源的计划，以使采矿后的土地能在未来继续使用；

iii. 在任何临时关闭或停止作业期间将采取的行动；

iv. 在切实可行的范围内同时进行复垦计划；

v. 将所有矿区恢复到安全、稳定且适合采矿后土地利用的最终地形的计划；

vi. 关于项目区域内预期采矿后土地使用的计划。

公司应遵守本协议期间任何时候生效的国家环境法律（含地方性法律），包括水、空气、土地、生物自然资源保护、生物多样性保护以及危险和非危险废物处置的法律。根据第 33.2.2 节的规定，违反环境法、环境许可证或环境管理计划的条款（可能会不时修订）构成对本协议的违反。

MMDA，第 10.2 条：IFC 绩效标准和赤道原则的适用性

如果有关环境和社会影响评估和管理以及污染防治的法律法规不如 IFC 绩效标准严格，则企业应以符合 IFC 绩效标准的方式开展活动。

4. 预测和管理气候变化风险

气候变化影响着世界各地的每一个重大投资项目。任何大型项目的设计、施工、运营和应急计划都必须考虑与气候相关的风险。关于合同应如何通过不可抗力条款应对持续增加的气候风险和对极端天气事件的理解仍在不断发展。可预见性问题正在迅速变化。虽然无法预测某个特定地点的气候变化事件，但随着事件的频率和严重程度的迅速增加，气候变化成为更广泛的可预见风险。合同允许分配影响双方业务的气候事件风险，首先是在合同中包含具有气候适应性的建设和运营计划以及适当的成本分配。

如果在大型项目的设计、建设和运营中未能解决气候风险，那么一旦发生事件，设施基本或完全被毁，或服务基本或完全停止，可能会影响当地社区，在某些情况下还会影响更远的社区。缔约方将面临因项目设计和施工而产生的多重责任。解决这一潜在责任的方法之一是将其纳入合同。

如果气候评估不是原始 ESIA 的一部分，则应酌情进行单独的风险评估。合同应记录以为此目的所需的关键要素。这可以是工程标准、新建筑材料或标准、运营和维护协议、植树造林、农业实践、环境健康措施、未来技术升级、灾害响应计划或其他确保该领域明确责任的条款。同样重要的是，风险评估应侧重于项目引发的事件给人们带来的风险，这些事件可能因气候条件变化而加剧，如洪水、山体滑坡、森林火灾和水资源短缺。

应在项目设计和开发阶段解决气候风险缓解和适应问题，并应将其纳入运营阶段。合同应规定受气候事件影响的标准和责任。政府和投资者均有义务确保风险评估、成本效益分析和气候建模工具等得到适当使用。

此外，合同中与气候相关的条款应包括应急准备计划，同时考虑到项目现场可用的最新气候建模数据。私人经营者应与当地社区合作，确保规划能够实施。在可行的情况下，合同可以规定升级技术的要求。合同应明确说明升级的方式和时间，以及由谁支付费用。由于技术升级通常是运营成本的一部分，因此应归属于项目，并针对运营或资本支出进行适当的税务处理。

企业气候变化责任示例 *

2020 年 6 月，加州大型电力供应商太平洋天然气和电力公司（PG&E）承认了与 2018 年所谓的野火有关的 85 项违规行为。直接原因是输电线路和设备故障，这些故障在气候变化导致的长时间干旱高峰期点燃。PG&E 没有对新技术进行必要的投资，以应对日益严重的气候变化所带来的风险。PG&E 被罚近 400 万美元，并为火灾受害者建立 135 亿美元信托基金。

* 资料来源：MCLAUGHLIN E C, CHAN S. PG&E pleads guilty to 85 counts in 2018 Camp Fire, CNN, updated 16 June 2020.

气候变化事件，如气温升高、强降雨和干旱，是可预见的，因此未来可能不会在合同中被视为"天灾"。相反，应对这些气候事件的责任会在合同和应急计划中规定。合同还应列出项目购买的涵盖气候事件的保险类型（如果有）。随着行业经验的积累和技术创新，气候事件保险产品的种类不断增多。这些措施将避免日后关于气候变化影响是否为不可抗力的争论，即是否可以作为合同方之间的索赔或对第三方的损害索赔的抗辩理由。

各国政府保持制定新的法律法规的权利，减少能源和其他部门对化石燃料和其他温室气体的依赖。国内监管可以使现有投资政策和法律框架更加清晰，使缔约方能够了解各自的气候责任。

维护政府调控气候变化的权利及示例 *

　　以下条款来自允许加拿大 AltaGas 公司收购马里兰州和华盛顿特区当地主要天然气公用事业公司的许可证。行使监管权是马里兰州政府的重要职责。该公司没有对出于气候变化目的进行监管的权利提出异议，书面承认政府有权规范未来的天然气使用水平，并承认政府没有作出任何承诺，也没有提出相反的期望。主要条款如下。

　　AltaGas、Washington Gas 和 WGL 承认马里兰和美国政府保留制定与天然气和其他碳基能源生产和分销有关的法律和法规的全部权利。这些条件或公共服务委员会的命令中的任何内容均不限制或改变这些权利，也不会对马里兰或其机构或美国政府及其机构在这方面的未来措施产生或暗示任何限制，包括解决气候变化和空气质量等其他公共利益问题的措施。

　　上述是已知的第一例化石燃料公司明确承认政府有权对其进行有效监管，直至其停业。它完全适用于许可或合同谈判。

---

* 资料来源：Order 88631 In the Matter of the Merger of AltaGas Inc and WGL Holding Ltd., April 4, 2018, Public Service Commission of Maryland, Case 9449.

　　这样做的第一步是确保合同不包含适用于项目的非财政法律的稳定条款。现有的良好实践不仅仅将应对气候变化的法律变更排除在稳定条款之外。上面的例子描述了美国马里兰州石油和天然气行业收购的合同条款，该条款实际上确认了政府有权监管该领域，并排除了根据投资条约提出的索赔。①

---

① HOWARD M. Reducing IIA Risks to Climate Change Rules Using Permits, IISD［EB/OL］.（2019–01–30）〔2023–02–05〕. https://www.iisd.org/articles/foreign–investment–climate–change–rules.

指南四：合同中的气候变化条款

1. 超越合同中的环境条款，明确应对气候变化风险，包括气候事件适应、气候缓解以及政府在该领域的监管权。

2. 确保项目在合同最终确定前进行了气候风险评估。

3. 根据可用的科学数据和最佳行业实践，确保设计和运营标准适合应对可能影响投资的气候事件。

4. 确保设计和运营标准与预期的未来温室气体排放减少相一致，并确保新技术得以实施。

---

5. 利益相关者参与

合同各方应将利益相关者的参与视为项目建立共同期望的一个基本方面。通过识别利益相关者身份、建立多种沟通渠道和定期报告、双向对话和反馈、申诉机制以及针对公众构成风险的紧急情况进行沟通，实现利益相关者参与。对透明度和披露的承诺是利益相关者成功参与的基础。

利益相关者的识别和参与应在项目开始时进行（例如，在早期项目咨询或 ESIA 过程中）。[①] 环境评估法通常要求利益相关者协商作为 ESIA 过程的一部分，但参与程度不应止步于此。在项目的整个生命周期内，每当出现重大变化，或出现新的问题或风险时，都应定期迭代执行。缔约方应主动与各自的利益相关者接触，以便在问题演变为争议之前及早发现并妥善解决。参与应基于事先披露适当和充分的信息，包括以当地语言披露，以使利益相关者能够积极参与。

由于利益相关者参与是整个项目中的一项经常性活动，因此应估计并留出足够的预算用于实施利益相关者参与计划。项目应预计偏远利益相关者的

[①] Inter–American Development Bank, Guidelines on Consultation and Stakeholder Engagement in IDB Projects（2013）；OECD, Due Diligence Guidance for Meaningful Stakeholder Engagement in the Extractive Sector（2017）.

交通费用、餐费、津贴和翻译费用。私人经营者雇佣社区联络人员也很有帮助，他们可以是项目的"代言人"，并定期与社区联系。

当涉及土著人民时，参与过程需要认真关注。全世界 3 亿土著人民通常位于资源丰富的地区，这意味着项目遇到和侵占他们土地的情况并不少见。本书不讨论与土著人民交往的注意事项，仅指出，必须根据《联合国土著人民权利宣言》、劳工组织第 169 号公约以及某些情况下国内法的要求，在涉及土著人民的关键项目问题上寻求并获得他们的自由、事先和知情同意。

政府机构经常说利益相关者的参与是私人经营者的责任。事实上，这是项目的责任，因此具体的任务应该由缔约方之间分担。订约当局代表应始终出席公共磋商活动，并根据其领域内的特定主题，如关税或法律和法令等，组织公开会议。合同双方各自的约定责任应记录在合同中。

工商业与人权指导原则：在亚太地区实施联合国"保护、尊重和补救"框架包含一个关于纠正侵犯人权行为的部分。私人经营者和订约当局都应考虑如何利用有效的申诉机制，以满足框架原则 28—31 的要求。对于私人经营者而言，适当建立非司法层面的申诉机制。[①]当项目涉及基础设施或其他公共服务时，订约当局可以考虑如何让消费者和公众能够提供项目反馈。这些可以是国家监察员职能或其他准监管投诉或反馈机制。投资合同应明确规定这些机制，以便知晓并考虑所有利益相关者群体的不满。收到的投诉数量和性质以及项目后续行动应在项目的定期报告中进行说明。

作为项目应急准备和响应系统的一部分，私人经营者应与地方政府和受影响社区合作，为他们应对紧急情况做好准备，并持续积极沟通适当的响应活动、资源和责任。当相关地方政府几乎没有或根本没有能力应对紧急情况时，这种参与至关重要。合同还应明确，当预计或正在发生紧急情况时，缔

---

① The Office of the Compliance Advisor/Ombudsman, A Guide to Designing and Implementing Grievance Mechanisms for Development Projects, IFC（2007）.

约方必须立即协调，以确保与受影响社区进行积极、清晰和准确的沟通，并执行相应的应急措施。

指南五：识别利益相关者并与之互动

1. 项目应对利益相关者的识别和参与采取系统的方法；制定计划和预算；并使实施成为一项合同义务。

2. 确保合同双方对持续的利益相关者识别和参与负有责任。

3. 特别注意与土著人民的交流及其自由、事先和知情同意权。

4. 建立申诉机制和监察员系统以及其他措施，以接收受影响利益相关者的申诉。

5. 明确在项目紧急情况下需要进行公开、准确的沟通。

---

6. 透明度

透明度以多种方式支撑可持续发展。事先披露项目信息使当地社区能够了解项目承诺的性质和范围，极大地提高了受项目影响人员参与协商的质量，进而有助于改进项目设计和结果以及消除腐败（包括投标和施工阶段在内的整个项目生命周期）。此外，一些政府认为，透明度可以提高国家声誉，刺激吸引更多的投资。

采掘业项目和合同的透明度一直是公认的行业最佳实践，许多合同可在公开数据库获取。为了支持这种或类似的最佳实践，并鼓励基础设施和其他行业效仿，本书主张在投资合同中纳入透明度承诺。

投资合同不应约束缔约双方对协议条款保密；相反，它应规定有利于披露的推定原则，并允许各方自由传播关键项目信息，如项目公司的股权结构、项目的财务结构（特别是政府提供的财务激励）、项目合同和全面的监测信息，例如私人经营者的绩效报告，和提交给监管机构（无论是订约当局还是其他机构）的任何其他报告。如有必要，双方应在一开始针对可能不属于披露的内容（如专利商业信息或敏感信息等）进行约定。同时，对合同修改后也应披露。

加纳石油登记册[*]

2018 年，加纳推出了新的石油登记册，该登记册披露了开采该国石油的公司的广泛信息，包括合同。它加入了采掘业透明度倡议，其中要求公布一些石油、天然气和采矿合同。

尼日利亚透明度倡议：PPP 合同披露门户网站 *

在布哈里总统执政初期，尼日利亚承诺提高所有部委的透明度，并作为这一承诺的一部分，于 2017 年 9 月启动了基础设施特许权管理委员会（以下简称 ICRC）PPP 合同披露门户网站。该网站的目的是从项目开始针对公开一致的项目处理程序，以表明其有能力处理投资，解释服务标准和 PPP 合同，并展示良好的项目绩效，同时抵制腐败。从而吸引更多的外国资本和专业知识，以弥补尼日利亚的基础设施不足。

ICRC 要求合同各方在其门户网站上披露以下内容：1. SPV（特殊目的公司）的财务结构；2. 修订的 PPP 合同；3. 重新谈判和谈判后的合同；4. 绩效信息。

---

* 资料来源：EITI（2018）. The Journey to Contract Disclosure in Ghana［EB/OL］.（2018-01-30）［2023-02-05］. https://eiti.org/blog/journey-to-contract-disclosure-in-ghana.

* 资料来源：ICRC（2017）. PPP Contract Disclosure Portal: Key to Improvement of Infrastructure Deficit in Nigeria?［EB/OL］.（2017-01-30）［2023-02-05］. https://www.lexology.com/library/detail.aspx?g=eda7a188-1cc6-45ac-93d4-71c3e9cb3005.

指南六：合同的透明度

1. 缔约各方应在签订投资合同时自由披露投资合同。

2. 如果合同包含真正敏感或专有信息，则可以对其进行保留。

3. 公共合同可在公开访问的在线数据库中查阅。

4. 在重大修改后，应再次披露合同。

示例文本：透明度

世界银行 PPP 合同条款指南（2019 年）第 10.3 节

公共关系和宣传

1. 未经订约当局事先书面批准，私人合作伙伴不得通过其董事、高级职员、雇员或代理人，并应确保其分包商不得就与 PPP 合同有关的任何事项与新闻、电视、广播或其他媒体的代表进行沟通。

2. 未经订约当局事先书面同意，私人合作伙伴不得在任何事项上代表订约当局的观点，或在提供给第三方的任何书面材料中使用订约当局的名称。

发布 PPP 合同

3. 双方同意，根据下文第（7）条的规定，本 PPP 合同的条款以及与项目协议有关的任何其他文件不应被视为机密信息，并且可以不受限制地披露，私人合作伙伴承认，根据以下第（7）条，订约当局有权：

a. 在网站上发布本 PPP 合同和一些项目协议；

b. 在其他平台或以其他方式发布 PPP 合同以及项目协议和任何相关交易文件的摘要，其中应包括：PPP 合同以及项目协议和任何相关交易文件的条款和条件，以及由 PPP 合同与项目协议和任何相关交易文件产生或与之相关的任何文件或信息，包括 PPP 合同和项目协议和任何相关交易文件的履行。

4. 双方同意，股权内部收益率信息不应被视为机密信息，私人合作伙伴允许订约当局在网站上发布此类信息。

5. 双方同意，与实际发生的任何直接或间接所有权变更有关的信息不应被视为机密信息。

第三节　母国法对中国海外投资者域外适用的强化

一、母国法域外适用的依据及困境

（一）理论依据

跨国公司成立地或总部所在国也可以通过域外适用母国标准或国际标准来控制在国外经营的公司环境行为。例如，反托拉斯法和出口管制法已经通过风险保险、税收豁免和控制海外活动等措施促进外国直接投资。因此，有人认为，母国控制也可以涵盖其他公共利益领域，例如，不干涉东道国内政、人权和环境责任方面的义务。事实上，一些发展中国家和非政府组织越来越期望跨国公司的母国对其在海外经营的公司的活动实施控制。

母国作为"国家监护人"有责任监管其海外投资者的行为。根据属人原则，国家对于具有其本国国籍的国民和企业，无论是在国内还是在国外，都有管辖的权力。[①] 这是一种基于国籍或资本控制纽带的补充管理或控制。虽然跨国公司在东道国的分支机构注册为独立法人的子公司，但是跨国公司在东道国的分支机构可能只是跨国公司总部的另一个自我（alter ego）或代理人（agent），母国可以对跨国公司的分支机构行使属人管辖。[②] 而且，从外交保护理论出发，既然母国有权对本国投资者在海外遭受到东道国的不法侵害进行

---

① 　王铁崖. 中华法学大辞典：国际法学卷［M］. 北京：中国检察出版社，1996：519.

② 　KONZ P. *Law and Global Environmental Management: Some Open Issues*［M］//WEISS E B. *Environmental Change and International Law: New Challenges and Dimensions*. Tokyo: United Nations University Press, 1992: 203–208.

外交保护，通过外交手段帮助投资者向东道国寻求救济，那么对海外投资者为东道国带来的环境风险不承担任何义务的话，则显然违反了公认的权利义务平衡的法理。[①]更何况，那些通过损害其他国家或危及整个国际社会的福祉来实现母国经济繁荣的海外投资，更有理由让母国承担一定的规制义务。

加之，许多跨国公司在母国是公众公司，其海外投资行为直接影响着母国证券监管部门和公众股东的利益。根据效果原则，母国对跨国公司在东道国的环境风险活动有理论上的管辖权。例如，证券监管管理机构根据其本国证券法，要求上市公司针对其海外投资的环境和社会风险进行信息披露。

（二）理论与现实的背离

然而，母国监管难以有效确保跨国公司的负责任行为。

首先，从主权关切看，依据联合国宪章，东道国的环境治理属于本国的内政，其他国家包括跨国公司总部所在地的母国无权干涉。不少发展中东道国发展经济的现实需求远远超过环境保护，这些东道国担忧跨国公司母国将较高的环境标准和责任适用于海外投资者，目的为了减少或阻止跨国公司对东道国的投资，保证本国有更多的就业岗位。[②]

其次，即便母国愿意对其在国外的公司适用本国标准，这种方法也会导致不同的跨国公司在同一行业和在同一东道国经营时根据其来源国的不同而受到不同的环境法约束的矛盾情形。而且，实践表明，母国的相关利益群体，甚至是公众更关心建立国际范围内的投资友好环境并创造跨国公司在全球的财务最大化，而不是保护母国之外的外国人的环境权益，因为这将给那些母国环境标准较低的跨国公司带来竞争优势。因此，尽管部分发达国家制定了

---

① 韩秀丽. 中国海外投资的环境保护问题研究——国际投资法视角［M］. 北京：法律出版社，2013：144.

② STEPHENS B. The Amorality of Profit: Transnational Corporations and Human Rights［J］. *Berkeley Journal of International Law*, 2002（20）：83.

国内法域外适用的法规，但其在域外适用诸如反垄断法和证券法等市场法规的主动程度和热情远远超过非市场法规（如环境法和劳动保护法律）的域外适用。①

最后，监督和执行母国法域外适用方面有着重大的技术和财政问题。母国为了执行域外法规，将不可避免地需要在发展中东道国搜集证据。然而，根据国际法，未经另一国同意，一国不得在另一国领土内进行调查活动。换言之，执法管辖权原则上仅限于监管国的领土，而不论监管国对域外行为是否具有合法的立法管辖权。因此，当发达国家调查跨国公司可能违反其域外法规时，它们需要同发展中东道国合作。而发展中东道国可能担心若向发达母国提供执法援助，跨国公司可能离开东道国。一旦母国实施域外监管计划，跨国公司无论在何处经营都必须遵守母国的环境法规。然而，仅仅颁布这种域外规定并不一定能阻止跨国公司为了降低污染控制成本而迁移其业务。跨国公司可以将其污染密集型业务从与母国域外法规执行有着密切合作的发展中国家转移至那些与其合作较少的发展中国家。即使有关收集海外证据的技术问题能够得到解决，但另一个问题仍然存在，即对全球跨国公司环境实践的监测和调查会给发达国家带来巨大的工作量和财政负担。

二、中国实践

目前，中国没有专门的对外投资法和海外环境保护法，关于中国海外投资环境保护的规定分散在不同的法律文件中，主要是国务院各部委发布的管理办法和规章制度（见表6-1）。它们反映了中国政府开始认识到对外投资中的环境社会问题和风险，并逐步制定相关规定和指南，引导企业开展遵纪守法、履行环境和社会责任的投资活动。其主要内容包括要求海外投资遵守东

---

① TURLEY J. When in Rome: Multinational Misconduct and the Presumtption against Extraterritoriality [J]. *Northwest Univserity Law Review*, 1990（84）：641.

道国的法律、法规和风俗习惯，当然包括保护环境的法律和法规，以及国际准则。

表 6-1　关于中国企业海外投资环境保护的中央政策文件

类别	名称	发布时间和单位	相关内容
合规和企业社会责任	《关于进一步规范我国企业对外投资合作的通知》	2008 年商务部、外交部、国资委	认真学习并严格遵守我国对外投资合作的法律法规和政策，深入研究并遵守所在国家的法律法规，特别是环境保护、劳工、出入境管理、安全生产、招标投标等方面的规定
	《关于境外投资联合年检工作有关事项的通知》	2009 年商务部、国家外汇管理局	企业在开展境外投资活动时遵纪守法，保护环境
	《规范对外投资合作领域竞争行为的规定》	2013 年商务部	企业遵守所在国（地区）法律法规，遵循平等/公平、诚实守信的原则，不得采取商业贿赂等不正当竞争行为；尊重当地风俗习惯，重视环境保护，维护当地劳工权益，积极参与当地公益事业，履行必要的社会责任
	《对外投资合作和对外贸易领域不良信用记录试行办法》	2013 年商务部、外交部等 9 部门	规定破坏当地生态环境、威胁当地公共安全等事件均应列入企业不良信用记录中
	《境外投资管理办法》	2014 年商务部	中国企业投资的境外企业应遵守投资目的地法律法规，尊重当地风俗习惯，履行社会责任，做好环境、劳工保护、企业文化建设等工作，促进与当地的融合
	《企业境外投资管理办法》	2017 年国家发改委	针对大型的境外能源投资项目，特别是进行跨界水资源利用的项目，因易产生环境问题，使得其属于敏感行业，需要报国家发改委进行核准
	《民营企业境外投资经营管理行为规范》	2017 年国家发改委、商务部、中国人民银行等	强调民营企业在境外投资过程中要切实履行社会责任，加强属地化经营，建立良好的社会形象，并建立主动向当地披露社会责任和相关信息的机制。在环境保护方面，鼓励民营企业将资源环境保护纳入企业发展战略和生产经营计划，在项目建设时要对拟选址的建设区域开展环境监测和评估，在收购境外企业前，要对目标企业开展环境尽职调查，并依照东道国环保法律法规的规定，申请项目建设相关许可。同时，在生产建设过程中，要制定环境事故应急预案，开展清洁生产，对主要污染物开展监测，监测生产过程中污染物的排放，并做好生态修复工作

续表

类别	名称	发布时间和单位	相关内容
环境保护综合指引和绿色"一带一路"	《对外投资合作环境保护指南》	2013 年商务部、原环保部	指导包括明确环境社会责任、建立环境管理制度和污染预防措施、加强沟通和环保宣传、研究和借鉴国际经验等方面，但未直接对作为对外投资资金支持方的银行业金融机构作出明确引导
	《关于推进绿色"一带一路"建设的指导意见》	2017 年原环保部、外交部、发改委、商务部	推动企业遵守所在国生态环保法律法规、政策和标准，高度重视当地民众生态环保诉求，加强企业信用制度建设，防范生态环境风险，保障生态环境安全。研究制定相关文件，规范指导相关企业在"一带一路"建设过程中履行环境社会责任。完善企业对外投资审查机制，有关行业协会、商会要建立企业海外投资行为准则，通过行业自律引导企业规范环境行为
	关于印发《"一带一路"生态环境保护合作规划》的通知	2017 年原环保部	从强化企业行为绿色指引、鼓励企业加强自身环境管理、推动企业环保信息公开等方面指出发挥企业环境治理主体作用
	《对外投资合作绿色发展工作指引》	2021 年商务部、生态环境部	列出了推动绿色生产和运营、推进绿色技术创新、防范生态环境风险、遵循绿色国际规则、优化绿色监管服务和提升绿色发展信誉等十项新时期推动对外投资合作绿色发展的重点工作
林业环境保护指南	《中国企业境外可持续森林培育指南》	2007 年国家林业局、商务部	中国企业自觉遵守国际公约，切实从所在国国情出发，规划科学合理的可持续经营方案，并对企业境外人工造林、生态保护、环境管理、社区发展、森林资源管理等提出了指导性意见
	《中国企业境外可持续森林经营利用指南》	2009 年国家林业局、商务部	指导中国企业合理开展境外森林经营、利用和保护，为全球森林资源可持续发展发挥积极作用。进一步规范中国企业在境外从事森林资源经营和木材加工利用行为，提高行业自律。促进全球森林资源的合法、可持续经营利用及相关贸易活动
央企管理	《中央企业固定资产投资项目后评价工作指南》	2005 年国资委	项目环境和社会影响评价，主要内容包括项目污染控制、地区环境生态影响、环境治理与保护
	《关于中央企业履行社会责任的指导意见》	2007 年国资委	规定了对央企履行社会责任的总体要求、基本原则、主要内容和主要措施
	《关于加强中央企业境外投资管理有关事项的通知》	2008 年国资委	要求央企加强境外投资决策和风险管理，加强社会责任意识，严格遵守国资委有关境外投资活动的报告制度
	《中央企业境外国有资产监督管理暂行办法》	2011 年国资委	规定境外国有资产的经营与监管、基础管理、绩效评价和在法律活动中承担相应法律责任等

上述文件大体可分为以下两类。

一类为有约束性的政策，包括《关于进一步规范我国企业对外投资合作的通知》《关于境外投资联合年检工作有关事项的通知》《规范对外投资合作领域竞争行为的规定》《对外投资合作和对外贸易领域不良信用记录试行办法》《境外投资管理办法》。根据上述规定，企业境外投资时如出现违法违规情况，将受到相应处罚；如果没有履行应当承担的企业社会责任，出现环保、劳工、安全等方面的纠纷，将失去享受国家相关政策支持的资格。例如，《关于进一步规范我国企业对外投资合作的通知》指出，对于那些违反东道国法律法规，并造成严重后果的公司，"商务部、外交部、国资委将依据有关规定作出处理或处罚。商务部将依有关规定给予通报批评、警告、不予通过年审、暂停直至取消经营资格等处理或处罚。外交部将依据有关规定视情况在有关企业或主管部门的外事审批权、护照申办权或签证自办（代办）权方面作出处罚。国资委将对产生不良影响的企业和有关责任人作出相应处罚。"可见，针对中国海外投资发展中的环境保护问题，中国有关政府机关希望通过充分行使母国的规制权，加大对违法违规的惩处力度，来保护海外投资的环境。

另一类为自愿性政策。例如，《中国企业境外可持续森林培育指南》和《中国企业境外可持续森林经营利用指南》，是中国对特殊行业给予政策指导，也是世界上首次专门针对本国企业海外从事森林培育活动的管理和技术规范，使政府规范本国企业在海外按照可持续方式开展经营活动。又如，《对外投资合作环境保护指南》是我国第一项专门针对对外投资合作中环境保护问题的部门规范性文件。在此之前，有关境外投资的不同法律规范只是零散地、抽象地、模糊地对此作了规定，缺乏可操作性。而且更多的是对企业准出前的环境评估和审核，至于在东道国投资期间如何就其环境风险进行监督，通常只简单地提及应该遵守东道国的国内法。而该指南内容具体、明确，强调母国政府对准出前和准入后的环境风险规制，对于在环境法律制度宽松的东道国进行投资，指南鼓励企业自觉遵守国际标准，履行环境保护社会责任，维护东道国的可持续发展。但企业是否遵守这些指南属于自愿行为，即使其境外投资的环境和社会行为与指南要求不符，也不会产生法律责任。

总体来看，我国目前缺乏相关的保护和规范境外投资的立法，未对境外投资的环境保护问题形成专门的体系。长远来看，有必要制定一部《境外直接投资法》，其中针对环境保护问题而言，应以最小化环境负面影响、支持可持续发展为出发点，规定投资者将环境保护纳入其投资规划，督促其海外分支机构将环境保护纳入其发展战略与生产经营规划，督促其海外分支机构建立相应的环境保护规章制度，并通过对总部设在中国境内的投资者行为的监管，实现对其海外投资活动的间接控制。

第四节　银行监督作用的提升

一、境外投资环境风险管理政策述评

针对中资银行境外投资中的环境风险管理，相关部门和民间机构制定了一系列政策（见表6-2），以规范银行的境外投资业务。中资银行境外投资主管部门主要是中国人民银行、中国银保监会等，国家发改委、商务部、生态环境部也对中资机构境外投资提供政策。

表 6-2　有关中资银行境外投资环境风险管理的政策

文件	相关内容
2012 年原银监会《关于印发绿色信贷指引的通知》	要求银行业金融机构加强对拟授信的境外项目的环境和社会风险管理，确保项目发起人遵守项目所在国家或地区有关环保、土地、健康、安全等相关法律法规。对拟授信的境外项目公开承诺采用相关国际惯例或国际准则，确保对拟授信项目的操作与国际良好做法在实质上保持一致
2014 年原银监会办公厅关于印发《绿色信贷实施情况关键评价指标》的通知	原银监会给出了相关国际惯例或标准的示例，包括赤道原则、联合国全球契约、联合国环境署金融倡议；此外也表示对因环境和社会风险产生较大争议的拟授信境外融资项目，应聘请合格、独立的第三方对其环境和社会风险进行评估和检查
2016 年原银监会《关于进一步加强银行业金融机构境外运营风险管理的通知》	要求中资商业银行加强境外机构管理，严格遵守所在地法律法规、监管规则、环境保护等方面的要求，关注境外资源、劳务用工、宗教以及文化习俗等方面对业务开展可能造成的影响
2016 年中国人民银行、财政部、发改委、原环保部、原银监会、证监会、原保监会《关于构建绿色金融体系的指导意见》	提出要鼓励和支持我国金融机构、非金融企业和我国参与的多边开发性机构在"一带一路"和其他对外投资项目中加强环境风险管理，提高环境信息披露水平，使用绿色债券等绿色融资工具筹集资金，开展绿色供应链管理，探索使用环境污染责任保险等工具进行环境风险管理
2017 年原银监会《关于规范银行业服务企业走出去加强风险防控的指导意见》	要求银行重视境外业务环境和社会风险管理、实施环境和社会风险全流程管理、维护当地民众权益、增进与利益相关方的交流沟通、加强信息披露
2017 年原环保部、外交部、发改委、商务部联合印发《关于推进绿色"一带一路"建设的指导意见》	推动我国金融机构、中国参与发起的多边开发机构以及相关企业采用环境风险管理的自愿原则，支持绿色"一带一路"建设；积极推动绿色产业发展和生态环保合作项目落地
2017 年原环保部《"一带一路"生态环境保护合作规划》	提出要引导投资决策绿色化，在"一带一路"和其他对外投资项目中加强环境风险管理，提高环境信息披露水平，使用绿色债券等绿色融资工具筹集资金。开展"一带一路"沿线国家绿色投融资需求研究，研究制定绿色投融资指南，以绿色项目识别与筛选、环境与社会风险管理等为重点，探索制定绿色投融资的管理标准
2019 年中国银保监会《关于加强中资商业银行境外机构合规管理长效机制建设的指导意见》	在健全合规制度流程中，要求总部和境外机构要充分了解所在国（地区）法律法规和监管要求，认真梳理、更新和优化环境与社会风险等重点领域的制度

续表

文件	相关内容
2017 年中国金融学会绿色金融专业委员会、中国投资协会、中国银行业协会、中国证券投资基金业协会、中国保险资产管理业协会等七家单位共同发起《中国对外投资环境风险管理倡议》	指出参与对外投资的金融机构和企业应充分了解项目所在地的环境法规、标准和相关的环境风险；参与对外投资的银行应借鉴国际可持续原则，参与对外投资的机构投资者应借鉴联合国责任投资原则，在投资决策和项目实施过程中充分考虑环境、社会、治理（ESG）因素，建立健全管理环境风险的内部流程和机制；鼓励参与对外投资的金融机构和企业强化 ESG 信息披露，主动与环保组织合作，利用信息披露要求改善项目评估和内部管理流程；鼓励参与对外投资重大项目的机构在决策和实施过程中，充分利用第三方专业力量，帮助评估和管理所面临的环境和社会风险；逐步完善对项目环境效益与成本的定量评估；鼓励对外投资项目，尤其中长期基础设施项目，充分利用绿色融资工具等
2018 年中国金融学会绿色金融专业委员会与伦敦金融城绿色金融倡议牵头，多家机构参与的《"一带一路"绿色投资原则》	从战略、运营和创新三个层面提出了七条原则性倡议，内容包括公司治理、战略制定、风险管理、对外沟通以及绿色金融工具运用等，供参与"一带一路"投资的全球金融机构和企业在自愿的基础上采纳和实施。目前，国内已有 8 家银行签署该《原则》，包括中国农业银行、中国农业发展银行、中国银行、中国建设银行、国家开发银行、进出口银行、中国工商银行、中国兴业银行。设立秘书处，开发具体的实施工具、手册和案例，为开展绿色投资提供能力建设

可见，当前发布的海外投资环境风险管理政策和倡议不仅要求银行业金融机构严格遵守东道国的环境保护法律法规，还进一步提出了超越基本合规的全流程环境风险管理要求。这意味着，除了遵循当地法律，银行还需在投资过程中采取更高标准的环境风险管理措施。以《关于规范银行业服务企业走出去加强风险防控的指导意见》为例，银行业金融机构应将环境和社会风险评估结果作为项目准入、评级和管理的重要依据，并在贷款"三查"、贷款定价和经济资本分配等方面实施差别化管理；加强环境和社会风险监测，对存在重大风险的项目，应加大跟踪力度，及时采取风险缓释措施。部分政策和倡议鼓励银行业金融机构采纳或借鉴环境风险管理相关国际惯例或国际准则，包括赤道原则、联合国环境规划署金融倡议、负责任投资原则等；鼓励对有重大环境风险或环境争议性较大的项目聘请独立第三方进行评估；鼓励引入环境污染责任险等工具管理环境风险。

个别政策和倡议明确要求或鼓励银行业金融机构增进与利益相关方的交流沟通，但缺少具体的实施指引。《关于规范银行业服务企业走出去加强风险防控的指导意见》中要求银行业金融机构督促涉及重大环境和社会风险的客户建立申诉—回应机制，但未对银行自身建立申诉—回应机制作出要求。部分政策和倡议提出银行业金融机构要加强信息披露，但对信息披露的内容、指标、载体、频率等细节缺少明确的规定。也没有监管方或行业协会专门针对银行业金融机构海外信贷业务环境风险管理制定相关工具或实施细则。

实践中，为了评估中资银行在境外投资中落实《绿色信贷指引》（以下简称"指引"）的情况，中国原银监会办公厅于 2014 年开始要求中资银行向监管机构提交一份依据"绿色信贷关键评价指标"（Key Performance Indicator, KPI）的自我评价报告，旨在向银行提供更为详细的指导，鼓励它们将"绿色信贷理念融入银行运营，提高通过绿色信贷促进生态发展的意识，积极开发创新性绿色金融产品，并向绿色经济、循环经济和低碳经济提供更多支持。"[1]其中在第 21 条的"境外项目管理"方面，设置了 5 个指标来衡量绿色信贷的实施情况。

二、提升对外信贷中的环境审查能力

（一）提高自身识别项目环境风险的能力

中资银行在海外投资项目中提高对环境风险的识别与管理能力。银行应超越仅遵循当地环保法律的"属地原则"（投资活动遵循项目所在国的相关法律法规和政策），采用更为严格的国际环境标准，尤其在那些环保法规不健全的国家。比如，可参考 IFC 绩效标准和对环境议题的划分方法，增加关注社

---

[1] 中国银监会办公厅. 关于印发《绿色信贷实施情况关键评价指标》的通知［EB/OL］.（2014-06-27）［2023-02-05］. http://zfs.mee.gov.cn/hjjj/gjfbdjjzcx/lsxdzc/201507/t20150716_306812.shtml.

区可持续发展、气候变化、土著居民、文化遗产等方面的内容，针对不同种类的自然资源、不同类型的污染作出更为具体的规定，设立专门的标准。此外，银行可开发或采用专业的环境风险管理工具，提供具体的改进措施。必要时，可委托第三方咨询机构进行项目前期调查，确保全面识别风险，同时在贷后管理中加强实地调查，以提高整体的风险管理水平。

（二）加强同项目利益相关方的沟通

加强与项目相关各方的沟通至关重要。中国银行和海外投资项目当地社区有效沟通和建立关系，促使项目的顺利进展和资源利用。为优化这一问题，除了需要确保项目审批流程的合规外，还应主动与社区及其他利益相关方进行全面沟通。这包括积极获取并分享来自政府、贷款方以外第三方的独立信息，确保环境和社会风险得到充分识别和管理。信息的公开和公众的参与有助于获得更广泛的支持和认可。

此外，针对银行在其官网和社会责任报告中对海外业务环境风险管理政策及实践的披露不足问题，特别是英文信息的缺乏，银行应在海外投资活动的整个生命周期中，明确并遵守信息披露的标准和渠道。在法律允许的范围内，银行应及时发布与项目相关的环境风险信息，与当地社区、民间团体和媒体进行持续对话，以理解他们的关切，并作出适时的回应。

（三）构建或完善合规和问责框架与机制

银行应当内设专门的环境部门，以确保对项目环境内容的审查、监督、管理和评估工作的有效执行。该部门应及时处理项目周边社区、NGO 等相关方提出的问题，并及时公开相关信息，或向问题提出者反馈相关处理意见。通过这一措施，银行将确保相关问责和投诉流程具备有效性、可追溯性，以消除误解、缓解情绪，并减少项目面临的不必要阻力。

此外，银行有权要求贷款人在项目层面建立社区投诉机制和赔偿基金。根据 IFC 绩效标准和赤道原则的要求，涉及重大环境和社会风险／影响的项目应设立投诉机制。如果合理规划，这些机制能为社区提供适合当地文化的争议解决渠道。

本章小结

随着"走出去"战略和"一带一路"倡议的深入推进，中国企业境外投资活动的环境影响将进一步增强，所面临的环境社会风险也将更为显著，尤其是在环境治理和社会保障制度薄弱的国家和地区。如何有效防控境外项目的环境社会风险和消极影响，已成为影响境外投资项目可持续性的关键，也反映了对人类命运共同体理念的践行。结合上文提到的三种主要规制工具，笔者认为可做好以下环境风险法律规制。

首先，重新定位中国对外投资协定。新近签署的投资协定较好地平衡了投资者利益与东道国公共利益。为了优化中国对外投资协定体系，对此，我们除了合理限制投资待遇条款外，如在协定中明确投资待遇的内容或解释标准、规定投资待遇条款适用的例外、加强缔约国对协定解释权的控制等；更重要的是，在 BITs 中明确纳入环境条款。在具体措施方面，笔者以条款的类型、效用为基点，结合其他国家实践，从东道国监管权和企业社会责任履行角度对环境条款的纳入提出建议。

其次，改进国际投资合同相关条款。一方面，排除或限制稳定条款。稳定条款"冻结"了立法，既阻碍了社会和环境领域的法律发展和法律适用，也不一定符合投资者的利益。而且涉环境投资仲裁案件如果按照稳定条款的思路来裁决，不考虑国际环境标准，会使民间社会认为是对企业寻租的认可，抗议投资法的继续运行，从而损害了国际投资法治的形成。若东道国决定授予稳定条款，它应以透明的、负责任的方式进行，在援引稳定条款之前开展稳定条款影响评估，听取政府部门、公共机构、公众和投资者等不同利益相关者的意见或建议，并保留一些灵活性措施，但同时也应防止出现新的不平衡和不可预期而带来的投资收缩，所以，需要综合考量适度环境标准、东道国善意规制和共同负担等基本要素。另一方面，通过对现有公开合同文本的梳理，总结出环境保护的最佳实践和可以进一步完善之处。我国企业在不同国家投资时，可根据项目的性质、规模、影响程度等与东道国达成灵活且适当的合同安排。

再次，强化母国法对中国海外投资者的域外适用。虽然基于尊重外国国家主权，防止出现不同跨国公司在同一产业部门和在同一东道国经营时根据其来源国的不同而受到不同的环境法约束的矛盾情形，以及执行母国规范域外适用的财政和技术挑战等，各国不愿从立法上监管跨国公司的境外活动，也不寻求规制发生在其他国家境内的环境问题。但作为负责任的大国，和人类命运共同体的提倡者，中国应该做好带头作用，对海外投资环境风险防控进行监督。中国目前针对海外投资监督已制定了包括海外投资环境保护指南在内的众多管理办法和规章制度，从长远看，有必要制定一部《境外直接投资法》，其中在环境保护方面规定，投资者应当督促其海外分支机构将环境保护纳入其发展战略与生产经营规划，并建立相应的环境保护规章制度，包括但不限于环境影响评价制度、信息披露制度、污染物达标排放制度等。对东道国环境污染和生态破坏，造成严重后果或特别严重后果的，承担相应的法律责任。

最后，提升银行的监督作用。相关部门和民间机构制定了一系列规范银行境外投资业务的政策。从内容上看，所有的政策和倡议都对银行业金融机构作出了合规性的要求，确保投资者严格遵守东道国环境保护等方面的法律法规，甚至有些提出了高于合规的环境风险全流程管理要求。部分政策和倡议鼓励银行采纳或借鉴环境风险管理相关国际惯例或国际准则，个别政策和倡议明确要求或鼓励银行增进与利益相关方的交流沟通。但非政府组织的调查发现，它们在遵守东道国法律法规方面存在很多困难，在遵守国际惯例和准则方面更是如此，尤其在确保客户基于自由、事先、知情同意的国际准则下进行公众磋商，要求客户按照国际惯例做出高质量的环境和社会影响评价等方面。对此，中资银行应提高自身识别项目环境风险的能力，加强同项目利益相关方的沟通，建立或健全合规和问责框架与机制。

第七章 结论

早期的国际投资法与国际环境法是由定义松散、常有争议且法律影响有限的一系列标准和原则构成，它们作为不同的国际法领域，以相对自足的方式演变，很少出现互动。然而，随着国际投资法和国际环境法的普及和复杂化，过去那些将环境视为可供开发的商品，不考虑对东道国环境影响的做法，可能侵犯了东道国和国际社会的环境利益。但鉴于跨国公司的经济和政治影响力、复杂的治理结构和在国际投资法上的诸多权利，发展中东道国长期以来不愿、不能，也不敢行使规制权。

由受害人利用国内法和国际环境民事责任制度提起环境侵权诉讼的私法自治存在一系列障碍。发展中东道国的法律薄弱、执行本国环境法的资金和人力资源有限、缺乏对跨国子公司技术和风险信息的了解、对跨国公司的严重依赖，甚至政府的直接参与、司法透明度和独立性缺乏等，使得受害者期望获得母国的帮助。但母国法院也存在管辖权，如法人人格独立或不方便法院原则、法律适用以及高昂的成本等问题。而国际环境民事责任公约调整范围和缔约国数量的有限性，以及真正生效的稀缺性，导致这种统一实体方法规制跨国公司环境行为的效果并不理想。

除上述缺陷外，救济制度本身的"向后看、结果导向"也意味着更多的是对已然事实的总结，博帕尔惨案等环境灾难使国内和国际社会深刻认识到需要对环境损害前的风险加以关注。对此，我们应采取"向前看、面向未来"的环境风险防控理念，重构环境规制范式。在自然资源永久主权原则、利益相关者理论和公共物品理论的指导下，国际机构、国家和跨国公司自身等不同主体可通过运用社会、行政和市场工具规制境外投资的环境风险。

自 20 世纪 70 年代起，有关在国际层面直接约束跨国公司行为的主题讨论越来越多，不同国际机构也在努力阐明保护环境的国际法除由各国履行主要责任外，如何和何时被认为适用于私营公司或为私营公司转化。联合国《跨国公司行动守则草案》和联合国《关于跨国公司和其他工商企业在人权方面的责任准则草案》试图对跨国公司施加强制约束力，使之成为国际规范的义务主体。联合国《全球契约》和《OECD 跨国公司指南》则相对柔和，它们旨在与跨国公司建立一种开放性的合作伙伴关系，使其自愿将环境保护融入自身发展战略和实践中。虽然这些文件只具有软法效力，但若被东道国、母国或跨国公司本身采用，对海外投资者的行为依然具有规范作用。尽管国际人权机构在审议侵犯人权的案件中没有为企业环境问责国际标准的确定作出实质性贡献，但一些特殊而重要的案件强调了除国家外的私营公司的事实责任。IFC 根据具体的国际环境条约和倡议，明确规定了获得融资的私营企业在环境方面承担可接受的行为标准。它们大多反映了联合国和 OECD 内其他国际倡议的既定标准，如危害防止、通过环境影响评估和环境管理系统进行环境一体化、自然资源可持续利用、公众磋商和环境信息披露。

为了保证企业环境问责国际标准的落实，对于接受 IFC 资助的企业来说，一旦 IFC 将相关绩效标准作为条件纳入贷款协议，其可在企业未遵守时给予暂停融资或公开披露公司不良环境绩效信息的制裁。而且独立的合规顾问 / 调查官办公室的设置也有助于接受资助的客户履行环境义务。OECD 指南实施程序要求 NCPs 处理投诉，联合国全球契约在其框架内对投诉进行审议。此外，人权监督机构通过审议有关导致侵犯人权的有害环境企业行为的投诉，进行间接监督。UNESCO 世界遗产委员会也间接监督私营公司计划或正在进行的可能或确实影响国际重要场地的开发。

　　但也应看到，社会层面的软法规制并不具有强制约束力，无法要求跨国公司将其内化为一种实践，所以需要运用规制治理的另外两种工具——政府和市场。对政府而言，跨国公司的特殊性使得其在行使行政规制权时常常受制于甚至顾忌国际投资协定的投资保护条款。对市场而言，国际投资合同的类型、具体条款的设定往往取决于双方当时的议价能力。所以，我们有必要对这两类具有法律约束力的规制工具加以系统考察，以探究其能否以及在多大程度上规制环境风险。

　　东道国对跨国公司的行政规制，需要将其置于国际投资仲裁实践中加以考察。跨国公司充分利用 IIAs 中的非歧视待遇、公平公正待遇和间接征收条款提起国际投资仲裁，要求仲裁庭裁判东道国涉环境的规制措施违反了条约义务。大部分仲裁庭参照 VCLT 第 31.1 条对"相似情形""公平公正待遇要素""间接征收抑或治安权"等核心语词作出文义解释。但由于 IIAs 对上述条款的不同规定、国际投资仲裁的非先例效果、仲裁员的身份混同等现实因素，不少国际投资仲裁裁决对同一事实给出了不同认定。而那些适当考虑环境要素的仲裁庭所作的解释，都可视作一种"例外型"解释。

　　少数仲裁庭似乎考虑了 VCLT 第 31.3 条（c）项，作出体系整合解释。理论上讲，体系整合解释旨在国际投资制度框架内有效地协调环境和商业价值。仲裁庭甚至根据符合该解释模式的国际法理论，制定真正的"一体化理论"。但从实践来看，通过体系整合解释来普遍解决非投资义务在投资制度中的融合性问题仍存在严重障碍。第 31.3 条（c）项的相关语词——"国际法规则""相关""当事国间关系"，限制了仲裁庭的自由裁量权。而且第 31.3 条（c）项规定的是"应"与上下文一并考虑，即该应然所要求的行为仅在于与上下文"一并考虑"。这意味着若从法律条文的字面上就已经可以"理解"其通常意义，且不会在个案中产生不合理的结果时，自然不需要再进行体系整合解释。更为关键的是，国际投资仲裁制度决定了对包括环境保护在内的非投资义务的有限关注。ICSID 公约第 42 条已经阐明了国际法或争端当事一方的国内法，是在当事双方对适用法欠缺合意的情况下，始得为仲裁庭所适用。因此，即便"国际"投资仲裁，其他有关国际法也只是一种放任但没有被直接规定应予适用的规则。虽然需要适用国际法规则，但是否必然包括国际环境法规则？此时，仲裁庭除了要采用 VCLT 第 31.3 条（c）项所揭示的体系整合解释方法，而且考虑环境保护这种"相关"的国际法规则之外，还必须将环境规则作为"当事双方同意"的法律规则，或"选择适用于争端实质部分"的法律规则，在"投资"争端中几乎是不可能的。

这也成为国际投资法体系被猛烈抨击和质疑的重要原因，不少发展中国家认为国际投资法是一个重视甚至偏袒投资者、有损国家主权的不对称的法律体制。随着越来越多的发达国家陷入被诉者地位，传统的矛盾向公私冲突转变，建立更具有可持续发展的国际投资法体系，成为发达国家和发展中国家的共同诉求。实践中，IIAs 主要在序言、监管权、例外条款、不得降低或放松环境标准等实体方面，和法庭之友参与、ISDS 排除环境问题和专家报告等程序方面，对环境利益与经济利益进行协调。

在合同规制方面，鉴于国际上游油气开采常常涉及环境风险，笔者对此类合同加以关注。不同的合同模式反映了当事双方在当时历史条件下对各种要素的成本收益分析。与外国投资者主要考虑经济利益不同，东道国还需考虑它的社会效益，如通过最佳技术手段避免或尽可能减少勘探开采对环境的破坏。基于此，部分合同对环境风险防控做了不同程度的规定，如设有环境标准、环境影响评估、进入保护区、获取自然资源、气体燃烧、应对突发事件、拆除和补救等条款。

与之形成鲜明对比的是，大部分合同都规定有稳定条款，投资者将其视为避免或减轻对项目经济效益产生负面影响的风险防控工具，东道国将其视为吸引外资的手段，但同时也可能对规制权的行使构成限制。无论哪种类型的稳定条款，都面临"效力"这一基本问题。学术界依据不同的理论得出两种截然相反的观点。笔者以为，离开准据法而空泛地论证其在国内法和国际法上的法律效力既无意义，也缺乏依据。实践中，无论是 Burlington 诉厄瓜多尔案还是其他早期仲裁案例，仲裁庭都直接或间接承认了稳定条款的法律效力，虽然采取了不同的推理方式。所以，稳定条款会给环境治理在灵活性、一致性、可责性方面带来潜在的不利影响。但同时也应看到，该条款保护的是一种合理期待，并非只要东道国做出承诺，就一定实现对投资者的保护。理论上。根据个案的具体事实，和不同稳定条款的类型和范围，运用协调解释、演进解释、善意和尽责等解释方法，可以对稳定条款和东道国环境风险规制加以平衡。

UNCTAD 发布的世界投资报告显示，中国已成为全球第二大对外投资国。随着"走出去"战略的深入实施和"一带一路"倡议的不断推进，如何有效防控境外项目的环境社会风险和消极影响，已成为摆在中国政府和企业面前的一项现实紧迫任务。对此，结合上述阐明的规制工具，可以从重新定位中国对外投资协定、改进国际投资合同相关条款、强化母国法域外适用，以及提升银行监督作用四个方面完善规制路径。

这要求我们不应将 BIT 制定仅仅看作双方讨价还价和相互交换经济利益的过程，而且还应将其视为促进环境保护和其他全球公共利益的有益表达。一方面，合理限制投资待遇条款，在协定中明确投资待遇的内容或解释标准，规定投资待遇条款适用的例外，加强缔约国对协定解释权的控制；另一方面，以条款的类型、效用为基点，结合其他国家实践，从东道国监管权和企业社会责任履行角度主动纳入环境条款。对于中国企业而言，由于合同的相对性，它们可以根据项目所在国的社会环境，结合项目本身的性质、规模和影响程度，与东道国或经授权的国有实体达成灵活的协议，排除或限制稳定条款，纳入适当的环境条款，努力帮助东道国实现经济发展、社会进步和环境保护三者的有机统一。无论依据属人原则还是实际效果原则，母国都有权对跨国公司行使域外管辖，但实践中，各国不愿寻求规制发生在其他国家境内的环境问题。作为人类命运共同体的首倡者，中国理应做好带头作用，对海外投资环境风险进行监督。未来，中国有必要制定一部《境外直接投资法》，其中专门规定环境保护条款，并设置相应的法律责任。我国银保监会、中国人民银行等相关部门和民间机构也制定了一系列规范中资银行境外投资业务的政策和倡议，若中资银行能提高其风险管理能力，认真贯彻执行，甚至遵循更高的国际标准，则无疑会对东道国环境保护起到直接的推动作用。

附录一：涉环境要素的国际投资仲裁案件一览（不完全统计）

启动年份	案例	有关条约与条款	环境要素	结果
1997	Ethyl v. 加拿大	NAFTA（1992），间接征收/国民待遇/履行要求	加拿大关于进口汽油添加剂MMT的法规引起的索赔	和解
1999	Methanex v. 美国	NAFTA（1992），间接征收/公平公正待遇/国民待遇	因加利福尼亚州禁止使用或销售汽油添加剂而造成损害的索赔	作出有利于国家的裁决
2003	Inceysa v. 萨尔瓦多	萨尔瓦多—西班牙BIT（2005），间接征收	因萨尔瓦多环境和自然资源部决定不履行先前授予投资者的特许合同而产生的索赔	作出有利于国家的裁决
2007	Global Gold Mining v. 亚美尼亚	亚美尼亚—美国BIT（1992），间接征收/公平公正待遇/充分的保护与安全	亚美尼亚环境部拒绝投资者更新现有采矿许可证和授予新许可证的决定引起的索赔	和解
2008	Mercuria Energy v. 波兰	ECT（1994），间接征收/公平公正待遇	因东道国执行欧盟增加燃料储备的指令对索赔人子公司产生负面影响而引起的索赔	作出有利于国家的裁决
2008	Oeconomicus v. 捷克共和国	捷克共和国—瑞士BIT（1990）	关于环境部为建设垃圾焚烧厂项目提供金融担保的争议	终止
2009	Abengoa v. 墨西哥	墨西哥—西班牙BIT（2006），间接征收/公平公正待遇	关于拒绝废物处理设施施工许可的争议	作出有利于投资者的裁决
2009	Gold Reserve v. 委内瑞拉	加拿大—委内瑞拉玻利瓦尔共和国BIT（1996），间接征收/公平公正待遇/充分的保护与安全/最惠国待遇	因东道国剥夺投资者在委内瑞拉某些采矿项目中的特许经营权而引起的索赔	作出有利于投资者的裁决
2011	Mamidoil v. 阿尔巴尼亚	NAFTA（1992），公平公正待遇/国民待遇/最惠国待遇/履行要求/充分的保护与安全	因加拿大某个省可再生能源监管措施引起的索赔	作出有利于国家的裁决

续表

启动年份	案例	有关条约与条款	环境要素	结果
2011	The PV Investors v. 西班牙	ECT（1994），公平公正待遇／充分的保护与安全	东道国就可再生能源实施的几项能源改革引起的索赔，包括减少对相关能源发电企业的补贴和对发电企业收入征税	作出有利于投资者的裁决
2011	Baggerwerken v. 菲律宾	比利时—卢森堡经济联盟与菲律宾BIT（1998）	因东道国突然终止上届政府与投资者签订的旨在改善生态条件的湖泊修复合同而产生的索赔	作出有利于投资者的裁决
2013	Antaris and Göde v. 捷克共和国	德国—斯洛伐克BIT（1990），ECT（1994），公平公正待遇／充分的保护与安全	因修改现有可再生能源激励制度引起的索赔，包括对发电征税	作出有利于国家的裁决
2013	Europa Nova v. 捷克共和国	塞浦路斯—捷克共和国BIT（2001），ECT（1994），公平公正待遇／充分的保护与安全	因修改现有可再生能源激励制度引起的索赔，包括对发电征税	作出有利于国家的裁决
2013	I.C.W. v. 捷克共和国	捷克共和国—英国BIT（1990），ECT（1994），公平公正待遇／充分的保护与安全	因修改现有可再生能源激励制度引起的索赔，包括对发电征税	作出有利于国家的裁决
2013	JSW Solar and Wirtgen v. 捷克共和国	捷克共和国—德国BIT（1990），公平公正待遇／充分的保护与安全／保护伞条款	因修改现有可再生能源激励制度引起的索赔，包括对发电征税	作出有利于国家的裁决
2013	Natland and others v. 捷克共和国	捷克共和国—荷兰BIT（1991），塞浦路斯—捷克共和国BIT（2001），比利时—卢森堡经济联盟与捷克共和国BIT（1989），ECT（1994），公平公正待遇／充分的保护与安全	因修改现有可再生能源激励制度引起的索赔，包括对发电征税	待决
2013	Photovoltaik Knopf v. 捷克共和国	捷克共和国—德国BIT（1990），ECT（1994），公平公正待遇／充分的保护与安全	因修改现有可再生能源激励制度引起的索赔，包括对发电征税	作出有利于国家的裁决
2013	Voltaic Network v. 捷克共和国	捷克共和国—德国BIT（1990），ECT（1994），公平公正待遇／充分的保护与安全	因修改现有可再生能源激励制度引起的索赔，包括对发电征税	作出有利于国家的裁决

续表

启动年份	案例	有关条约与条款	环境要素	结果
2013	ASA v. 埃及	埃及—意大利 BIT（1989）	因东道国的措施影响了废物处理投资而引起的索赔	和解
2013	EVN v. 保加利亚	奥地利—保加利亚 BIT（1997），ECT（1994）	因东道国当局和政府机构在电力定价和可再生能源补偿方面采取的措施引起的索赔	作出有利于国家的裁决
2013	CSP Equity Investment v. 西班牙	ECT（1994），间接征收/公平公正待遇	东道国就可再生能源实施的几项能源改革引起的索赔，包括减少对相关能源发电企业的补贴和对发电企业收入征税	作出有利于国家的裁决
2013	Eiser and Energía Solar v. 西班牙	ECT（1994），公平公正待遇/保护伞条款/间接征收	东道国就可再生能源实施的几项能源改革引起的索赔，包括减少对相关能源发电企业的补贴和对发电企业收入征税	作出有利于投资者的裁决
2013	Infrastructure Services and Energia Termosolar v. 西班牙	ECT（1994），公平公正待遇/保护伞条款	东道国就可再生能源实施的几项能源改革引起的索赔，包括减少对相关能源发电企业的补贴和对发电企业收入征税	作出有利于国家的裁决
2013	Isolux v. 西班牙	ECT（1994）	东道国就可再生能源实施的几项能源改革引起的索赔，包括减少对相关能源发电企业的补贴和对发电企业收入征税	作出有利于国家的裁决
2013	RREEF v. 西班牙	ECT（1994），公平公正待遇/保护伞条款	东道国就可再生能源实施的几项能源改革引起的索赔，包括减少对相关能源发电企业的补贴和对发电企业收入征税	作出有利于投资者的裁决
2014	InfraRed and others v. 西班牙	ECT（1994），公平公正待遇/充分的保护与安全/间接征收/保护伞条款	东道国就可再生能源实施的几项能源改革引起的索赔，包括减少对相关能源发电企业的补贴和对发电企业收入征税	作出有利于投资者的裁决
2014	Masdar v. 西班牙	ECT（1994），公平公正待遇	东道国就可再生能源实施的几项能源改革引起的索赔，包括减少对相关能源发电企业的补贴和对发电企业收入征税	作出有利于投资者的裁决

续表

启动年份	案例	有关条约与条款	环境要素	结果
2014	NextEra v. 西班牙	ECT（1994），公平公正待遇／最惠国待遇／保护伞条款	东道国就可再生能源实施的几项能源改革引起的索赔，包括减少对相关能源发电企业的补贴和对发电企业收入征税	作出有利于投资者的裁决
2014	RENERGY v. 西班牙	ECT（1994），公平公正待遇／保护伞条款／充分的保护与安全／间接征收	东道国就可再生能源实施的几项能源改革引起的索赔，包括减少对相关能源发电企业的补贴和对发电企业收入征税	作出有利于投资者的裁决
2014	RWE Innogy v. 西班牙	ECT（1994），公平公正待遇／保护伞条款	东道国就可再生能源实施的几项能源改革引起的索赔，包括减少对相关能源发电企业的补贴和对发电企业收入征税	作出有利于投资者的裁决
2015	9REN Holding v. 西班牙	ECT（1994），公平公正待遇／保护伞条款／间接征收	东道国就可再生能源实施的几项能源改革引起的索赔，包括减少对相关能源发电企业的补贴和对发电企业收入征税	作出有利于投资者的裁决
2015	Alten Renewable v. 西班牙	ECT（1994），公平公正待遇	东道国就可再生能源实施的几项能源改革引起的索赔，包括减少对相关能源发电企业的补贴和对发电企业收入征税	终止
2015	BayWa r.e. v. 西班牙	ECT（1994），间接征收／保护伞条款／充分的保护与安全／公平公正待遇	东道国就可再生能源实施的几项能源改革引起的索赔，包括减少对相关能源发电企业的补贴和对发电企业收入征税	作出有利于投资者的裁决
2015	Cavalum SGPS v. 西班牙	ECT（1994），公平公正待遇／间接征收／保护伞条款	东道国就可再生能源实施的几项能源改革引起的索赔，包括减少对相关能源发电企业的补贴和对发电企业收入征税	作出有利于投资者的裁决
2015	Cube Infrastructure and others v. 西班牙	ECT（1994），公平公正待遇／间接征收／保护伞条款	东道国就可再生能源实施的几项能源改革引起的索赔，包括减少对相关能源发电企业的补贴和对发电企业收入征税	作出有利于投资者的裁决

续表

启动年份	案例	有关条约与条款	环境要素	结果
2015	E.ON SE and others v. 西班牙	ECT（1994）	东道国就可再生能源实施的几项能源改革引起的索赔，包括减少对相关能源发电企业的补贴和对发电企业收入征税	待决
2015	Foresight and others v. 西班牙	ECT（1994），公平公正待遇/间接征收/保护伞条款	东道国就可再生能源实施的几项能源改革引起的索赔，包括减少对相关能源发电企业的补贴和对发电企业收入征税	作出有利于投资者的裁决
2015	Hydro Energy 1 and Hydroxana v. 西班牙	ECT（1994），公平公正待遇/间接征收/充分的保护与安全	东道国就可再生能源实施的几项能源改革引起的索赔，包括减少对相关能源发电企业的补贴和对发电企业收入征税	作出有利于投资者的裁决
2015	JGC v. 西班牙	ECT（1994），公平公正待遇	东道国就可再生能源实施的几项能源改革引起的索赔，包括减少对相关能源发电企业的补贴和对发电企业收入征税	作出有利于投资者的裁决
2015	Kruck and others v. 西班牙	ECT（1994），公平公正待遇/间接征收	东道国就可再生能源实施的几项能源改革引起的索赔，包括减少对相关能源发电企业的补贴和对发电企业收入征税	待决
2015	KS and TLS Invest v. 西班牙	ECT（1994）	东道国就可再生能源实施的几项能源改革引起的索赔，包括减少对相关能源发电企业的补贴和对发电企业收入征税	待决
2015	Landesbank Baden-Württemberg and others v. 西班牙	ECT（1994）	东道国就可再生能源实施的几项能源改革引起的索赔，包括减少对相关能源发电企业的补贴和对发电企业收入征税	待决
2015	Novenergia v. 西班牙	ECT（1994），公平公正待遇/间接征收/充分的保护与安全/保护伞条款	东道国就可再生能源实施的几项能源改革引起的索赔，包括减少对相关能源发电企业的补贴和对发电企业收入征税	作出有利于投资者的裁决

启动年份	案例	有关条约与条款	环境要素	结果
2015	OperaFund and Schwab v. 西班牙	ECT（1994），公平公正待遇/充分的保护与安全/保护伞条款	东道国就可再生能源实施的几项能源改革引起的索赔，包括减少对相关能源发电企业的补贴和对发电企业收入征税	作出有利于投资者的裁决
2015	SolEs Badajoz v. 西班牙	ECT（1994），公平公正待遇/间接征收/保护伞条款	东道国就可再生能源实施的几项能源改革引起的索赔，包括减少对相关能源发电企业的补贴和对发电企业收入征税	终止
2015	Stadtwerke München and others v. 西班牙	ECT（1994），公平公正待遇/保护伞条款	东道国就可再生能源实施的几项能源改革引起的索赔，包括减少对相关能源发电企业的补贴和对发电企业收入征税	作出有利于国家的裁决
2015	Watkins and others v. 西班牙	ECT（1994），公平公正待遇/保护伞条款	东道国就可再生能源实施的几项能源改革引起的索赔，包括减少对相关能源发电企业的补贴和对发电企业收入征税	作出有利于投资者的裁决
2016	Biram and others v. 西班牙	ECT（1994）	东道国就可再生能源实施的几项能源改革引起的索赔，包括减少对相关能源发电企业的补贴和对发电企业收入征税	作出有利于投资者的裁决
2016	Sevilla Beheer B.V. v. 西班牙	ECT（1994），公平公正待遇/保护伞条款	东道国就可再生能源实施的几项能源改革引起的索赔，包括减少对相关能源发电企业的补贴和对发电企业收入征税	待决
2016	Eurus Energy v. 西班牙	ECT（1994），间接征收/公平公正待遇/充分的保护与安全	东道国就可再生能源实施的几项能源改革引起的索赔，包括减少对相关能源发电企业的补贴和对发电企业收入征税	作出有利于投资者的裁决
2016	Green Power and SCE v. 西班牙	ECT（1994）	东道国就可再生能源实施的几项能源改革引起的索赔，包括减少对相关能源发电企业的补贴和对发电企业收入征税	作出有利于国家的裁决

启动年份	案例	有关条约与条款	环境要素	结果
2016	Infracapital v. 西班牙	ECT（1994），公平公正待遇/充分的保护与安全/保护伞条款	东道国就可再生能源实施的几项能源改革引起的索赔，包括减少对相关能源发电企业的补贴和对发电企业收入征税	待决
2016	Ballantine v. 多米尼加共和国	中美洲自由贸易区—多米尼加共和国BIT（2004），国民待遇/最惠国待遇/公平公正待遇/间接征收/充分的保护与安全	因东道国环境当局拒绝投资者扩大其住宅和旅游项目的请求以及中央和地方当局采取的其他措施而产生的索赔	作出有利于国家的裁决
2016	ESPF and others v. 意大利	ECT（1994），公平公正待遇/保护伞条款	因几项法令要求削减某些可再生能源项目的激励措施而引起的索赔	作出有利于投资者的裁决
2017	Elitech and Razvoj v. 克罗地亚	克罗地亚—荷兰BIT（1998）	因克罗地亚的措施和行动导致高尔夫度假村建设停滞而引起的索赔	待决
2017	Tennant Energy v. 加拿大	NAFTA（1992），公平公正待遇	因投资者的可再生能源发电项目通过某些监管措施受到不公平待遇，以及地方当局对可再生能源上网电价计划不透明而引起的索赔	待决
2017	FREIF Eurowind v. 加拿大	ECT（1994），公平公正待遇/保护伞条款	东道国就可再生能源实施的几项能源改革引起的索赔，包括减少对相关能源发电企业的补贴和对发电企业收入征税	作出有利于国家的裁决
2017	Portigon v. 西班牙	ECT（1994）	东道国就可再生能源实施的几项能源改革引起的索赔，包括减少对相关能源发电企业的补贴和对发电企业收入征税	待决
2018	KLS Energy v. 斯里兰卡	马来西亚—斯里兰卡BIT（1982）	因东道国取消索赔人投资的可再生能源发电机项目而产生的索赔	待决
2018	LSG Building Solutions and others v. 罗马尼亚	ECT（1994），公平公正待遇	因东道国可再生能源投资激励计划的几项变更引起的索赔	待决
2018	European Solar Farms v. 西班牙	ECT（1994）	东道国就可再生能源实施的几项能源改革引起的索赔，包括减少对相关能源发电企业的补贴和对发电企业收入征税	待决

启动年份	案例	有关条约与条款	环境要素	结果
2019	Odyssey v. 墨西哥	NAFTA（1992），国民待遇／公平公正待遇／间接征收／充分的保护与安全	因墨西哥环境局拒绝投资者采矿项目许可引起的索赔	待决
2019	Mamacocha and Latam Hydro v. 秘鲁	秘鲁—美国FTA（2006），公平公正待遇／间接征收／充分的保护与安全／保护伞条款	因东道国违反特许协议延迟许可和批准可再生能源发电厂项目而引起的索赔	待决
2019	Strabag and others v. 德国	ECT（1994）	因东道国对可再生能源制度（包括发电）的立法修改引起的索赔	待决
2020	EP Wind v. 罗马尼亚	ECT（1994）	因东道国可再生能源投资激励计划的几项变更引起的索赔	待决
2020	Fin.Doc and others v. 罗马尼亚	ECT（1994）	因东道国可再生能源投资激励计划的几项变更引起的索赔	待决
2021	KELAG and others v. 罗马尼亚	ECT（1994），公平公正待遇／间接征收	因东道国可再生能源投资激励计划的几项变更引起的索赔	待决
2021	RSE v. 拉脱维亚	ECT（1994），公平公正待遇	因东道国改变其可再生能源监管框架（包括相关激励计划）引起的索赔	待决
2021	Spanish Solar v. 西班牙	ECT（1994）	因东道国对可再生能源行业进行的几项监管改革引起的索赔	待决
2022	WOC Photovoltaik and others v. 西班牙	ECT（1994）	因东道国对可再生能源行业进行的几项监管改革引起的索赔	待决

附录二：有关 IIAs 和中国对外投资协定纳入环境规定的分类

	IIAs	条款或章节	BIT 条款或章节的标题
有关 BITs 范本和 FTA 投资章节	2019 年 USMCA	序言	序言
		第 14.10 条	履行要求
		第 14.16 条	投资与环境、健康、安全和其他规制目标
		第 14.17 条	企业社会责任
		附件 14-B	征收
		第 24 章	环境
		第 31.14 条	第三方参与
		第 31.15 条	专家角色
	2018 年 CPTPP	序言	序言
		第 9.10 条	履行要求
		第 9.16 条	投资与环境、健康及其他规制目标
		第 9.17 条	企业社会责任
		附件 9-B	征收
		第 20 章	环境
		第 28.14 条	第三方参与
		第 28.15 条	专家角色
	2014 年 CETA（第十章）	第 10.3 条	定义
		第 10.4 条	市场准入
		附件 10.11（3）	征收

续表

有关 BITs 范本和 FTA 投资章节	2012 年美国 BIT 范本	序言	序言
		第 8.3 条	履行要求
		第 12 条	投资与环境
		第 32 条	专家报告
		附件 B	征收
	2004 年加拿大 BIT 范本	序言	序言（可持续发展）
		第 7.2 条	履行要求
		第 10.1 条	一般例外
		第 11 条	健康、安全与环境措施
		第 42 条	专家报告
		附件 B.13（1）	征收
	1994 年 NAFTA （第十一章）	第 1106（2）和（6）条	履行要求
		第 1114 条	环境措施
		第 1133 条	专家报告
中国第三代 BITs	中国—土耳其 BIT（2015）	第 4 条	一般例外
		第 5 条	征收
	中国—坦桑尼亚 BIT（2013）	序言	序言 （可持续经济发展）
		第 6 条	征收
		第 10 条	健康、安全与环境措施
	中国—加拿大 BIT（2012）	序言	序言（可持续发展）
		第 18 条	磋商
		第 33 条	一般例外
		附件 B 10.3	征收
	中日韩 BIT （2012）	序言	序言
		第 23 条	环境措施
		议定书 2 C	征收
	中国—乌兹别克 斯坦 BIT（2011）	序言	序言（可持续发展）
		第 6 条	征收

续表

中国第二代 BITs	中国—哥伦比亚 BIT（2008）	第 4.2.c 条	征收
	中国—印度 BIT（2006）	议定书	征收
	中国—马达加斯加岛 BIT（2005）	第 3 条	公平与公正待遇
	中国—奎亚那 BIT（2003）	序言	序言
	中国—特立尼达和多巴哥 BIT（2002）	序言	序言
中国第一代 BIT	中国—毛里求斯 BIT（1996）	第 11 条	禁止和限制
中国 FTAs	RCEP（2020）	第 10.13 条及其附件 2	征收
		第 17.12 条	例外
	中国—柬埔寨 FTA（2020）	第 8.3 条	投资便利化
		第 8.4 条	环境措施
		第 9.1 条	一般条款
		第 15.1 条	例外
	中国—毛里求斯 FTA（2019）	第 8.7 条及其附件 2	征收
		第 8.9 条第 3 款第 4 项	履行要求
	中国—格鲁吉亚 FTA（2017）	序言	序言
	澳大利亚—中国 FTA（2015）	第 9.8 条	例外
		第 9.11 条第 4 款	磋商
	中国—韩国 FTA（2015）	序言	序言
		第 12.16 条	环境措施
	中国—瑞士 FTA（2013）	序言	序言
		第 12 章	环境问题
	中国—冰岛 FTA（2013）	序言	序言
	中国—秘鲁 FTA（2009）	序言	序言
		第 162 条	林业和环境保护
	中国—新西兰 FTA（2008）	序言	序言
		第 200.2 条	例外
	中国—巴基斯坦 FTA（2006）	序言	序言
	中国—智利 FTA（2005）	序言	序言

参考文献

一、著作类

（一）中文著作类

［1］奥尔森 . 集体行动的逻辑［M］. 陈郁，郭宇峰，李崇新，译 . 上海：上海人民出版社，1995.

［2］奥格斯 . 规制 : 法律形式与经济学理论［M］. 骆梅英，译 . 北京 : 中国人民大学出版社，2008.

［3］白桂梅 . 国际法［M］. 北京：北京大学出版社，2015.

［4］贝克 . 风险社会 : 新的现代性之路［M］. 张文杰，何博闻，译 . 南京：译林出版社，2018.

［5］彼得斯 . 政府未来的治理模式［M］. 吴爱明，夏宏图，译 . 北京：中国人民大学出版社，2001.

［6］波利蒂斯 . 国际法的新趋势［M］. 原江，译 . 昆明：云南人民出版社，2004.

［7］波尼，波义尔 . 国际法与环境［M］. 那力，王彦志，王小钢，译 . 北京：高等教育出版社，2007.

［8］博克斯贝格，克里门塔 . 全球化的十大谎言［M］. 胡善君，许建东，译 . 北京：新华出版社，2000.

［9］蔡守秋 . 调整论 : 对主流法理学的反思与补充［M］. 北京：高等教育出版社，2003.

［10］曹明德 . 生态法原理［M］. 北京：人民出版社，2002.

［11］陈安 . 国际投资法的新发展与中国双边投资条约的新实践［M］. 上海：复旦大学出版社，2007.

［12］陈东.跨国公司治理中的责任承担机制［M］.厦门：厦门大学出版社，2003.

［13］陈泉生.可持续发展与法律变革［M］.北京：法律出版社，2000.

［14］弗里曼.战略管理——利益相关者方法［M］.王彦华，梁豪，译.上海：上海译文出版社，2006.

［15］高桂林.公司的环境责任论［M］.北京：首都经济贸易大学出版社，2019.

［16］高岚君.国际法的价值论［M］.武汉：武汉大学出版社，2006.

［17］格莱汉姆.全球性公司与各国政府［M］.胡江云，赵书博，译.北京：北京出版社，2000.

［18］葛艾继，郭鹏，许红.国际油气合作理论与实务［M］.北京：石油工业出版社，2000.

［19］葛察忠，夏友富，智颖飙，等.中国对外投资中的环境保护政策［M］.北京：中国环境科学出版社，2010.

［20］韩秀丽.中国海外投资的环境保护问题研究——国际投资法视角［M］.北京：法律出版社，2013.

［21］何沙，秦扬.国际石油合作法律基础［M］.北京：石油工业出版社，2008.

［22］何增科.公民社会与第三部门［M］.北京：社会科学文献出版社，2000.

［23］何志鹏.国际经济法的基本理论［M］.北京：社会科学文献出版社，2010.

［24］赫尔德，麦克格鲁.全球化与反全球化［M］.陈志刚，译.北京：社会科学文献出版社，2004.

［25］赫尔德.治理全球化：权力、权威与全球治理［M］.曹荣湘，龙虎，译.北京：社会科学文献出版社，2004.

［26］亨金.国际法：政治与价值［M］.张乃根，马忠法，罗国强，等译.北京：中国政法大学出版社，2005.

［27］霍淑红.国际非政府组织（INGOs）的角色分析：全球化时代INGOs在国际机制发展中的作用［M］.北京：中央编译出版社，2011.

［28］基欧汉，奈.权力与相互依赖［M］.门洪华，译.北京：北京大学出版社，2002.

［29］基斯.国际环境法［M］.张若思，译.北京：法律出版社，2000.

［30］江河.国际法的基本范畴与中国的实践传统［M］.北京：中国政法大学出版社，2014.

［31］孔凡斌 . 公共性的再生产——多中心治理的合作机制构建［M］. 南京：江苏人民出版社，2008.

［32］李浩培 . 条约法概论［M］. 北京：法律出版社，2003.

［33］李惠斌 . 全球化与公民社会［M］. 桂林：广西师范大学出版社，2003.

［34］李寿平 . 多边贸易体制中的环境保护法律问题研究［M］. 北京：中国法制出版社，2004.

［35］梁开银 . 中国双边投资条约研究［M］. 北京：北京大学出版社，2016.

［36］梁西 . 梁西论国际法与国际组织五讲［M］. 北京：法律出版社，2019.

［37］梁咏 . 中国投资者海外投资法律保障与风险防范［M］. 北京：法律出版社，2010.

［38］林德布洛姆 . 政治与市场：世界的政治经济制度［M］. 王逸舟，译 . 上海：上海人民出版社，1994.

［39］刘笋 . 国际投资保护的国际法制若干重要法律问题研究［M］. 北京：法律出版社，2002.

［40］刘志云 . 当代国际法的发展：一种从国际关系理论视角的分析［M］. 北京：法律出版社，2010.

［41］罗宾，怀特 . 欧洲人权法：原则与判例［M］. 何志鹏，孙璐，译 . 北京：北京大学出版社，2006.

［42］罗德里克 . 全球化的悖论［M］. 廖丽华，译 . 北京：中国人民大学出版社，2011.

［43］罗西瑙 . 没有政府的治理［M］. 张胜军，刘小林，译 . 南昌：江西人民出版社，2001.

［44］吕忠梅 . 超越与保守：可持续发展视野下的环境法创新［M］. 北京：法律出版社，2003.

［45］那力，何志鹏 . WTO 与环境保护［M］. 长春：吉林人民出版社，2002.

［46］秦斌 . 一体化国际经营——关于跨国公司行为的分析［M］. 北京：中国发展出版社，1999.

［47］世界环境与发展委员会 . 我们的共同未来［M］. 王之佳，柯金良，译 . 长春：吉林人民出版社，1997.

［48］宋秀琚 . 国际合作理论：批判与建构［M］. 北京：世界知识出版社，2006.

［49］苏常和 . 全球公共问题与国际合作：一种制度的分析［M］. 上海：上海人民出版社，2009.

［50］隋平.海外能源投资法律与实践［M］.北京：法律出版社，2011.

［51］唐勇.跨国公司行为的政治维度［M］.上海：立信会计出版社，1999.

［52］汪劲.环境法律的理念与价值追求［M］.北京：法律出版社，2000.

［53］王贵国.国际投资法［M］.北京：北京大学出版社，2001.

［54］王杰，张海滨，张志洲.全球治理中的国际非政府组织［M］.北京:北京大学出版社，2004.

［55］王年平.国际能源投资合同模式比较研究——兼论对我国石油与能源法制的借鉴［M］.北京：法律出版社，2009.

［56］王铁崖.国际法［M］.北京：法律出版社，1995.

［57］魏伊斯.公平地对待未来人类：国际法、共同遗产与世代间衡平［M］.汪劲，于方，王鑫海，译.北京：法律出版社，2000.

［58］吴先明.跨国公司治理［M］.北京：商务印书馆，2005.

［59］熊玠.无政府状态与世界秩序［M］.余逊达，张铁军，译.杭州：浙江人民出版社，2001.

［60］徐泉.国际贸易投资自由化法律规制研究［M］.北京：中国检察出版社，2004.

［61］徐祥民，田其云.环境权：环境法学的基础研究［M］.北京：北京大学出版社，2004.

［62］薛波.元照英美法词典［M］.北京：法律出版社，2003.

［63］杨宇光.经济全球化中的跨国公司［M］.上海：上海远东出版社，1999.

［64］杨泽伟.主权论——国际法上的主权问题及其发展趋势研究［M］.北京：北京大学出版社，2006.

［65］余劲松.国际投资法［M］.北京：法律出版社，2014.

［66］余劲松.跨国公司法律问题专论［M］.北京：法律出版社，2008.

［67］俞可平.全球化：全球治理［M］.北京：社会科学文献出版社，2003.

［68］俞可平.治理与善治［M］.北京：社会科学文献出版社，2000.

［69］郑安光.从国际政治到世界社会［M］.南京：南京大学出版社，2009.

［70］曾华群.国际经济新秩序与国际经济法新发展［M］.北京：法律出版社，2009.

［71］曾令良.21世纪的国际法与中国［M］.武汉：武汉大学出版社，2005.

［72］曾维华，程声通.环境灾害学引论［M］.北京：中国环境科学出版社，2000.

（二）外文著作类

［1］ALVAREZ J E. *International Organizations as Law-makers*［M］. Oxford: Oxford University Press, 2005.

［2］Amnesty International. *Clouds of Injustice: Bhopal Twenty Years On*［M］. London: Amnesty International Publications, 2004.

［3］Amnesty International. *The UN Human Rights Norms for Business: Towards Legal Accountability*［M］. London: Amnesty International Publications, 2004.

［4］ANDERSON M. *Public Interest Perspectives on the Bhopal Case: Tort, Crime or Violation of Human Rights?*［M］//ROBINSON D, DUNKLEY J. *Public Interest Perspectives in Environmental Law*. London: Wiley Chancery, 1995.

［5］BARTELS M. *Contractual Adaptation and Conflict Resolution: Based on Venture Contracts for Mining Projects in Developing Countries*［M］. London: Kluwer Law and Taxation Publisher, 1985.

［6］BEKHECHI M. *International Investment and Environmental Protection: Notes on the Environmental Conditions of Investments in the Oil and Mining Sectors*［M］//International Bureau of the Permanent Court of Arbitration. *International Investments and Protection of the Environment: The Role of Dispute Resolution Mechanisms*. The Hague: Kluwer Law International, 2001.

［7］BENEDETTO S D. *International Investment Law and the Environment*［M］. Cheltenham, Northampton: Edward Elgar Publishing, 2013.

［8］BERGKAMP L. *Liability and the Environment: Private and Public Law Aspects of Civil Liability for Environmental Harm in an International Context*［M］. The Hague: Kluwer Law International, 2001.

［9］BIRNIE P, BOYLE A. *International Law and the Environment*［M］. Oxford: Oxford University Press, 2002.

［10］BISHOP R D, CRAWFORD J, REISMAN W M. *Foreign Investment Disputes: Cases, Materials and Commentary*［M］. Dutch: Wolters Kluwer Law & Business, 2014.

［11］DE CHAZOURNES B, LAURENCE. *Policy Guidance and Compliance: The World Bank Operational Standards*［M］//SHELTON D. *Commitment and Compliance—The Role of*

Non Binding Norms in the International Legal System. Oxford: Oxford University Press, 2000.

[12] BOYLE. *Making the Polluter Pay? Alternatives to State Responsibility in the Allocation of Transboundary Environmental Costs* [M] //FRANCIONI F, SCOVAZZI T. *International Responsibility for Environmental Harm*. London: Graham & Trotman, 1991.

[13] BROWNLIE I. *Principles of Public International Law* [M] . Oxford: Oxford University Press, 2008.

[14] CALDER F, CULVERWELL M. *Following up the WSSD Commitments on Corporate Responsibility & Accountability* [M] . London: Royal Institute of International Affairs, 2004.

[15] CAMERON P D. *International Energy Investment Law: The Pursuit of Stability* [M] . Oxford: Oxford University Press, 2010.

[16] Chi Manjiao. *Integrating Sustainable Development in International Investment Law:Normative Incompatibility, System Integration and Governance Implications* [M] . London: Routledge, 2017.

[17] DE CHAZOURNES L B, MBENGUE M M. *Mutual Supportiveness in an Era of Fragmentation* [M] //HESTERMEYER H P, SEIBERT–FOHR A, STOLL P T, et al. *Coexistence, Cooperation and Solidarity*. Leiden: Martinus Nijhoff Publishers, 2012.

[18] DOLZER R, SCHREUER C. *Principles of International Investment Law* [M] . Oxford: Oxford University Press, 2012.

[19] ERKAN M. *International Energy Investment Law* [M] . Hague: Kluwer Law International Press, 2011.

[20] FABRA A. *Indigenous People, Environmental Degradation and Human Rights: A Case Study* [M] //BOYLE A, ANDERSON M. *Human Rights Approaches to Environmental Protection*. Oxford: Clarendon Press, 1996.

[21] FATOUROS A A. *Transnational Corporations: The International Legal Framework* [M] . London: Routledge, 1994.

[22] FRANCIONI F. *Exporting Environmental Hazard through Multinational Enterprises: Can the State of Origin be Held Responsible?* [M] //FRANCIONI F, SCOVAZZI T. *International Responsibility for Environmental Harm*. London: Graham & Trotman, 1991.

[23] FREYA B. *Combating Climate Change through the Promotion of Green Investment: From Kyoto to Paris Without Regime–Specific Dispute Settlement* [M] //MILES K. *Research Handbook on Environment and Investment Law*. Cheltenham: Edward Elgar, 2019.

[24] GAO Zhiguo. *Environmental Regulation of Oil and Gas in the Twentieth Century and Beyond: An Introduction and Overview* [M] //GAO Zhiguo. *Environmental Regulation of Oil and Gas*. London: Kluwer Law International, 1998.

[25] HANSEN M. *Environmental Regulation of Transnational Corporations* [M] //UTTING P. *The Greening of Business in Developing Countries*. London: Zed Books in association with UNRISD, 2002.

[26] HAUFLER V. *A Public Role for the Private Sector* [M] . Washington DC: Carnegie Endowment for International Peace, 2001.

[27] HIGGINS R. *Problems and Process: International Law and How We Use It* [M] . Oxford: Clarendon Press, 1994.

[28] HUNER J. *The Multilateral Agreement on Investment and the Review of the OECD Guidelines for Multinational Enterprises* [M] //KAMMINGA M T, ZIAZARIFI S. *Liability of Multinational Corporations under International Law*. The Hague: Kluwer Law International, 2000.

[29] WORIKA I L. *Environmental Concepts and Terms in Petroleum Legislation & Contracts: A Preliminary Study, in Environmental Regulation of Oil and Gas* [M] //GAO Zhiguo. *Environmental Regulation of Oil and Gas*. London: Kluwer Law International, 1998.

[30] JAGERS N. *The Legal Status of the Multinational Corporation under International Law* [M] //ADDO M K. *Human Rights Standards and the Responsibility of Transnational Corporations*. The Hague: Kluwer Law International, 1999.

[31] KARL J. *The OECD Guidelines for Multinational Enterprises* [M] //ADDO M K. *Human Rights Standards and the Responsibility of Transnational Corporations*. The Hague: Kluwer Law International, 1999.

[32] KISS, SHELTON D. *International Environmental Law* [M] . New York: Transnational Publishers, 2004.

[33] KLINE J M. *Business Codes of Conduct in a Global Political Economy* [M] // WILLIAMS O F. *Global Codes of Conduct: An Idea Whose Time Has Come*. Notre Dame,

Ind: University of Notre Dame Press, 2000.

[34] LAUTERPACHT H. *The Function of Law in the International Community* [M] . Oxford: Oxford University Press, 2011.

[35] LEE C. *International Finance Corporation: Financing Environmentally and Socially Sustainable Private Investment* [M] //SHIHATA I. *International Finance and Development Law*. The Hague: Kluwer Law International, 2001.

[36] MALANCZUK P. *Akehurst' s Modern Introduction to International Law* [M] . London: Routledge, 1997.

[37] MARISI F. *Environmental Interests in Investment Arbitration: Challenges and Direction* [M]. Netherlands: Kluwer Law International BV, 2020.

[38] MCCORQUODALE R. *The Individual and International Legal System* [M] //EVANS M. *International Law*. Oxford: Oxford University Press, 2003.

[39] MCMAHAN C, SHORE L, WEINIGER M. *International Investment Arbitration* [M] . Oxford: Oxford University Press, 2007.

[40] MERKOURIS P. *Article* 31 (3) (c) *of the VCLT and the Principle of Systemic Integration: Normative Shadows in Plato' s Cave* [M] . Brill: Nijhoff, 2015.

[41] MIKESELL R F. *Petroleum Company Operations and Agreement in the Developing Countries* [M] //GAO Zhiguo. *Environmental Regulation of Oil and Gas*. London: Kluwer Law International, 1998.

[42] MILES K. *Soft Law Instruments in Environmental Law: Models for International Investment Law* [M] //BJORKLUND A K, REINISCH A. *International Investment Law and Soft Law*. Cheltenham: Edward Elgar, 2012.

[43] MOLTKE V K. *International Investment and Sustainability: Options for Regime Formation* [M] //GALLAGHER, WERKSMAN. *The Earthscan Reader on International Trade and Sustainable Development*. London: Earthscan, 2002.

[44] MUCHLINSKI P. *Attempts to Extend the Accountability of Transnational Corporations: The Role of UNCTAD* [M] //KAMMINGA M T, ZIAZARIFI S. *Liability of Multinational Corporations under International Law*. The Hague: Kluwer Law International, 2000.

[45] OSTERWALDER N B, WEISS E B. *International Investment Rules and Water: Learning from the NAFTA Experience* [M] //WEISS E B, DE CHAZOURNES L B,

OSTERWALDER N B. *Fresh Water and International Economic Law*. Oxford: Oxford University Press, 2005.

［46］PEARSON C. *Environmental Standards, Industrial Relocation and Pollution Havens*［M］//PEARSON C. *Multinational Corporations, Environment, and the Third World*. Durham: Duke University Press, 1987.

［47］PETER W. *Arbitration and Renegotiation of International Investment Agreements*［M］. London: Kluwer Law International, 1995.

［48］PINTZ W. *Environmental Negotiations in the OK Tedi Mine in Papua New Guinea*［M］// PEARSON C. *Multinational Corporations, Environment, and the Third World*. Durham: Duke University Press, 1987.

［49］POLLAN T. *Legal Framework for the Admission of FDI*［M］. Netherlands: Eleven International Publishing, 2006.

［50］POTESTA M. *Mapping Environmental Concerns in International Investment Agreements*［M］//TREVES T, SEATZU F, TREVISANUT S. *Foreign Investment, International Law and Common Concerns Research in International Economic Law*. London: Routledge, 2014.

［51］REDGWELL C. *The International Law of Public Participation: Protected Areas, Endangered Species, and Biological Diversity*［M］//ZILLMAN D N, LUCAS A R, PRING G. *Human Rights in Natural Resource Development*. Oxford: Oxford University Press, 2002.

［52］REINISCH A. *Expropriation*［M］//MUCHLINSKI P, ORTINO F, SCHREUER C. *The Oxford Handbook of International Investment Law*. Oxford: Oxford University Press, 2008.

［53］REUTER P. *Introduction to the Law of Treaties*［M］. London: Routledge, 1995.

［54］ROLLAND S E, TRUBEK D M. *Emerging Powers in the International Economic Order Cooperation, Competition and Transformation*［M］. Cambridge: Cambridge University Press, 2019.

［55］SALACUSE J W. *The Law of Investment Treaties*［M］. Oxford: Oxford University Press, 2010.

[56] SANDS P. *Principles of International Environmental Law* [M] . Cambridge: Cambridge University Press, 2003.

[57] SCHMITTHOFF C M. *Clive M. Schmitthoff' s Select Essays on International Trade Law* [M] . Amsterdam: Kluwer Academic Publisher, 1988.

[58] SCOVAZZI T. *Industrial Accidents and the Veil of Transnational Corporations* [M] // FRANCIONI F, SCOVAZZI T. *International Responsibility for Environmental Harm*. London: Graham & Trotman, 1991.

[59] SETI S P. *Gaps in Research, Formulation, Implementation and Effectiveness, Measurement of International Codes of Conduct* [M] //WILLIAMS O F. *Global Codes of Conduct: An Idea Whose Time Has Come*. Notre Dame, Ind: University of Notre Dame Press, 2000.

[60] SHELTON D. *The Utility and Limits of Codes of Conduct for the Protection of the Environment* [M] //KISS A, SHELTON D, ISHIBASHI K. *Economic Globalization and Compliance with International Environmental Agreements*. The Hague: Kluwer Law International, 2003.

[61] SHIGETA Y. *International Judicial Control of Environmental Protection: Standard Setting, Compliance Control and the Development of International Environmental Law by the International Judiciary* [M] . The Hague: Kluwer Law International, 2010.

[62] SHIHATA I. *The World Bank and the Environment: A Legal Perspective* [M] //PARRA A, TSCHOFEN F, STEVENS M. *The World Bank in a Changing World*. Boston: M Nijhoff, 1995.

[63] SORNARAJAH M. *The Pursuit of Nationalized Property* [M] . Netherlands: Martinus Nijhoff Publishers, 1986.

[64] SUBEDI S. *International Investment Law: Reconciling Policy and Principle* [M] . Oxford: Hart Publishing, 2008.

[65] TIENHAARA K S. *The Expropriation of Environmental Governance: Protecting Foreign Investors at the Expense of Public Policy* [M] . Cambridge: Cambridge University Press, 2009.

[66] TITI A. *The Right to Regulate in International Investment Law* [M] . Baden–Baden: Nomos and Dike, 2014.

［67］TOMUSCHAT C C. *International Liability for Injurious Consequences Arising out of Acts Not Prohibited by International Law: The Work of the International Law Commission*［M］//FRANCIONI F, SCOVAZZI T. *International Responsibility for Environmental Harm*. London: Graham & Trotman, 1991.

［68］VICUNA F O. *Current Trends in Responsibility and Liability for Environmental Harmunder International Law*［M］//KOUFA K. *Protection of the Environment for the New Millennium*. Athens: Sakkoulas Publications, 2002.

［69］VOSS J O. *The Impact of Investment Treaties on Contracts between Host States and Foreign Investors*［M］. Leiden, Boston: Martinus Nijhoff Publishers, 2011.

［70］WALDMANN R J. *Regulating International Business through Codes of Conduct*［M］. Washington DC: American Enterprise Institute for Public Policy Research, 1980.

［71］WEISSBRODT D, KRUGER M. *Human Rights Responsibilities of Business as Non-State Actors*［M］//ALSTON P. *Non-State Actors and Human Rights*. Oxford: Oxford University Press, 2005.

二、期刊类

（一）中文期刊类

［1］车丕照.“人类命运共同体”理念的国际法学思考［J］.吉林大学社会科学学报，2018（6）：15-24.

［2］陈安，谷婀娜.“南北矛盾视角”应当“摒弃”吗?——聚焦“中-加 2012BIT”［J］.现代法学，2013（3）：76-106.

［3］陈安.高举体系变革大纛 发挥旗手引领作用——全球治理：中国的理念与实践轨迹［J］.国际经济法学刊，2016（3）：1-17.

［4］陈德敏，郑泽宇.中国企业投资“一带一路”沿线国家环境风险的法律规制［J］.新疆社会科学，2020（2）：83-90.

［5］迟德强.论跨国公司的人权责任［J］.法学评论，2012（1）：100-105.

［6］崔明逊.规制内涵探讨：从概念到观念［J］.人民论坛，2013（26）：128-129.

［7］高波.投资者——国家仲裁中“法庭之友”的参与［J］.安徽农业大学学报（社会科

学版），2010（3）：68-73.

［8］龚柏华.论境外投资规制中可持续发展理念［J］.政法论丛，2022（2）：3-13.

［9］古祖雪.现代国际法的多样化、碎片化与有序化［J］.法学研究，2007（1）：135-
147.

［10］韩秀丽.后危机时代国际投资法的转型——兼谈中国的状况［J］.厦门大学学报（哲
学社会科学版），2012（6）：17-24.

［11］韩秀丽.中国海外投资的环境保护问题——基于投资法维度的考察［J］.厦门大学学
报（哲学社会科学版），2018（3）：148-159.

［12］何力.中国海外投资保护与国家契约问题［J］.江西社会科学，2010（6）：15-22.

［13］何力.中国海外资源投资的法律问题及对策［J］.上海财经大学学报，2010（2）：
19-26.

［14］何志鹏.国际法治的中国方案——“一带一路”的全球治理视角［J］.太平洋学报，
2017（5）：1-12.

［15］何志鹏.逆全球化潮流与国际软法的趋势［J］.武汉大学学报（哲学社会科学版），
2017（4）：54-69.

［16］胡枚玲.从美国BIT范本看国际投资与环境保护之协调［J］.北京理工大学学报（社
会科学版），2016（1）：150-156.

［17］黄进.习近平全球治理与国际法治思想研究［J］.中国法学，2017（5）：5-22.

［18］姜明安.软法的兴起与软法之治［J］.中国法学，2006（2）：25-36.

［19］李俊然，赵俊娟.国际投资协定与气候变化协定的冲突与协调——以国际投资协定的
实体规则为视角［J］.河北法学，2019（7）：130-142.

［20］刘笋.国际投资与环境保护的法律冲突与协调——以晚近区域性投资条约和相关案例
为研究对象［J］.现代法学，2006（6）：34-44.

［21］刘小林.全球治理理论的价值观研究［J］.世界经济与政治论坛，2007（3）：107-
112.

［22］邱文弦.论人类共同继承财产理论的新发展——基于“一带一路”倡议的促动［J］.
浙江工商大学学报，2019（4）：114-121.

［23］单文华.从“南北矛盾”到“公私冲突”：卡尔沃主义的复苏与国际投资法的新视野
［J］.西安交通大学学报（社会科学版），2008（4）：1-15.

［24］单文华.和谐世界理念和中国BIT范本建设——一个"和谐BIT范本"建议案［J］.国际经济法学刊，2010（1）：149-188.

［25］孙佑海.绿色"一带一路"环境法规制研究［J］.中国法学，2017（6）：110-128.

［26］王斌.论投资协议中的稳定条款——兼谈中国投资者的应对策略［J］.政法论丛，2010（6）：66-71.

［27］王贵国.略论晚近国际投资法的几个特点［J］.比较法研究，2010（1）：69-82.

［28］王晓东，马玮.论国际法主体的新发展——以国际环境法为例［J］.求索，2005（4）：61-63.

［29］王彦志.非政府组织的兴起与国际经济法的合法性危机［J］.法制与社会发展，2002（02）：112-121.

［30］王逸舟.重塑国际政治与国际法的关系——国际问题研究的一个前沿切入点［J］.中国社会科学，2007（2）：132-134.

［31］肖蓓.中国企业投资"一带一路"沿线国家的生态环境风险及法律对策研究［J］.国际论坛，2019（4）：89-103.

［32］徐崇利.从实体到程序：最惠国待遇适用范围之争［J］.法商研究，2007（2）：41-50.

［33］徐崇利.公平与公正待遇标准:国际投资法中的"帝王条款"［J］.现代法学，2008（5）：123-134.

［34］徐崇利.经济一体化与国际经济法律体制的构建［J］.国际经济法学刊，2004（1）：52-92.

［35］徐崇利.中美实力变迁与国际经济立法模式的走向："规则-契约"谱系下的制度选择［J］.法学家，2020（5）：84-100.

［36］徐宏.人类命运共同体与国际法［J］.国际法研究，2018（5）：3-14.

［37］许慧.论中国企业海外投资风险的防范与监管［J］.中南财经政法大学学报，2009（6）：97-103.

［38］许梦婧.单边经济制裁和可持续发展原则的价值冲突与规范协调［J］.中国流通经济，2022（12）：92-101.

［39］杨慧芳.投资者合理期待原则研究［J］.河北法学，2010（4）：75-79.

［40］杨慧芳.外资公平与公正待遇标准的要素评析［J］.法学评论，2009（3）：77-82.

［41］杨通进．全球环境正义及其可能性［J］．天津社会科学，2008（5）：18–26.

［42］杨卫东，郭堃．国家契约中稳定条款的法律效力认定及强制性法律规范建构［J］．清华法学，2010（5）：118–127.

［43］杨泽伟．国内法与国际法解释之比较研究［J］．法律科学，1996（5）：7.

［44］杨泽伟．新中国国际法学70年：历程、贡献与发展方向［J］．中国法学，2019（5）：178–194.

［45］易显河．国家主权平等与"领袖型国家"的正当性［J］．西安交通大学学报（社会科学版），2007（5）：54–72.

［46］银红武．涉环境国际投资仲裁案中比例原则的适用［J］．广州大学学报（社会科学版），2018（9）：52–58.

［47］余劲松，梁丹妮．公平公正待遇的最新发展动向及我国的对策［J］．法学家，2007(6)：151–156.

［48］余劲松．国际投资条约仲裁中投资者与东道国权益保护平衡问题研究［J］．中国法学，201（2）：132–143.

［49］袁文全，赵学刚．跨国公司社会责任的国际法规制［J］．法学评论，2007（3）：64–68.

［50］袁文全．论跨国公司社会责任的母国规制［J］．西南民族大学学报（人文社科版），2010（1）：183–187.

［51］张光．论东道国的环境措施与间接征收——基于若干国际投资仲裁案例的研究［J］．法学论坛，2016（4）：61–68.

［52］张光．论国际投资仲裁中投资者利益与公共利益的平衡［J］．法律科学，2011（1）：109–114.

［53］张海滨．联合国与国际环境治理［J］．国际论坛，2007（5）：42–47.

［54］张庆麟．论国际投资协定中东道国规制权的实践及中国立场［J］．政法论丛，2017(6)：68–77.

［55］赵海乐．论跨国公司在他国环境侵权的国际追偿——以美国《外国人侵权法》为视角［J］．东方法学，2009（4）：127–138.

［56］赵玉意．国际投资仲裁机构对涉环境国际争端的管辖：主导与协调［J］．国际经贸探索，2017（9）：99–112.

［57］赵玉意.涉环境国际投资仲裁法律适用中规则选择的困境与出路——国际规则关系的维度［J］.国际贸易问题，2019（1）：147-159.

［58］周林森，郑德鹏.国际石油勘探开发合同模式以及最新变化趋势［J］.国际石油经济，2006（10）：23-25.

［59］朱景文.全球化是去国家化吗？——兼论全球治理中的国际组织、非政府组织和国家［J］.法制与社会发展，2010（6）：98-104.

［60］曾华群.外资征收及其补偿标准：历史的分野与现实的挑战［J］.国际经济法学刊，2006（1）：38-69.

［61］曾文革，党庶枫."一带一路"战略下的国际经济规则创新［J］.国际商务研究，2016（3）：25-36.

［62］曾文革，孙健.我国海外农业投资的环境风险与法制对策［J］.江西社会科学，2015（3）：179-185.

（二）外文期刊类

［1］AGUILA Y, VINUALES J E. A Global Pact for the Environment: Conceptual foundations［J］. *Review of European Comparative & International Environmental Law*, 2019（28）：3-12.

［2］ALTCHILER A. Using Investor-State Dispute Settlement to Enforce International Environmental Commitments［J］. *Pace Law Review*, 2021（41）：256-279.

［3］AMIOTT J A. Environment, Equality, and Indigenous Peoples' Land Rights in the Inter-American Human Rights System: Mayagna（Sumo）Indigenous Community of Awas Tingni v. Nicaragua［J］. *Environmental Law*, 2002（32）：873-903.

［4］ANATOLE B. Combating Climate Change through Investment Arbitration［J］. *Fordham International Law Journal*, 2012（35）：613-664.

［5］ANAYA S J, GROSSMAN C. The Case of Awas Tingni v. Nicaragua: A New Step in the International Law of Indigenous People［J］. *Arizona Journal of International and Comparative Law*, 2002（19）：1-15.

［6］ARRNOLD C A. Fourth Generation Ennvironmental Law: Integrationist and Multimodal［J］. *William & Mary Environmental Law and Policy Review*, 2010（35）：771-884.

［7］BEHARRY C L, KURITZKY M E. Going Green: Managing the Environment through International Investment Arbitration ［J］. *American University International Law Review*, 2015（30）: 383–429.

［8］BEHN D, LANGFORD M. Trumping the Environment? An Empirical Perspective on the Legitimacy of Investment Treaty Arbitration ［J］. *The Journal of World Investment & Trade*, 2017（18）: 14–61.

［9］CHOPRA S K. Multinational Corporations in the Aftermath of Bhopal: The Need for a New Comprehensive Global Regime for Transnational Corporate Activity ［J］. *Valparaiso University Law Review*, 1994（29）: 235–284.

［10］CHOUDHURY B. International Investment Law and Noneconomic Issues ［J］. *Vanderbilt Journal of Transnational Law*, 2020（53）: 1–79.

［11］CHOUDHURY B. Recapturing Public Power: Is Investment Arbitration's Engagement of the Public Interest Contributing to the Democratic Deficit? ［J］. *Vanderbilt Journal of Transnational Law*, 2008（41）: 775–832.

［12］COHEN M. A New Menu for the Hard-Rock Cafe: International Mining Ventures and Environmental Cooperation in Developing Countries ［J］. *Stanford Environmental Law Journal*, 1996（15）: 130–186.

［13］COLEMAN. The United Nations and Transnational Corporations: From an Inter-Nation to a "Beyond-State" Model of Engagement ［J］. *Global Society*, 2003（17）: 339–357.

［14］COTULA L. Reconciling Regulatory Stability and Evolution of Environmental Standards in Investment Contracts: Towards a Rethink of Stabilization Clauses ［J］. *Journal of World Energy Law & Business*, 2008（1）: 158–179.

［15］DEVA S. Acting Extraterritorially to Tame Multinational Corporations for Human Rights Violations: Who Should "Bell the Cat" ? ［J］. *Melbourne Journal of International Law*, 2004（5）: 37–65.

［16］DOMMEN B. Claiming Environmental Rights: Some Possibilities Offered by the United Nations' Human Rights Mechanisms ［J］. *Georgetown International Environmental Law Review*, 1998（11）: 1–48.

［17］DRUZIN B H. Why Does Soft Law Have Any Power Anyway? ［J］. *Asian Journal of International Law*, 2017（7）: 361–378.

［18］DURUIGBO E. Corporate Accountability and Liability for International Human Rights Abuses: Recent Changes and Recurring Challenges ［J］. *Northwestern University Journal of International Human Rights*, 2008（6）: 222–261.

［19］ERIC B D. Human Rights Obligations and Transnational Corporations: The Limits of Direct Corporate Responsibility ［J］. *Human Rights and International Legal Discourse*, 2010（4）: 66–88.

［20］FAUCHALD O K. International Investment Law and Environmental Protection ［J］. *Yearbook of International Environmental Law*, 2007（5）: 3–47.

［21］GEHRING M, TOKAS M. Synergies and Approaches to Climate Change in International Investment Agreements: Comparative Analysis of Investment Liberalization and Investment Protection Provisions in European Union Agreements ［J］. *The Journal of World Investment & Trade*, 2022（23）: 778–812.

［22］GRAHAM D, WOODS N. Making Corporate Self–Regulation Effective in Developing Countries ［J］. *World Development*, 2006（34）: 868–883.

［23］HANDL G. State Liability for Accidental Transnational Environmental Damage by Private Persons ［J］. *American Journal of International Law*, 1980（74）: 525–565.

［24］HERSBERGER B. Transboundary Water Pollution and State Responsibility: The Sandoz Spill ［J］. *Annual Survey of International and Comparative Law*, 1997（4）: 103–131.

［25］HILLEMANNS F. UN Norms on the Responsibility of Transnational Corporations and Other Business Enterprises with regard to Human Rights ［J］. *German Law Journal*, 2003（4）: 1065–1080.

［26］ISAKOFF P D. Defining the Scope of Indirect Expropriation for International Investments［J］. *Global Business Law Review*, 2013（3）: 189–209.

［27］JULIAN A. The Margin of Appreciation in International Investment Law ［J］. *Virginia Journal of International Law*, 2014（54）: 545–578.

［28］KHOKHRYAKOVA A. Beanal v. Freeport–Mcmoran, Inc.: Liability of a Private Actor for an International Environmental Tort under the Alien Tort Claims Act ［J］. *Colorado Journal of International Environmental Law*, 1998（9）: 463–493.

［29］KING. The UN Global Compact: Responsibility for Human Rights, Labour Relations, and the Environment in Developing Nations［J］. *Cornell International Law Journal*, 2001（34）:

481–485.

[30] KNOX. The Neglected Lessons of the NAFTA Environmental Regime [J] . *Wake Forest Law Review*, 2010 (45) : 101–134.

[31] LAZARUS R J. The Greening of America and Graying of United States Environmental Law: Reflections on Environmental Law's First Three Decades in the United States [J] . *Virginia Environmental Law Journal*, 2001 (20) : 75–106.

[32] LEADER S. Human Rights, Risks, and New Strategies for Global Investment [J] . *Journal of International Economic Law*, 2006 (9) : 657–705.

[33] LOWE V. Corporations as International Actors and International Law Makers [J] . *Italian Yearbook of International Law*, 2004 (13) : 23–38.

[34] MANIRUZZAMAN A F. State Contracts with Aliens: The Question of Unilateral Change by the State in Contemporary International Law [J] . *Journal of International Arbitration*, 1992 (9) : 141–172.

[35] MANIRUZZAMAN A F. The Pursuit of Stability in International Energy Investment Contracts: Acritical Appraisal of the Emerging Trends [J] . *Journal of World Energy Law & Business*, 2008 (1) : 119–155.

[36] MCLACHLAN C. Investment Treaties and General International Law [J] . *International and Comparative Law Quarterly*, 2008 (2) : 361–401.

[37] MIRANDA N. Concession Agreements: From Private Contract to Public Policy [J] . *Yale Law Journal*, 2007 (117) : 510–549.

[38] MOLOO R, JACINTO J. Environmental and Health Regulation: Assessing Liability under Investment Treaties [J] . *Berkeley Journal of International Law*, 2011 (29) : 1–65.

[39] MORIMOTO T. Growing Industrialization and Our Damaged Planet: The Extraterritorial Application of Developed Countries' Domestic Environmental Laws to Transnational Corporations Abroad [J] . *Utrecht Law Review*, 2005 (1) : 134–159.

[40] MOWERY L A. Earth Rights, Human Rights: Can International Environmental Human Rights Affect Corporate Accountability? [J] . *Fordham Environmental Law Journal*, 2002 (13) : 343–373.

[41] MUCHLINSKI P. "Caveat Investor"？ The Relevance of the Conduct of the Investor under

the Fair and Equitable Treatment Standards [J] . *The International and Comparative Law Quarterly*, 2006 (55) : 527–558.

[42] MURRAY J. A New Phase in the Regulation of Multinational Enterprises: The Role of the OECD [J] . *Industrial Law Journal*, 2001 (30) : 255–270.

[43] NEWCOMBE A. Sustainable Development and Investment Treaty Law [J] . *The Journal of World Investment & Trade*, 2007 (8) : 357–407.

[44] NOWROT K. How to Include Environmental Protection, Human Rights and Sustainability in International Investment Law?[J]. *The Journal of World Investment & Trade*, 2014 (15): 612–644.

[45] ONG D M. The Impact of Environmental Law on Corporate Governance: International and Comparative Perspectives [J] . *European Journal of International Law*, 2001 (12) : 685–726.

[46] ONG D. The Contribution of State–Multinational Corporation's Transnational Investment Agreements to International Environmental Law [J] . *Yearbook of International Environmental Law*, 2008 (17) : 168–212.

[47] OSTROM E. Beyond Markets and States: Polycentric Governance of Complex Economic Systems [J] . *American Economic Review*, 2010 (100) : 641–672.

[48] PAASIVIRTA E. Internationalization and Stabilization of Contracts versus State Sovereignty [J] . *British Yearbook of International Law*, 1989 (60) : 315–350.

[49] PRINCE P. Bhopal, Bougainville and OK Tedi: Why Australia's Forum Non Conveniens Approach Is Better [J] . *International and Comparative Law Quarterly*, 1998 (47) : 573–598.

[50] RADAVOI C N, BIAN Y. Enhancing the Accountability of Transnational Corporations: The Case for "Decoupling" Environmental Issues [J] . *Environmental Law Review*, 2014 (7) : 168–182.

[51] RAHIM M M. Legal Regulation of Corporate Social Responsibility: Evidence from Bangladesh [J] . *Common Law World Review*, 2012 (41) : 97–133.

[52] REN S, YU H, WU H. How Does Green Investment Affect Environmental Pollution? Evidence from China [J] . *Environmental & Resource Economics*, 2022 (81) : 25–51.

[53] RIVERA F. A Response to the Corporate Campaign against the Alien Tort Claims Act [J] . *Indiana International and Comparative Law Review*, 2003 (14) : 251–277.

[54] ROGGE M J. Towards Transnational Corporate Accountability in the Global Economy: Challenging the Doctrine of Forum Non Conveniens in In Re: Union Carbide, Alfaro, Sequihua, and Aguinda [J] . *Texas International Law Journal*, 2001 (36) : 299–318.

[55] ROSENFELS A, KORMOS C, REINING C, et al. The Environmental Impact of the International Finance Corporation Lending and Proposals for Reform: A Case Study of Conservation and Oil Development in the Guatemalan Petén [J] . *Environmental Law*, 1999 (29) : 103–132.

[56] RUBIN. Transnational Corporations and International Codes of Conduct: A Study of the Relationship between International Legal Cooperation and Economic Development [J] . *American University Journal of International Law and Policy*, 1995 (10) : 1275–1289.

[57] SCHREUER C. Fair and Equitable Treatment in Arbitral Practice [J] . *The Journal of World Investment & Trade*, 2005 (6) : 357–386.

[58] SCHWABACH A. The Sandoz Spill: The Failure of International Law to Protect the Rhine from Pollution [J] . *Ecology Law Quarterly*, 1989 (16) : 443–480.

[59] SECK S L. Home State Regulation of Environmental Human Rights Harms as Transnational Private Regulatory Governance [J] . *German Law Journal*, 2012 (13) : 1363–1385.

[60] SECK S L. Home State Responsibility and Local Communities: The Case of GlobalMining [J] . *Yale Human Rights & Development Law Journal*, 2008 (11) : 207–215.

[61] SECK S L. Transnational Business and Environmental Harm: A TWAIL Analysis of Home State Obligations [J] . *Trade, Law and Development*, 2011 (3) : 164–202.

[62] SHAO X. Environmental and Human Rights Counterclaims in International Investment Arbitration: At the Crossroads of Domestic and International Law [J] . *Journal of International Economic Law*, 2021 (24) : 157–179.

[63] SHINSATO A. Increasing the Accountability of Transactional Corporations for Environmental Harms: The Petroleum Industry in Nigeria [J] . *Northwestern Journal of International Human Rights*, 2005 (4) : 186–209.

［64］SNODGRASS E. Protecting Investors Legitimate Expectations: Recognizing and Delimiting a General Principle ［J］. *ICSID Review–Foreign Investment Law Journal*, 2006（21）: 1–58.

［65］STEWART S. A Limited Future: The Alien Tort Claims Act Impacting Environmental Rights: Reconciling Past Possibilities with Future Limitations ［J］. *American Indian Law Review*, 2007（31）: 743–762.

［66］SU Kezhen, SHEN Wei. Environmental Protection Provisions in International Investment Agreements: Global Trends and Chinese Practices ［J］. *Sustainability*, 2023（15）: 1–34.

［67］SWEIFY M F. Investment–Environment Disputes: Challenges and Proposals ［J］. *Depaul Business and Commercial Law Journal*, 2016（14）: 133–208.

［68］TIENHAARA K. Regulatory Chill in a Warming World: The Threat to Climate Policy Posed by Investor–State Dispute Settlement ［J］. *Transnational Environmental Law*, 2018（7）: 229–250.

［69］TROPPER J, WAGNER K. The European Union Proposal for the Modernisation of the Energy Charter Treaty—A Model for Climate–Friendly Investment Treaties? ［J］. *The Journal of World Investment & Trade*, 2022（23）: 813–848.

［70］TULLY S. The 2000 Review of the OECD Guidelines for Multinational Enterprises ［J］. *The International and Comparative Law Quarterly*, 2001（50）: 394–404.

［71］VAGTS. The UN Norms for Transnational Corporations ［J］. *Leiden Journal of International Law*, 2003（16）: 795–802.

［72］VERHOOSEL G. Foreign Direct Investment and Legal Constraints on Domestic Environmental Policies: Striking a "Reasonable" Balance between Stability and Change ［J］. *Law and Policy in International Business*, 1998（29）: 451–479.

［73］WAELDE T, KOLO A. Environmental Regulation, Investment Protection and "Regulatory Taking" in International Law ［J］. *The International and Comparative Law Quarterly*, 2001（4）: 818–848.

［74］WAGNER M. The International Legal Rights of Indigenous Peoples Affected by Natural Resource Exploitation: A Brief Case Study ［J］. *Hastings International and Comparative Law Review*, 2001（24）: 491–502.

［75］WALDE T, NDDI G. Stabilizing International Investment Commitments: International Law versus Contract Interpretation［J］. *Texas International Law Journal*, 1996（31）: 215–267.

［76］WAWRYK A S. Adoption of International Environmental Standards by Transnational Oil Companies: Reducing the Impact of Oil Operations in Emerging Economies［J］. *Journal of Energy & Natural Resources Law*, 2002（20）: 402–434.

［77］WEISSBRODT, KRUGER M. Norms on the Responsibilities of Transnational Corporations and Other Business Enterprises with regard to Human Rights［J］. *American Journal of International Law*, 2003（97）: 901–922.

［78］YEE B M. The Future of Environmental Regulation After Article 1110 of NAFTA: A Look at the Methanex and Metalclad Cases［J］. *West–Northwest Journal of Environmental Law and Policy*, 2002（9）: 85–108.

［79］YUSUF H O, OMOTESO K. Combating Environmental Irresponsibility of Transnational Corporations in Africa: An Empirical Analysis［J］. *Local Environment*, 2016（21）: 1372–1386.

［80］ZARIFI S Z. Suing Multinational Corporations in the US for Violating International Law［J］. *UCLA Journal of International Law and Foreign Affairs*, 1999（4）: 81–147.

三、学位论文

（一）中文学位论文

［1］王艳冰. 国际投资规则中的环境法律问题研究［D］. 上海：华东政法大学，2009.

［2］张薇. 国际投资中的社会责任规则研究［D］. 上海：华东政法大学，2010.

（二）外文学位论文

［1］ASA R. Environmental Policy Space and International Investment Law［D］. Stockholm: Stockholm University, 2012.

［2］FERREIRA A. How and Why Does Sustainable Development Influence International Investment Law in the Current Globalization Era? Compatibility or Irreconcilability?［D］. Barcelona: Ramon Llull University, 2017.

［3］URIZ G H. Human Rights as the Business of Business: The Application of Human Rights Standards to the Oil Industry［D］. Florence: European University Institute, 2005.

四、其他

［1］联合国大会第 1803（XVII）号决议. 自然资源永久主权［EB/OL］.（1962–12–14）［2022–03–10］. https://www.un.org/zh/documents/treaty/files/A–RES–1803（XVII）. shtml.

［2］联合国大会第 3281（XXIX）号决议. 各国经济权利和义务宪章［EB/OL］.（1974–12–12）［2022–03–10］. https://www.un.org/zh/documents/treaty/files/A–RES–3281（XXIX）.shtml.

［3］联合国大会第 523（Ⅵ）号决议. 经济发展与通商协定［EB/OL］.（1952–01–12）［2022–03–10］. https://digitallibrary.un.org/record/210774#record–files–collapse–header.

［4］联合国粮食及农业组织. 农业污染严重威胁着全球水源［EB/OL］.（2018–06–20）［2022–03–28］. http://www.fao.org/news/story/zh/item/1141892/icode/.

［5］联合国贸易与发展会议. 2013 年世界投资报告：全球价值链［EB/OL］.（2013–06–26）［2022–11–10］. https://unctad.org/en/PublicationsLibrary/wir2013_en.pdf.

［6］联合国贸易与发展会议. 2014 年世界投资报告：为可持续发展目标投资行动计划［EB/OL］.（2014–06–24）［2022–11–10］. https://unctad.org/en/PublicationsLibrary/wir2014_en.pdf.

［7］联合国贸易与发展会议. 2019 年世界投资报告：经济特区［EB/OL］.（2019–06–12）［2022–11–10］. https://unctad.org/en/PublicationsLibrary/wir2019_overview_ch.pdf.

［8］联合国贸易与发展会议. 2021 年世界投资报告：为可持续复苏投资［EB/OL］.（2021–06–21）［2023–08–10］. https://unctad.org/system/files/official–document/wir2021_overview_ch.pdf.

［9］联合国贸易与发展会议. 2022 年世界投资报告：国际税收改革与可持续投资［EB/OL］.（2022–06–09）［2023–08–10］. https://unctad.org/system/files/official–document/

wir2022_en.pdf.

［10］联合国贸易与发展会议.2023年世界投资报告：投资于可持续利用能源［EB/OL］.
（2023-07-05）［2023-08-10］. https://unctad.org/system/files/official-document/
wir2023_en.pdf.

［11］联合国人权事务高级专员办公室.工商业与人权：实施联合国"保护、尊重和补
救"框架指导原则［EB/OL］.（2012-01-01）［2022-04-23］. https://www.ohchr.org/
Documents/Publications/GuidingPrinciplesBusinessHR_CH.pdf.

［12］商务部新闻办公室.2021年度中国对外直接投资统计公报［EB/OL］.（2022-11-07）
［2022-11-10］. http://images.mofcom.gov.cn/fec/202211/20221118091910924.pdf.

［13］新华网.习近平在第七十届联合国大会一般性辩论时的讲话［EB/OL］.（2015-09-29）
［2022-03-20］. http://www.xinhuanet.com/world/2015-09/29/c_1116703645.htm.

［14］中国银监会办公厅.关于印发《绿色信贷实施情况关键评价指标》的通知［EB/OL］.
（2014-06-27）［2023-02-05］. http://zfs.mee.gov.cn/hjjj/gjfbdjjzcx/lsxdzc/201507/
t20150716_306812.shtml.

［15］ECOSOC. The Inpact of Transnational Corporations on Development and International
Relations（1974）［EB/OL］.（1974-08-02）［2022-11-17］. https://digitallibrary.
un.org/record/215276.

［16］ICSID. 2022年ICSID年度报告［EB/OL］.（2022-10-14）［2022-10-30］. https://
icsid.worldbank.org/sites/default/files/publications/ICSID_AR.EN.pdf.

［17］IFC. Performance Standards on Social and Environmental Sustainability［EB/OL］.
（2006-04-30）［2022-05-02］. https://www.ifc.org/sustainability.

［18］ILC. Draft Articles on Prevention of Transboundary Harm from Hazardous Activities（2001）
［EB/OL］.（2001-08-10）［2022-11-18］. https://cil.nus.edu.sg/databasecil/2001-draft-
articles-on-prevention-of-transboundary-harm-from-hazardous-activities/.

［19］ILC. First Report on the Legal Regime for Allocation of Loss in case of Transboundary
Harm arising out of Hazardous Activities（2003）［EB/OL］.（2003-03-21）［2022-11-
17］. https://digitallibrary.un.org/record/494252?ln=en.

［20］International Council on Mining and Metals. ICMM Position Statement on Mining and
Protected Areas［EB/OL］.（2003-08-20）［2022-08-06］. http://www.icmm.com/
document/43.

［21］OECD. Draft Convention on the Protection of Foreign Property［EB/OL］.（1967–10–12）［2022–08–24］. http://www.oecd.org/investment/internationalinvestmentagreemen ts/39286571.pdf.

［22］OECD. Guiding Principles for Chemical Accident Prevention, Preparedness and Response ［EB/OL］.（2023–06–16）［2023–08–23］. https://www.oecd.org/chemicalsafety/oecd–guiding–principles–for–chemical–accident–prevention–preparedness–and–response–third–edition–162756bf–en.htm.

［23］OECD. OECD Guidelines for Multinational Enterprises［EB/OL］.（2011–9–29）［2022–04–23］. https://www.oecd.org/daf/inv/mne/48004323.pdf.

［24］OECD. Roundtable on Corporate Responsibility: Encouraging the Positive Contribution of Business to Environment through the OECD Guidelines for Multinational Enterprises: Summary of the Roundtable Discussion［EB/OL］.（2004–06–14）［2023–03–18］. http://www.oecd.org/document/1/0,2340,en_2649_34889_31711425_1_1_1_1,00.html.

［25］Office of the High Commissioner for Human Rights and Global Compact Office. Consultation on Business and Human Rights—Summary of Discussions［EB/OL］. （2004–10–22）［2022–04–23］. http://www.unglobalcompact.org/Issues/human_rights/ business_human_rights_summary_report.pdf.

［26］STERN A J. How They Won the Battle and Lost the Rain Forest［EB/OL］.（2015–11–04） ［2022–03–20］. http://search.proquest.com/docview/409476943?accountid=11752.

［27］The Study Group of the International Law Commission. Fragmentation of International Law: Difficulties Arising from the Diversification and Expansion of International Law［EB/ OL］.（2006–07–18）［2022–12–11］. https://legal.un.org/ilc/documentation/english/a_ cn4_l702.pdf.

［28］UN Global Compact Office. United Nations Guide to the Global Compact: A Practical Understanding of the Vision and the Nine Principles［EB/OL］.（2000–07–26）［2022–04–10］. http://www.unglobal compact.org/irj/servlet/prt/portal/prtroot/com.sapportals. km.docs/ungc_html_content/Public_ Documents/gcguide.pdf.

［29］UN Press Release. Secretary–General Proposes Global Compact on Human Rights, Labour, Environment in Address to World Economic Forum in Davos（1 February

1999）［EB/OL］.（1999-02-01）［2022-04-10］. http://www.un.org/News/Press/docs/1999/19990201.sgsm6881.html.

［30］UNCHR. Norms on the Responsibilities of Transnational Corporations and Other Business Enterprises with regard to Human Rights［EB/OL］.（2003-08-26）［2022-11-18］. https://digitallibrary.un.org/record/501576.

［31］UNCHR. Report of the Special Rapporteur on the Adverse Effects of the Illicit Movement and Dumping of Toxic and Dangerous Products and Wastes on the Enjoyment of Human Rights［EB/OL］.（2001-01-19）［2022-11-18］. https://digitallibrary.un.org/record/434440.

［32］UNCTC. The United Nations Code of Conduct on Transnational Corporations［EB/OL］.（1987-06-10）［2022-11-16］. https://digitallibrary.un.org/record/156251#record-files-collapse-header.

［33］UNCTC. Transnational Corporations and Sustainable Development: Recommendations of the Executive Director［EB/OL］.（1991-12-16）［2022-11-17］. https://digitallibrary.un.org/record/151843.

［34］United Nations Human Rights Council. Human Rights and Transnational Corporations and Other Business Enterprises［EB/OL］.（2011-07-16）［2022-11-18］. https://digitallibrary.un.org/record/706796.

［35］UNTC. Convention on the Settlement of Investment Disputes between States and Nationals of Other States［EB/OL］.（1966-10-14）［2022-11-16］. https://treaties.un.org/doc/Publication/UNTS/Volume%20575/volume-575-I-8359-English.pdf.

［36］VOP Radio. Chinese Company Ordered to Stop Coal Mining［EB/OL］.（2012-06-13）［2022-03-20］. http://www.thezimbabwean.co/business/mining/58794/chinese-company-ordered-to-stop.html.

［37］WWF. Guidelines for Investment in Operations that Impact Forests［EB/OL］.（2003-09-22）［2022-05-02］. https://www.forestandtradeasia.org/files/WWF%20FOrest%20Investment%20Guideline.pdf.